U0057349

總統？
總督？！
台灣精神與文化中國
黃光國◎著

自序

重振台灣精神，復興文化中國

今（二〇一六）年五月四日，台灣學術及文化界人士將在台北國父紀念館中山講堂宣布成立以「重振台灣精神，復興文化中國」作爲宗旨的「文化中國論壇社」，同時推出這本題爲〈總統？總督！？〉的書，批判李登輝，質疑蔡英文。

自從中英鴉片戰爭（一八三九—一九四二）年失利之後，中國便陷入一連串的內憂外患之中，開啓了「羞辱的世紀」：一八九四年中日甲午戰爭，敗於明治維新後新興的日本；接著日本又在中國領土上擊敗沙俄，使得中國知識份子信心全失，因而醞釀出五四時期盛行於知識界的三種意識：社會達爾文主義、科學主義和全盤反傳統主義。

在國共內戰時期，共產黨主張學習蘇聯，國民黨主張學習英美、但他們卻同樣持有這三種意識型態，毫無二致。中共在大陸獲得政權之後，發起了一系列的政治運動，最後釀成「文化大革命」的悲劇。

台灣原本就是以漢人為主所組成的移民社會。一九四九年國民政府撤守台灣時，有將近兩百萬人隨蔣介石來台，其中六十萬是軍人，其餘一百多萬則是來自中國各地的文化菁英及其家眷。他們和當地民眾共同努力，在蔣經國時代，創造出「東亞四條小龍」的經濟奇蹟，並且把台灣打造成比中國更中國的「文化中國」。

一九九四年李登輝在國民黨內掌握實權之後，開始推動以「去中國化」為實，「全盤美化」為名的「教改」，二十餘年下來，他成功地塑造出新的「教改世代」，同時也把台灣的教育搞成「沒有品質管制」的「缺德」教育，澈底腐蝕台灣社會的根基。

對台灣當前的政治局勢而言，李登輝在《餘生》一書中所發表的「日本祖國論」，以及他在日本國會議員會館所提出的「亞洲發展停滯論」、「脫古改新」、「典範轉移」，充分代表了五四以來中國知識界「自我殖民」的意識形態。在今年的五四紀念日，我們發起組織「文化中國論壇」，目的就是希望兩岸的學術及文化界能夠各自澈底反思：五四意識型態對於兩岸社會的深遠影響。我們深信：唯有反思五四，才能超越五四。

蔡英文在五二〇就職之後，如果能夠堅持本書所主張的「一中兩憲」，跟對岸的中共當局進行互動，則她不僅能夠以「中華民國總統」的身份，跟邦交國維持住「主權國家」之間的關係；而且可以激勵民間，重振當年的「台灣精神」，和海峽對岸的中共政權，展開良性的制度之爭。

相反的，如果她只是想依照李登輝的指示，掛「中華民國」的「羊頭」，賣「心理台獨」的「狗肉」，在兩岸關係上只求含混過關，不管「斷交海嘯」是否發生，她在五二〇就職之後，勢必要致力於修改教科書，扭曲歷史，把台灣下一代的精神意識改造成日本殖民地的「次等國民」。在這種情況下，即使她能夠繼續在「中華民國總統府」內辦公，她的格局充其量不過是個「總督」而已。

我希望：本書最後一章所述「小桃阿嬤」慰安婦一生的故事，能夠喚醒台灣社會的良知，在這個歷史的關鍵時刻，讓台灣作出理性的抉擇。

國家講座教授
黃光國
於國立台灣大學心理學系

目錄

第一章

糖飴和鞭子：後藤新平

這是一本思索台灣前途的書。我寫這本書的主要目的，是要爲當今膠著不前的兩岸政治關係找到一條出路。我一直深信：倘若我們不能正視歷史，我們一定無法面對現實。在我看來，當前兩岸三黨的政治人物都患有不同類型的心理障礙，都無法面對當前兩岸的政治現實。他們雖然都努力地想要爲台灣的未來找到一條出路，然而，他們因爲無法客觀地正視台灣的歷史，他們對於台灣前途所提出的主張也難免有所偏頗。

因此，在這本書中，我要先談台灣近代史上一位極具爭議性的人物「後藤新平」。在日本佔領台灣初期，他用「糖飴和鞭子」的手法治理台灣，對台灣人的心理造成了深遠的影響。然後，我要以吳濁流的名著《亞細亞的孤兒》作爲材料，分析在日本帝國主義的殖民統治之下，台灣知識份子的「中國情結」。接著，我要以彭明敏、李登輝和我自己爲例，說明我們三個台灣人因爲個人生命經驗不同，對兩岸關係開出的「處方」也有根本的差異。在爲兩岸三黨的政治人物做完「心理診斷」之後，我要進一步說明：爲什麼我的主張可以破解兩岸之間的政治僵局，並爲兩岸和平發展的框架奠定基礎。

一、被遺棄的台灣

西元一八九五年，在中日甲午之戰中，中國落敗求和，兩國政府批准馬關條約，五月八日，雙方代表在山東煙台換約，從此割讓台灣成爲定局。台灣人民知道清廷已經把自己及家鄉當做戰敗求和的犧牲品，出賣給日本，宛如晴天霹靂，大爲震驚。

當時正在北京參加會試的台灣舉人聞知惡耗，立即一起聯名上書督察院，籲請勸阻割讓台灣。台灣島內以丘逢甲爲首的台北士紳也急切電請清廷，呼籲勿放棄台灣：「割地議和，全台震駭。自聞警以來，台民慨輸餉械，固亦無負列聖深仁厚澤。二百餘年之養人心，正士氣，正爲我皇上今日之用。何忍一朝棄之。全台非澎湖之比，何至不能一戰。臣等桑梓之地，義與存亡，願與撫臣拒死守禦，若戰不勝，待臣等死後，再言割地。」但清廷均置之不理。四月十六日，台灣士紳再請台灣巡撫唐景崧，電奏哀請，申明台灣人民誓死抗戰，不願被異族統治。但清廷仍然不理，反而電覆唐景崧，下令抑制台灣住民，「不可因一時過激，致貽後患」。

台灣士紳看到清廷的反應，莫不怒髮衝冠，憤慨不已，各階層人民也慷慨激昂，紛紛表示抗戰到底。台灣的士紳和商賈於是公推前清進士丘逢甲為代表，聯合林朝棟等官員，倉促籌備組織政府，定名「台灣民主國」，建元永清，制定藍地黃虎為國旗，並公舉唐景崧為台灣民主國大總統。

無天可籲，無人肯援

五月二十六日，丘逢甲率領台北士紳十餘人，前往巡撫衙門，向唐景崧呈送台灣總統金印及藍地黃虎旗。唐景崧就任總統後，立即向清廷致電：「台灣士民，義不服倭，願為島國，永戴聖清。」並向台灣民眾發出文告云：「日本欺凌中國，大肆要求。此次馬關議款，賠償兵費，復索台灣。台民忠義，誓不服從，屢次電奏免割，本總統亦多次力爭，而中國欲昭大信，未允改約，全台士民不勝悲憤。當次無天可籲，無主可依。台民公議自主，為民主國，以為事關軍國，必須有人主持，乃於四月二十二日，公集本衙門遞呈，請余暫統政事，再三推讓，五月初二日，呈上印信，文曰台灣民主國總統之印，換用國旗藍地黃虎。竊見眾志已堅，群情難拂，故為保民之計，俯如所請，暫允視事，即日議定改台灣為民主之國。」

「唯台灣疆土，荷大清經營締造二百餘年，今雖自立為國，感念舊恩，仍奉正朔，遙作屏藩，氣脈相通，無異中土，照常嚴備，不可疏虞。」

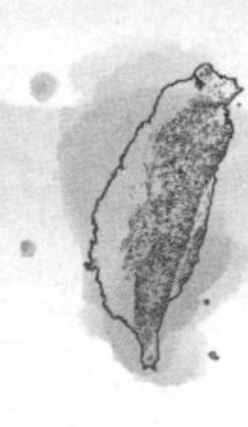

民主國政府亦致中外文告云：

「竊我台灣隸大清版圖二百餘年，近改行省，風會大開，儼然雄峙東南矣。乃上年日本啓釁，遂至失和，朝廷保民恤民，遣使行成。日本要索台灣，竟有割台之款，事出意外，聞信之日，紳民憤恨，哭聲震天，雖經唐撫電奏迭爭，並請代台紳民兩次電奏，懇求改約，內外臣工，俱抱不平，爭者甚眾，無如勢難挽回。紳民復乞援於英國，英泥局外之例，置之不理。又求唐撫帥電奏，懇由總理各國事務衙門商請俄、法、德三大國併阻割台，均無成議，嗚呼慘矣。

查全台前後山二千餘里，生靈千萬，打牲防番，家有火器，敢戰之士，一呼百萬，又有防軍四萬人，豈甘俯首事仇？今已無天可籲，無人肯援，台民惟有自主，推擁賢者，權攝台政。事平之後，當再請命中國，作何辦理。倘日本具有天良，不忍相強，台民亦願顧全和局，與以利益。唯台灣土地政令，非他人所能干預，設以干戈從事，台民惟集萬眾禦之，願人人戰死而失台，決不願拱手而讓台。」

被「祖國」遺棄

從這幾篇文告中，我們可以看出：當時台灣軍民惶惑不安的情形。他們向清廷電奏，清廷不應；向列強求助，列強不理，在「無天可籲，無人肯援」的情況下，他們決心成立「台灣民主國」，抵抗日軍侵台，並嚴正警告日本：「設以干戈從事，台民惟集萬眾禦之，願人人戰死而失台，決不願拱手而讓台」。即使是在這種情況下，他們仍然不願意割斷跟「祖國」的臍帶：他們先是上電朝廷，「願爲島國，永戴聖清」，並建元「永清」以明志，同時昭告天下，「今雖自立爲國，感念舊恩，仍奉正朔，遙作屏藩，氣脈相通，無異中土」，「事平之後，當再請命中國，作何辦理」。

唐景崧原本就無意維持殘局，五月二十九日，日軍從澳底登陸，攻佔三貂嶺；六月三日，日本兵艦又以艦砲猛攻基隆砲台，基隆港失陷，他卻始終按兵不動。當前線的敗兵殘將撤入台北城，四處流竄，人心惶亂的時候，他跟著「台灣民主國」的幾位「大臣」，趁著黑夜，搭乘英國輪船，逃回廈門。義勇軍統領丘逢甲也留下「宰相有權能割地，孤臣無力可回天」的詩句，倉皇逃回廣東。「台灣民主國」成立僅十餘天，便因爲無人主持，而宣告瓦解，讓台灣人民眞正感受到「被遺棄」的滋味。

若是只有單純的被「祖國」遺棄，並不至於產生對佔領國的認同。事實上，日本在佔領台灣之後，全島各地民眾紛紛組織義勇軍，風起雲湧，展開武裝抗日行動。要理解有些台灣人民爲什麼對他們原先視爲「敵寇」的日本會產生認同，我們必須先了解後藤新平這個人。

二、後藤新平的「治台策略」

後藤新平（一八五七—一九二九）出生於日本陸奧國膽澤郡（今岩手縣奧州市），父親是封建諸侯留守家的低階武士，表叔公高野長英則是明治維新的名臣。他在少年時期知道自身與高野的關係，即「以高野長英自許」，但因家中經濟不寬裕，所以接受長輩阿川光裕的建議和資助，到福島的須賀川醫學校就讀。畢業後，進入內務省衛生局服務，之後又到德國留學兩年，回國後，一八九二年升任衛生局長。

在升任衛生局長之前，一八九〇年，後藤出版他的第一本著作《國家衛生原理》，主張：人類是處在弱肉強食、適者生存之激烈生存競爭中的一種生物。想要追求「生理上的圓滿」，卻不知其方法的人，即是患者，是不知文明為何物的無知國民。做為國家理性的絕對體現者，即君臨百姓的「主權者」或「統治者」，是醫生，譬如明治時期的國家官員，他們擔負著文明化的使命。因為人類或國家具有適應所處環境的「慣習」，國家官員施政，必須像醫生那樣，重視患者的病狀和體力，才能對症下藥。

鴉片「漸禁論」

台灣割讓給日本後，對滿清留下的鴉片問題，曾經引起日本國內的熱烈討論。有人主張「嚴禁論」，也有人提出「非禁論」。一八九五年，後藤新平以他所主張的「生物學原理」爲基礎，提出〈台灣島阿片施行意見書〉，主張「漸禁論」，深得當局的賞識。所謂鴉片漸禁政策，是規定吸食鴉片者必須先經醫師診斷，發給許可證後，再向持有牌照的零售商採購，同時以禁止稅的名義，課以高稅率，以達到逐年減少吸食鴉片人口的目標。在文章中，他向日本當局指出，日本在台灣每年鴉片進口稅達到每年八十萬兩，假設日本能壟斷鴉片事業，禁止他國進口，則此收入將提升到每年一六〇萬兩。

因爲鴉片專賣有極龐大的利益，將擁有此種厚利特權的大盤商、零售商，以專賣制度規劃給各地協助日本對付義民軍的御用紳士，作爲犒賞，可以收買人心。如此一來，吸食鴉片的人數可以獲得控制，專賣利益可以增加日本殖民政府的收入，又可以吸引許多想分一杯羹的人，使他們成爲義民軍的告密者，快速消滅台灣義民軍，一舉數得，達到「以台制台」的目的。後藤的如意算盤，受到日本朝野的矚目。一八九七年一月，伊藤博文內閣便依後藤的主張，頒布〈台灣阿片令〉，建立台灣獨有的鴉片專賣制度。這篇報告書成爲後藤新平與台灣歷史結緣的契機，也是他日後飛黃騰達的重要關鍵。

生物學原則

中日甲午戰爭爆發時，後藤擔任日軍檢疫局長官，結識當時國防次長兼任軍務長官的兒玉源太郎。戰爭結束後，任兒玉中將的事務官長。一八九八年二月，兒玉被任命爲台灣第四任總督，他提拔後藤新平做爲副手，當民政局長（後稱民政長官）。新官就任，新聞界循例訪問後藤，希望他發表新的施政方針。後藤回答說：「一個良好的政策，要徹底了解台灣的情形之後，才能制訂出來。我現在連調查都沒有完成，哪來的新政策？無可奉告。」他的長官兒玉援先例，想發表到任談話，囑咐他擬稿，後藤也稟告：「空洞的報告，不說較好。」這種「沒有政策的政策」正是後藤的厲害之處。

後藤接任民政長官之前，曾發表〈台灣統治急救案〉，強調台灣行政中最迫切之要項，爲了解原存於島上之自治行政慣習。文中指出：滿清政府把台灣當做「化外之民」，放任不管，台灣的自治反而特別發達。其警察、司法、稅金等「自治之慣習」，雖然與近代化之制度有異，卻已行之有年。他因此而提出「生物學政治論」之殖民政策：「治理台灣的方式，絕對不能把日本成功的經驗套在台灣人民身上。我們以生物學上的比目魚爲例，比目魚的兩眼長在身體的同一邊。若一定要把比目魚的眼睛改裝在身體的兩邊，那就是違反了生物學的原則。在政治上亦同。我們必須先了解台灣人的習性，依據其習性，定出一套有效的管理辦法。」

因此，他在致兒玉總督的備忘錄上提出：「在目前科學進步之下，殖民地行政計劃，必須根據生物學的原則，也就是要發展農業、工業、衛生、教育、交通、警察。如果以上各項能夠完成，我們就可以在生存競爭中獲得保全及勝利。」

後藤掌權後，就根據他的「生物學原則」，設立社會科學調查機關「臨時台灣舊慣調查會」，進行地籍調查和人籍調查，再依據所得的報告設計治台方針及相關法律。這種做法對消滅台灣義民軍（日人稱爲「土匪」）的反抗，發揮了極大的作用。

抗日義民軍的挑戰

兒玉擔任台灣總督的時間長達八年六個月。可是一九〇〇年十二月，他又被任命爲伊藤內閣的陸軍大臣。一九〇三年七月桂太郎組閣時，再度入閣擔任內務大臣，並兼任文部大臣。日俄關係惡化時，他辭去內務大臣，轉任軍職的參謀本部次長。日俄戰爭爆發後，即到遼東半島，擔任滿洲軍總參謀長。由於長期不在台灣，兒玉變成「缺席的總督」，民政長官後藤新平也成爲這段時間台灣的實際統治者。

後藤出任台灣民政長官時面臨的第一個挑戰，是如何消滅活躍於台灣各地的「土匪」（抗日義民軍）。一八九五年六月十七日，日軍在台北舉行始政儀式，並以是日作

爲「台灣始政紀念日」（台灣人稱之爲「恥政紀念日」），隨即揮師南下。當時台灣各地鄉紳紛紛以「守土拒倭」爲名，號召鄉里青年子弟，組織「抗日義民軍」，以民間土造武器跟現代化裝備的日軍浴血作戰。日本投入七萬大軍，耗時五個多月，才從台北打到台南。在嘉義跟劉永福的黑旗軍激戰時，日軍不斷派兵增援，劉永福見大勢已去，才乘夜潛逃回廈門。十月二十二日，台南淪陷。日軍南征過程中，近衛師團死傷極爲慘重，南侵總指揮官北白川宮能久親王也因爲此戰役而死亡。

日軍佔領台南後，即宣布實行軍政，專以軍隊暴力掃蕩全島各地的抗日義民力量。兩年之後，第三代總督乃木希典，才把軍政改爲民政，採取所謂「三段警備制度」：在抗日勢力活躍的山地邊緣地區，繼續以軍隊掃蕩；在抗日勢力稍稍平息的平原僻地，即以憲兵鎮壓；在治安穩定的平地市街，則以警察負責警備。

「以台治台」的上策

後藤在衛生局長任內，爲了在殖民地施行鴉片專賣政策，刻意安排他的親信阿川光裕，先行赴台，佈置鴉片專賣事宜。阿川光裕最先被安排在總督府總務部衛生課，後來職稱改爲民政局地方課長，實際上的工作，是充當「鴉片警察」，到全島各地，偵察「土人」（日本人口中的台灣人）吸食鴉片的情形，並暗查「土匪」（台灣的抗日義民）的情況。

後藤新平一到台灣，阿川即向他獻策，要起用辜顯榮，來鎮壓抗日「匪徒」，這是「以台治台」的最好方法。老謀深算的阿川指出，「土人」之中，最好利誘的人，就是辜顯榮。依他的調查，辜顯榮於一八六六年生於彰化郡鹿港街；一八九五年五月，日軍登陸台灣時，辜率先到基隆水返腳（今之汐止），歡迎「皇軍」，並引導日軍，進入台北城。同年八月，他追隨北白川宮能久親王，率領近衛師團南進，協助鎮壓抗日。

日軍佔領台灣後，雲林人柯鐵虎和劉永福舊屬簡義，於雲林大坪頂建立「鐵國山」抗日基地，頑強抵抗日軍，成爲台灣中部最主要的武裝抗日力量。一八九五年十一月，日軍進攻斗六，辜顯榮聽從日軍的授命，回鹿港爲日軍籌軍糧。當日軍攻擊雲林的抗日軍時，辜顯榮又受命回鹿港，組織由保甲壯丁團改編而成的「別動隊」一千人，討伐抗日義民軍。

次年六月，柯鐵虎和簡義率領鐵國山義民軍六百餘人襲擊林圮埔日本憲兵屯所，並以迅雷不及掩耳的突擊戰，猛攻雲林縣治斗六街的日本守軍，竟使日軍倉皇敗退。義民軍攻克斗六街的消息傳出後，台中、彰化、嘉義等地義民皆聞風蜂起，到處襲擊日本守備隊，並佔領憲兵屯所，連辜顯榮所組的「別動隊」也倒戈向日軍開槍。七月初，台中的第二旅團司令部派出「討伐隊」，強力掃蕩，所到之處，民房幾乎全被焚毀，百姓更

是橫屍遍地。辜看情勢逆轉，更加賣力爲日本人效勞，最後抗日派首領簡義，被他說服投降。

一八九八年一月二十六日，辜顯榮因「刑事嫌疑」，被收押於台中監獄。三月二十五日，獲免起訴出獄。三天後，三月二十八日，後藤新平來台，就任民政長官，並聽從阿川的建議，派遣翻譯官白井新太郎到鹿港，傳喚辜北上，赴官邸拜見後藤。辜爲日本賣命賣力，被台灣民衆指指點點，結果竟然被日本當局以「刑事嫌疑犯」繫獄監禁，因此推辭不願意再爲日方效勞。後藤告訴辜，自己在赴台之前，也曾經因爲牽涉相馬子爵家的財產繼承案，而入獄半年，勸他要「心胸磊落」。辜聽了後藤的話，隨即表示釋懷，願繼續爲長官效勞。

糖飴與鞭子

後藤根據他的經驗，指出台灣人性格上的三個弱點，從而提出他的「治台三策」：

一、台灣人怕死，要用高壓手段威嚇。

二、台灣人愛錢，可以用小利誘惑。

三、台灣人重視面子，可以用虛名籠絡。

基於這樣的見解，後藤新平擬訂了「糖飴與鞭子」的治台政策：一方面用「保甲制度」穩固統治基礎，一方面頒布「匪徒刑罰令」鎮壓義民；同時規劃台灣經濟開發和現代化建設。

先從「保甲制度」談起。「保甲制度」原先為宋朝王安石所創，延用至清朝。這是一種包辦性地方組織，賦予鄰保連坐責任，十戶立一牌頭，十牌立一甲長，十甲立一保正。清廷引進台灣後，劉銘傳再加以整修運用，替清朝政府包辦有關地方治安、戶口、稅收等行政工作。

後藤聽從辜顯榮的建議，一八九八年六月，由總督府公布「保甲條例」，擴充舊有的機能，在保甲之下，另設「壯丁團」，使其成為統治台灣最基層的機構，輔助殖民政府的警察，「以連帶責任，保持地方安寧」。他們的工作不僅只是整理戶口、監視百姓、糾察犯人，還要催繳稅捐、攤派勞役、預防疾病、清掃街道等等。所有的保正、甲長、牌頭及壯丁，一律屬於義務工作，不支薪，也不設辦公所，但保正卻享有販售專賣品的特權。

鴉片專賣制度

日本政府在台灣販售的主要專賣品之一，就是鴉片。一八九五年日本在台灣發布

「台灣人民軍事犯處分令」，規範的事項都屬於妨礙日軍的行為，所有罪名均為唯一死刑，僅教唆、從犯或未遂犯得酌減，且審判程序交由軍事會議或總督府民政局執行，十分草率。其中規定：若有台灣人民將鴉片或是吸食鴉片器具交給日軍或軍眷者，處死刑。當年僅有二十二萬人吸食鴉片，佔總人口數八%。一八九六年一月二十三日以後，禁止從外國進口鴉片，鴉片專賣成為殖民政府收入最大的財源，直到一九〇五年，樟腦專賣的獲利才首度超過鴉片。九一八事變之後，日本軍國主義頭子東條英機更深入大陸熱河一帶，用錢慫恿中國農民種植鴉片，銷售到台灣。據統計，到一九四五年日本投降為止，台灣吸食鴉片總人口數超過五百萬人。

由此可見，日本當局對鴉片所抱持的態度：放任台灣人保有其「舊慣」，可以吸食鴉片，因為那是大日本帝國稅收的重要來源。但日本軍人或軍眷卻不得吸食，以免失去戰力。一旦吸食被發現，受處罰的竟然還是台灣人！

「歸順政策」

「保甲制度」是利用台灣人「愛面子」的心理，「專賣制度」則是引誘台灣士紳的「糖飴」，達到「以台制台」的目的。在「鞭子」方面，後藤上任後不久，即由台灣總督府公布「匪徒刑罰令」，授權軍警依「法」殘殺抗日義士，同時又利用各地的御用紳士，以「歸順政策」對付義軍。願意歸順者在提出「歸順嘆願書」及「歸順者名簿」後，必須集中武器以備驗收，總督府即可分派公路開鑿工作，並發給「生業補助金」。

當時活躍於台灣各地的義勇軍中，北部的簡大獅、中部的柯鐵虎和南部的林少貓併稱「抗日三猛」。一八九五年十一月，總督府宣布「全島平定」，北部各地十餘支義民軍領袖即約定於十二月三十一日除夕，以大屯山上舉火爲號，各自統領數百或數千人，一起行動，在翌日元旦會攻台北城。不料事機不密，日軍獲悉後，立即先發制人，派出大批軍警追擊。在雙方裝備懸殊的情況下，義民軍傷亡慘重，各路義民軍遁入山區。簡大獅等人結集抗日戰士一千餘人，在大屯山一帶，進行游擊戰，使駐紮在此一地區的日本憲兵警察不得安寧。

一八九八年七月，新店文山堡的陳秋菊和宜蘭的林火旺在「歸順政策」的誘惑之下，分別帶領屬下一千二百餘人及三百餘人出席「歸順典禮」；汐止的盧錦春也會見台北縣知事，辦理投降手續。簡大獅在總督府通譯官谷信近的勸誘下，十月八日，終於率領屬下六百餘人，出席在士林舉行的「歸順典禮」。民政長官後藤新平親臨印證，並以開鑿從士林至金包里的公路爲名目，發給三萬圓補助金。

歸順式慘案

事經一個多月，簡大獅便對日本警察的蠻橫凶暴極度憤慨，而秘密聯絡仍在山中堅持抗日的義軍，並發檄文給已降敵的舊日同伴，準備在十二月十一日再度起義。可惜事機不密，日本當局獲悉後，決定先發制人，於十日派遣軍警部隊攻佔燒坑寮，大肆搜捕、燒掠。簡大獅殺出重圍，輾轉逃到廈門。翌年二月，日本政府要求廈門當局將他逮捕，押返台灣，被台北地方法院判處死刑，當天即行槍決。

後藤新平對付抗日義勇軍領袖柯鐵虎和林少貓的手段，更有過之而無不及。他先分別接受他們所提出的投降條件，准許他們保有自己的武力，再跟他們分別簽訂協議，劃定界線，互不侵犯，讓抗日義勇隊暴露出行蹤，並疏於防範。

一九〇二年，柯鐵虎病死後，後藤先動員西螺區長廖璟琛、勞水坑區長張水清等御用紳士出面，向柯鐵虎的部屬勸降，答應他們，只要交出武器，即可回家當良民，既往不咎，並於五月二十五日，分別在斗六、林杞埔、崁頭厝、土庫、他裡霧、下瀾口六處，同時舉行「歸順式」。義軍交出武器後，典禮完畢，日本官員簡略致辭後即退場，而由武裝警官下令埋伏的日軍，以機槍開始掃射，掃射畢，再執武士刀入場，尚有存活者，一律予以劈殺。當天死於各地典禮會場的義民軍戰士多達二六〇人，史稱「歸順式全部被槍斃。

慘案」。第二天，連出面誘降的御用紳士廖璟琛、張水清等十五人，也以通諜的罪名，

後壁林之役

林少貓世居屏東城外，以經營碾米廠爲業。台灣民主國成立時，劉永福奉令鎮守台南，林少貓號召數百子弟，投入黑旗軍麾下，轉戰於苗栗、彰化各地，並在大林莆之役中重創日軍。台灣民主國失敗後，劉永福東渡大陸，林少貓率部在南台灣山地打游擊。他軍紀嚴明，足智多謀，神出鬼沒，驍勇善戰，日軍無法掌握其蹤跡，而感到頭痛萬分。後藤先透過地方士紳，誘騙林少貓與日方簽訂協議，劃後壁林爲林少貓的開墾區，互不侵犯。林少貓遂率部經營後壁林，墾荒種植，家業興隆，生活也頗安定。但日本人始終視之爲心腹大患，必欲除之而後快。一九〇二年五月三十日，日本軍警在後藤的嚴密佈置下，乘林少貓不備，攻入後壁林，大肆燒殺，林少貓當場戰死，家中無論男女老幼，皆無法倖免於難。接著日軍又在鄰近鄉村進行數日之捕殺，死亡人數多達三二〇人，史稱「後壁林之役」。

自林少貓在高雄後壁林戰死的那一天，總督府宣布：「全島治安完全回復」。後藤新平自己承認：自一八九七至一九〇二年的六年間，被逮捕的「土匪」有八〇三〇人，

其中有二四七三人依「法」被處死刑；另外有四〇四三人則是以未經法律程序的「臨時處分」而遭到殺戮。此外，根據東鄉實和佐藤四郎一九一六年合著的《台灣殖民發達史》，自一八九八至一九〇二年的五年間，經由「匪徒刑罰令」而處死者，有二九九八人，未經法律程序而被殺戮者，則多達一〇九五〇人。後藤整治台灣之心狠手辣，由此可見一斑！

三、後藤新平的政績

清理地籍，改善衛生

除此之外，主張「生物學原理」的後藤新平在台灣推動政務，和他以「糖飴和鞭子」政策消滅抗日義勇軍一樣，也呈現出高度的精準和效率。他上任不久，即於一八九八年公布「台灣地籍規則」及「台灣土地調查規則」，並設立「臨時台灣土地調查局」。調查的結果清理出總耕地面積六十一萬九千甲，比清代劉銘傳丈量土地時的三十六萬一千甲，增加了七一％；地租稅收也從九十二萬圓提高至二九八萬圓，增加了

三．七二倍，奠定了總督府財政充裕的基礎。在日軍佔領台灣之初，台灣即以傳染病流行而聞名。後藤知道：衛生疫病問題將直接影響日本殖民台灣的成敗，因此在一八九六年將日本的「公醫制度」引入台灣，並在三年之後設置「台灣醫學校」，使新醫學朝向知識系統化及體制化發展；同時發展熱帶醫學，以協助日人適應台灣風土環境。他同時推動廣泛的衛生活動，全面控制傳染病；並開始進行代表改善衛生的下水道工程，使台北的下水道覆蓋率成爲當時全亞洲第一，甚至超過日本。

後藤到台灣赴任後不久，即興建起巍莪的總督官邸（光復後改稱「台北賓館」），目的是要以高大的建物來威嚇台灣人民。同時又大幅提升官舍之水準，藉以吸引有能力的日本人來台工作。一八九九年，台北自來水道工事已經竣工。那一年，台灣第一個現代化的金融機構「台灣銀行」正式創立，縱貫鐵路也開始動工。一九〇三年，台灣首座水力發電所「台北深坑龜山水力發電所」開始興建，兩年後開始供電。他同時在台灣各個主要都市積極推展都市計劃，使台灣主要都市的面貌爲之丕變，展現出現代都市的風格。

致力交通建設

後藤也十分重視郵政、電信、航運、港灣、鐵路、公路等交通事業的建設或擴充。

日本接收台灣後，發現村落和村落間，以及村落和城鎮間，僅有三十公分或大一些的小道，可是在城鎮和城鎮之間，卻沒有可以互相聯絡的省道或國道。日本佔領台灣後，即致力於道路建設，後藤新平更動員居民的義務勞動，並督促投降的抗日人士，投入建設寬幅的道路。他在任內舖設的道路，寬度在一．八公尺以上者，長達九千兩百多公里，勾勒出台灣各鄉鎮間道路網的雛形。

在鐵路方面，劉銘傳時代曾經以七年時間，舖設台北至新竹間一百公里的鐵路。日本佔領台灣後，民間曾成立「台灣鐵道公司」，但因資金籌集困難，進度十分緩慢。後藤上任後，將民營的鐵道公司改為官有，將鐵路建設計劃的一千萬日圓擴增三倍，並通過「台灣事業公債法」，確保建設所需財源，自任台灣鐵道部部長，並從日本鐵道部請來長谷川謹介，授權讓他發揮所長，推動鐵路事業。今天台灣的縱貫鐵路，絕大部分就是在他的任內所完成的。在台灣林業史上曾經扮演重要角色的阿里山登山鐵道，也是他為了開發當地豐饒的森林資源，而主導興建的。

除此之外，他又分三期擴建基隆港，使其保有今日之規模。我們可以說，清朝的劉銘傳為台灣的近代化奠定了初步基礎，後藤則完成了台灣近代化的基本建設。

鞏固殖民統治

後藤新平治理台灣的一切作爲，基本出發點都是爲了鞏固日本政府的殖民統治，而不是要爲台灣人民謀福利。比方說，在產業發展方面，後藤新平採用日人新渡戶稻造的「台灣糖業改良意見書」，選定了在台灣原本就有基礎的糖業，在他任內經由總督府公布實施「糖業獎勵規則」，並設立「臨時台灣糖務局」負責執行，讓日本企業可以獲得工廠建設補助金及生產補助金等各種金融保護，台灣成爲日本人投資者天堂，在台灣總督府的積極扶植之下，日本的三井等少數幾家大企業進入台灣後，享受到充裕的資金援助、原料獲得及市場保護，變成獨佔事業，同時引進新式製糖技術和經營模式，促使台灣糖業蓬勃發展。一九〇一年總督府又公布「土地收用規則」，以公權力支援「製糖會社」，使會社能強制收買甘蔗的「原料採取地區」，大量取得大地主土地，相對的也使台灣許多農民由清代大地主的農奴，淪爲日本製糖會社的農奴。

四、後藤新平的兩面性

台灣近代史上，後藤新平是個極具爭議性的人物。就執行日本帝國主義在台灣的殖民政策而言，後藤當然是「厥功至偉」的「頭號功臣」。他後來因爲「經營台灣」的特殊成就，而在日俄戰爭後，轉任當時剛成立的「南滿洲鐵道株式會社」首任總裁，繼續推行「日本帝國在南滿洲之特殊使命」，爲後來日本的侵華戰爭預作準備工作。

兩面的歷史評價

然而，就台灣人民的立場而言，對於後藤新平的歷史評價卻有其兩面性：從民族主義的角度來看，後藤是個工於心計而且兩手沾滿血腥的劊子手，他有計劃地殘殺台灣人民的人數，在歷史上恐怕無人能出其右。從改善人民生活水平的角度來看，我們又不能不承認他對促進台灣社會的現代化有其特殊的貢獻。

現在日本的「後藤新平會」是由一群「對台灣友善」的日本社會人士發起組成，其中有政府官員、金融界人士，也有作家、學者和媒體人，他們的組織以後藤新平爲名，經常和台灣進行非官方的交流，其中，後藤新平的外孫、已過世的前日本參議員椎名素夫，和前總統李登輝的交情尤其友好。

二〇〇七年，後藤新平一百五十週年冥誕，後藤新平會特別籌設第一屆的「後藤新平獎」，成立這座獎項的目的，是要表揚對國家或區域發展有貢獻的人，「就像後藤新平對台灣的付出」一般。李登輝的日本友人認爲李登輝「繼承了後藤新平的志業與精神」，在台灣擔任台北市長、總統的期間，對台灣的現代化有卓越貢獻，更推崇他是台灣的代表性人物，所以決定把這座獎項頒給他。二〇〇七年六月一日，李登輝在中共的抗議下，親赴東京，接受「後藤新平會」頒贈的首屆「後藤新平獎」。三天後，他抵達岩手縣奧州市的「後藤伯公民館」，參加紀念後藤新平一百五十週年冥誕紀念活動。

李登輝的盲點

李登輝致詞時表示，能獲頒該獎是他的榮幸，他認爲後藤很有遠見，能洞察百年後的先機，爲台灣的近代化帶來莫大貢獻。他說，日本今後也需要有更多像後藤一樣類型的領導人，現在大家都應該多了解後藤究竟做了些什麼。李登輝是當前台灣政壇上少數「用功讀書」的人士之一，他不可能不知道後藤新平對台灣的所作所爲。然而，李登輝爲什麼只看到後藤「有遠見、能洞燭先機」的一面，卻看不到他「屠殺台灣人民」的另

一面呢？

一八九五年，中國在中日甲午戰爭慘敗之後，在「馬關條約」中，決定把台灣和澎湖割讓給日本。同時也承認朝鮮自主，默許日本宰制朝鮮的命運。從此之後，朝鮮也像台灣一樣，經歷過長達半個世紀的日本殖民統治。然而，時至今日，韓國人談起日本人對朝鮮的殖民統治，莫不咬牙切齒，恨之入骨；我們很少聽說有韓國人會懷念日本的殖民統治。爲什麼韓國人不會對日本統治者產生類似的反應？

要回答這些問題，我們必須理解：李登輝和彭明敏都是屬於「後亞細亞孤兒世代」的人物。他們對於日本殖民者的態度跟「亞細亞孤兒世代」的台灣人有相當明顯的不同。在下一章中，我將借用台灣前輩作家吳濁流的名著《亞細亞的孤兒》更進一步分析：在日本統治下，台灣人民的中國認同。

第二章

中國情與日本結：吳濁流

《亞細亞的孤兒》是台灣籍作家吳濁流（一九〇〇－一九七六）一生中最重要的代表作。在「草根出版公司」於一九九五年出版的這本書的封面上，有一段這樣的介紹文字：有人說吳濁流光是取這個書名就已經不朽了。他藉本書主角胡太明猶疑的一生，把日治下台灣人的民族性格、台灣人的身分認同糾結，及台灣這個番薯島嶼總是孤兒般擺盪於不同名號的外來政權裡的悲慘命運，一一揭露出來。

根據吳氏的說法，這本書起稿於第二次世界大戰中的一九四三年，而在一九四五年脫稿，是用日本統治下的台灣史實作爲背景，「沒有忌憚地描寫出來」。正因爲如此，在這本書中，我們到處可以看到後藤新平治台的「政績」，也可以看到：日本殖民政府統治下，台灣人民的心態。

一、日據時期的台灣社會

日本佔領台灣之初，台灣人民曾經表現出十分激烈的反抗行動。他們千方百計支援抗日義軍，希望能夠擺脫日本的殖民統治。可是，在民政長官後藤新平「糖飴與鞭子」的政策之下，日軍以剿、撫兼施的兩手策略，配合絕對優勢的武力掃蕩，將缺乏奧援的

各地義軍逐一消滅殆盡。依吳氏的分析，在日本殖民政府長時期的壓制之下，台灣人的反抗思想也分裂爲三派：絕對派、超然派和妥協派。絕對派是以努力培植反抗思想來代替實際的抗日行動；超然派是對政治完全絕望，對新政權也不協力，只顧個人平安度日；妥協派則是基於現實的盤算，依附新政權，以謀求個人的利益。

在台灣淪日後不久，本書主角胡太明出生於鄉間的望族。他的父親胡文卿是個現實主義的中醫，整日忙著跟病人周旋，納有一妻一妾。母親雖然是正室，卻是童養媳出身，育有二男一女。祖父是超然派，年輕時曾經回到祖國，中過秀才，滿腦子春秋大義、孔孟遺教、漢唐文章和宋明理學。

在祖父安排下，太明先進入私塾學習四書五經。塾師彭秀才是個絕對派，以教授漢學作爲思想反抗的方法，除了教書外，就是躲在房裡抽鴉片，對世上任何事務都不關心。堂兄是妥協派，是日本人的「巡查補」（預備警員），村人稱呼他「大人」，「對他的態度大都虛與委蛇，見面時恭恭敬敬，等他一走開，便有人說他的壞話了。」

「文明」與「落伍」

吳濁流筆下的台灣，主要是由漢人組成的移民社會。胡太明在成長過程中，也經歷過漢人社會遺留下的舊習俗。比方說，胡太明的父親想要納妾，擔心正室不答應，因此安排一位從大陸來的相士，替妻子看相。相士先恭維她是「百萬富婆之相」，但卻「不能獨佔丈夫」，因爲先生是「雙妻命」，不納妾，恐怕熬不過這五年，她才不得不死心。又比方說，吸食鴉片也是當時漢人社會的舊習慣。太明的伯父鴉片癮極深，「分家時所得的一千幾百石財產，全部抽鴉片抽完了」，因此人家都稱他「鴉片桶」。太明的老師胡秀才到胡家拜年時，煙癮發作，父親「便把胡秀才請到自己的房裡去吸鴉片」，可見當時吸食鴉片風氣之普遍。

這裡值得注意的是：醫師出身而又主張「生物學原則」的後藤新平，明明知道鴉片之害，他在擔任衛生局長時所提出的「漸禁論」，非但不是要禁絕鴉片，反倒是要利用鴉片專賣制度，一方面籠絡「愛錢」的台灣人，一方面增加殖民政府的財政收入，鞏固日本在台灣的殖民統治。而且只准許「落伍的」台灣人吸食鴉片，「文明的」日本人則嚴厲禁止！

二、「亞細亞孤兒」的「雙重認同」

除了鴉片之外，總督府還訂出許許多多的「差別待遇」政策，讓胡太明感受到他跟

日本人之間的差異。讀了一段時間的漢學，彭秀才的私塾關閉了，胡太明才轉入公學校（國民學校），後來更進入師範學校，接受新式教育。畢業後，到鄉間的公學校去執教。心中對一位日籍女同事內藤久子極有好感，卻因爲「她是日本人，我是台灣人」的自卑感，以及她在日常言談舉止中所表現出的優越感，而不敢表達。後來，太明鼓起勇氣向她示愛，久子卻斷斷續續而又很清晰地對他說：「**我很高興，不過，那是不可能的，因爲我跟你是不同的……**」

她所說的「不同」，顯然是指彼此之間民族的不同。胡太明的初戀，讓他對這種「不同」有刻骨銘心的感受！感情上的挫折，加上目睹學校中日系和台系教員之間的明爭暗鬥，太明終於決定到日本留學。到了日本，太明一方面驚駭於日本社會的文明進步，一方面又不敢參加台灣留學生反日的政治活動，只好集中精力，研究學問。物理學校畢業，太明回到故鄉，到舊同僚開設的一家農場工作。可是，後藤新平訂下的「台灣糖業改良政策」，不但使日本大企業經營的製糖會社獲得各種優惠的金融保護，而且會社可以制訂有利於自己的收購政策，肆意剝削農民。太明目睹農場中基層農民生活的困苦和無知，有時連自己的生命都保不住。他想改善他們的生活，卻又無能爲力；因此，下定決心「用自己的知識」，將這些無知的人們，從悲慘的命運中拯救出來。當他因爲自己的努力，而感到生活日漸充實時，農場卻因爲製糖會社強取豪奪的收購政策，不堪榨取而宣告破產，太明也失業回到家鄉。

「中國愛我嗎？」

爺爺死後，分家引起的紛爭；製糖會社強制施行栽培甘蔗，而挖掉胡家祖墳；再加上看到社會上種種不合理的現象，胡太明決定到中國大陸求發展。在開往大陸的船上，他感到心曠神怡，詩興大發，不費推敲便吟成一首七律：

優柔不斷十餘年，忍睹雲迷東海天，
伏櫪非因才不足，雄心未已意纏綿；
半生荊棘潸潸淚，萬頃波濤淡淡煙，
豈爲封侯歸故國？敢將文字博金錢。

但是他想到自己現在總算還是「日本國民」，「歸故國」三字似乎不太相宜。費盡心思，才想到用「遊大陸」來取代。

胡太明赴大陸途中賦詩時的推敲和猶疑，反映出台灣知識份子「雙重認同」的矛盾。他因爲上過「私塾」，受過傳統中國教育，潛意識裡認同的是「中國」，所以「赴大陸」就是「歸故國」。然而，他的意識卻很清楚地告訴他：在現實生活裡，他是「日

本國民」，必須將自己作品中的「歸故國」用「赴大陸」掩蓋起來。到了上海，他的曾姓好友告誡他的一席話，使他更清楚地意識到這種矛盾：「我們無論到什麼地方，別人都不會信任我們。」曾向太明解釋複雜的處境：「命中註定我們是畸形兒，我們自身並沒有什麼罪惡，卻要遭受這種待遇，是很不公平的。可是還有什麼辦法？我們必須用實際行動來證明自己不是天生的『庶子』，我們爲建設中國而犧牲的熱情，並不落人之後啊！」

「中國可愛嗎？」

用現代流行的話語來說：這種感受是「我愛中國，但中國愛我嗎？」不僅如此，回到大陸，他所看到的許多景像，和他切身的生活體驗，更使他懷疑：「我愛中國，但中國可愛嗎？」這兩個問題糾結在一起，讓他處處覺得自己像是個「不合時宜」的「邊緣人」。在車水馬龍、高樓聳立的上海，他看到「野雞」聚集的街角、趾高氣昂的洋人、盲目崇洋的女性、庸俗精明的日本人、叫化子和路邊的病丐，都讓他覺得頭暈目眩，認爲「那些地方只有痳醉人類靈魂的事物，卻找不出一樣使人心身舒暢的東西。」

他在南京謀到一席教職，赴南京途中偶然邂逅一位蘇州美女，因緣際會成爲他的學生，兩人墜入愛河，讓他嚐到人生的樂趣。結婚後，卻因爲妻子思想開放，耽迷於跳舞、麻將和政治活動，放浪形骸，和一群男同事廝混，讓他覺得十分煩惱。

他到一家日語學校兼課，九一八事變後，有些學生自嘲地說：「中國遲早逃不出滅亡的厄運，爲了將來的飯碗，不如趁早學點日語」，讓他感到十分痛心！有些學生是因爲日本文化界有很多翻譯作品，學會日語可以閱讀世界各國的文獻；還有些激進份子，則是爲了準備抗戰而學習日語，又讓他感嘆萬分。

兩面不是人

中日關係不斷惡化，好友建議他到上海參加「抗日聯合陣線」，太明沒有答應，不久卻因爲台灣人的身分，被懷疑是間諜，而遭到逮捕。後來得到兩位學生的協助，得以脫逃，潛回台灣。不料一到基隆上岸，立刻遭到特務刑事的跟蹤，因爲到過大陸的人，都被認爲有間諜嫌疑，讓太明感受到「兩面不是人」的滋味。回到家鄉，人事全非，他的哥哥志剛卻被選作保正，日常生活和言行舉止都拚命模仿日本人的樣子。

中日戰爭爆發，台灣也染上戰時的色彩，到處飄揚著歡送「出征軍人」的旗幟，接著又展開「國民精神總動員」運動。志剛替日本人的「獻金運動」積極地擔任先鋒，太明則被徵召到廣州去當日本的「軍屬」（後勤兵）。

在軍隊裡，他聽到日本兵得意洋洋地吹噓他們強暴中國婦女的經歷。日本軍官審問

「抗日份子」時，他被迫擔任翻譯。太明盡力想為囚犯脫罪，結果是不論青紅皂白，一律審問一遍便宣判死刑。每當他替那些從容就義、捨身殉國的愛國青年翻譯時，內心便感到痛苦至極。他們視死如歸的大無畏精神，讓太明的精神發生激烈的震撼，良心也受到極大譴責。有一次，他目睹日本劊子手以軍刀砍殺十八名救國義勇軍的「抗日份子」，終於精神崩潰，昏倒在地，被遣送回台灣。

「皇民」與「非國民」

太明回到台灣，留在家裡靜養。前文說過，「保甲制度」本來是清朝留下來的「舊習慣」，主張「生物學原則」的後藤新平認為：可以利用它來籠絡「怕死、愛錢、愛面子」的台灣人，達到「以台制台」的目的。太明的哥哥志剛當上保正之後，為了響應「皇民化運動」，把自己的「胡」姓改為「古月」，並積極鼓動村民，配合殖民政府政策，動不動就抬出「非常時期」的大帽子壓人。

有一次，志剛從「食米供應會議」回來，要求每人每日配給食米一合，其餘的米全部供應輸出，違者以「非國民」論處。消息傳出，引起村民恐慌，大家紛紛設法把食米貯藏起來。有一天，搜索隊到太明家裡搜出藏米，隊員用台灣話罵：「好不怕死，非國民！」太明母親突然壯起膽來罵他們是「白日土匪」。志剛知道後，不停責備母親，太明忍不住反問他：「難道哥哥家裡一點東西都沒有藏嗎？」當然不是如此。但是保正享有特權不受搜查，所以志剛有恃無恐。但太明這一問，志剛也說不出話來，嘀咕幾句走開了，母親淚眼汪汪地罵他：「短命鬼！吃日本屎的！」不久後便病倒而亡故了。

太平洋戰爭爆發後，香港、新加坡相繼被日軍攻陷，捷報傳來，「皇民派」的「模範青年」欣喜若狂，很多人巴不得能夠到南洋去拓展天下。此時，太明遇到反戰的日籍舊友佐藤，聽了佐藤的勸說，決定跟他一起辦雜誌，希望在言論極端受控制的情況下，引導讀者走向現實。不久，戰局果然如佐藤預言的那樣的進展，美軍在南太平洋展開反攻，聯軍跟著在諾曼地登陸，開戰初期的樂觀論調也跟著銷聲匿跡。隨著戰局的逆轉，佐藤告訴太明：「歷史就要開始大轉變了！」他決定關掉雜誌社，回日本，對未來的新局做準備。

「雙重認同」的衝突

佐藤是日本人。他不像台灣人那樣，有「雙重認同」的危機。他即使「反戰」，也不會被扣上「非國民」的帽子。台灣人則不然，他們經常會面臨「皇民/非國民」的強烈心理衝突。時局愈來愈緊張，日本政府對台灣人民的壓榨也愈來愈加強。太明的異母弟弟志南，在學校教師軟硬兼施的脅迫下，不得已參加了「志願軍」。

當志剛的兒子達雄也準備參加「特種志願兵」時，志剛的妻子卻哭鬧著要阻止他。在「皇民派」的父親支持下，達雄不但不聽勸，反而責怪母親頭腦陳腐。達雄的母親不得已，只好向太明求助。太明邀請達雄跟叔叔懇談，並藉機對姪兒剖析世界局勢，讓達雄宛如噩夢初醒，而答應對參加「志願軍」之事再做考慮，太明也鬆了一口氣。不料第二天中午，一輛大卡車把躺在擔架上的志南送到胡家門口。原來志南因爲被徵召到某工地做工，因爲勞動過度而病倒了。胡家慌亂地趕緊請西醫替他診治，但當天傍晚，志南便斷氣了。

崩潰

弟弟的死，使太明徹底地思考自己的處境。他覺得以前的生活方式，委實太不徹底。自己雖然希望生活得有意義些，事實也做過許多事情，但沒有一件事情有結果，戀愛問題也一樣。他原希望好好地做一個人，但結果仍不免要僞裝自己，他沒有克服現實的勇氣，結果只得向一切事物妥協。物理學校的學生，在本省算是受過最高教育的，但這有什麼用？他還不是和螻蟻一樣，過了一輩子無聲無息的生活？弟弟是死於非命的，太明認爲這種厄運不僅限於弟弟，不久也將侵襲到自己和父親身上⋯。所有的親人都死去以後，只剩下他孑然一身，這樣苟延殘喘，還有什麼意義呢？

在太明的生活世界裡，「雙重認同」的危機其實一直若隱若現地存在著。太明一向把它當做個人問題，當它浮現時，用逆來順受的態度，咬著牙關，度過困境。隨著中、日間衝突加劇，他看到身邊的人一個個被這種尖銳的對立吞噬，甚至連自己最親密的人都無法倖免，這時候，各種自責和反省的念頭，像暴風雨似地侵襲著太明，使他的肉體和精神都無法承受。他突然聽到庶母阿玉的悲鳴，在她向天地控訴的哀號聲中，太明所有的思維都崩潰了，全身像飄浮在空中⋯⋯

村子裡傳出了太明瘋狂的消息。太明發狂前在胡家大廳牆上留下這樣一首詩：

志爲天下士，豈甘作賤民？
擊暴椎何在？英雄入夢頻。
漢魂終不滅，斷然捨此身！
狸兮狸兮！（日人罵台灣人語）意如何？
奴隸生涯抱恨多，
橫暴蠻威奈若何？
同心來復舊山河，
六百萬民齊崛起，

誓將熱血為義死！

在《亞細亞的孤兒》一書中，胡太明是日據時期一個典型的台灣知識份子。他幼時上過「漢學」（私塾），對「文化中國」有強烈的認同感，跟傳統文人一樣，會以律詩表達內心最深刻的情感。他接受到的「新式教育」告訴他：他是「日本國民」，他早期的生命經驗卻告訴他：中國才是他的「祖國」。他的初戀對象是個日本女子，他到日本留學時更羨慕日本社會的文明和進步，然而，他的「日本經驗」卻使他強烈感受到：自己跟日本人是「不同」的。當他滿懷熱情回到「祖國」，他的「中國經驗」卻不斷敲打著他，讓他質疑：「我愛中國。但中國可愛嗎？」「我愛中國。但中國愛我嗎？」當「中國」和「日本」發生強烈衝突，而摧毀他的生活世界時，性格猶疑、優柔寡斷的胡太明根本找不到出路，最後是以精神崩潰收場。

與此對照之下，在馬關條約中，韓國雖然和台灣同樣淪為日本的殖民地，可是，韓國人不會自我認同為「中國人」，他們的潛意識中不會有「中國情結」，也不會提出諸如「中國可愛嗎？」「中國愛我嗎？」之類的問題。因此，也不會產生「雙重認同」的困擾。這一點，我將在下面幾章中再做進一步的分析。

三、皇民化教育

在吳濁流的著作裡，胡太明在太平洋戰爭結束的一九四五年就精神崩潰了，他並沒有經歷到台灣光復後國民政府來台接收的那一段歷史。那一代的台灣知識份子可以稱做是「亞細亞孤兒世代」，他們對於「中國」的認同是一種「血緣」的認同，或「文化」的認同。

然而，那個時代的日本統治者對於台灣人認同問題所抱持的態度卻是「建構論」，而不是「文化論」或「血緣論」。他們深刻了解：國族認同是可以經由教育而建構出來的，但他們也知道：他們無法藉由教育把台灣人變成日本人。

一八九七年四月，在日本殖民政府統治下，台灣的「國語學校」成立國語（日語）科，是日據時代台灣男子中學教育的濫觴。修業期限三年，後來改為四年，比日本人念的五年制中學短。一九一九年，台灣總督府公布〈台灣教育令〉，把台灣人的男子中學改稱「高等普通學校」，與日本人的中學校有所區別；但其修業年限仍是四年。

一九二二年，台灣總督府又再公布〈台灣新教育令〉，規定中等以上學校實行「內

（日）台共學」制。表面上看來，台灣人所進的中學校，無論是修業年限或教育內容，都與日本人所進的中學校沒有什麼不同，但因爲日本人小學校和台灣人公學校使用兩種不同的教科書，入學考試的考題又完全取自日人小學教科書；入學考試除了筆試外，日語口試又佔有相當比重，結果仍然是台灣人吃虧。

除了積極推行日語之外，一九三一年「九一八事變」之後，日本殖民政府開始在台灣推動「島民皇民化」運動，台灣總督府下令禁止使用漢文，任何機關學校都不准使用漢文，各報章雜誌的漢文版也一率撤廢。到了一九四〇年，日本殖民政府又修訂戶口規則，制訂台灣人改換日本姓名的規則，將「皇民化運動」提升爲「改姓名運動」。然而，由於漢人傳統對祖傳姓氏的重視，這項運動推動半年後，更改日本姓氏的總人數不過一六八人而已。

在日本殖民政府大力推行日語教育下成長的台灣知識青年，不再像胡太明那樣，有堅強的漢民族意識。由於台灣文化原本就是漢文化的一個分支，不論他們在「皇民化運動」中有無更改日本姓氏，他們都可能感受到「雙重認同」的困局。然而，他們並不會像胡太明那樣精神崩潰。相反的，他們會以自己的知識作爲基礎，設法爲此種認同困局找尋出路。本文所要談的兩個人，一位是台灣獨立運動的要角彭明敏（一九二三—），另一位則是在「皇民化運動」中曾經更改姓名的李登輝（一九二三—）。他們兩人的成長背景十分相似，對台灣的政治走向也都產生過重大的影響。首先我要談的是彭明敏。

第三章

彭明敏的台獨理論

台灣的知識分子雖然或多或少都會感受到「雙重認同」所造成的心理困擾，然而，並不是所有的知識分子都會像胡太明那樣走上崩潰之路。

相反地，隨著時空條件的移轉，有些台灣知識分子也會根據自己知識的成長，提出各種破解「雙重認同」的方法。其中代表人物之一，就是早期台灣獨立運動的主要領導人彭明敏。

一、理想的中國

彭明敏的祖父是長老教會的牧師，育有五個兒子和三個女兒，家中經濟拮据。當年後藤新平設立台北醫事專門學校，提供補助金給學生，他便鼓勵子女進入醫師行業。彭明敏的父親彭清靠，醫學校畢業後，回到大甲，開設了一家診所，並以行醫所得，買了四十甲田，成爲當地受人尊重的醫生。

彭明敏的家世

彭清靠興趣很廣泛，他會中國拳術，熱衷於園藝，培養菊花和珍奇蘭花，畫水墨畫，並學會小提琴。彭明敏五歲時，父親帶他到上海和南京旅遊。彭明敏年紀小，不能理解所看到的一切，但他父親卻對他比較大陸中國人與日本統治下台灣人的生活情況，他們「對中國的廣大，印象深刻，對祖先的土地，也感到有些鄉愁。不過，就社會發展、工業化、教育和公共衛生方面來說，他們覺得比起台灣，中國還有許多有待改善之處。」

日據時代初期，日本殖民政府對在台日人子弟，採取與台灣人隔離的小學教育。彭明敏達到學齡時，法律開始規定：任何會說正確日語的小孩，都可進入以前只給日人小孩就讀的學校。他因此獲准進入大甲日人小學，該校師資設備都比較好，他是該校約兩百個學生中唯一的台灣小孩。

父親的漢民族意識

身為台灣人，彭明敏從孩童時代便已經感到「雙重認同」的困擾。

我講的日語完美無缺，在學成績也不錯，但總是太清楚地自覺與日人同學不同。我的名字也使我尷尬。中文「彭」字，在日語發音為「何」，每次在課堂被叫到，總引起哄堂大笑。母親穿的是旗袍或洋裝，每當有公開場面，她來到學校，總令我尷尬不已，因為她看起來與其他日人學生的家長那麼不同。（《自由的滋味》，頁二十二。以下出

處同）

日本殖民政府把中等學校當做是台灣人教育的界限，他們認爲必須訓練台灣勞工起碼的讀寫能力，但卻不願意發展台灣知識分子的領導能力。彭明敏進入高雄中學時，校中僅有四分之一的同學是台灣人。他們必須通過嚴格的考試才能獲得入學資格。

彭明敏父親是個漢民族意識十分強烈的人。在他的學生時代，「我們知道許多日本侵略中國和『上海事件』等事情，這些都引起我們很複雜的情緒。日本報紙登載的都是日本軍人崇高的行爲和日本爲了正義而征服落後中國的故事。學校的老師和學生都響應這類愛國的情緒。但是，在家裡我們卻聽到父母談論英勇的中國人如何抵抗日本的侵略。」（頁二十二）

從一九三七年七月盧溝橋事變開始，全國的後備軍人陸續被徵召入伍，彭明敏的老師也一個一個的上前線。「狂熱的校長和軍訓教官，反覆爲戰爭鍛鍊我們，不停對我們講述中國人的落後和懦弱，日本人的英勇、和日本爲中國所做的自我犧牲。台灣人學生發現自己處在痛苦和尷尬的境地。」（頁二十六）

譴責日軍侵犯中國

高雄中學畢業後，彭明敏在家庭的資助下，到日本留學。他選擇進入京都第三高等學校文科，該校以自由學風著名，他開始有系統地閱讀歷史、文學和哲學。在這段期間，他讀到法國哲學家雷南（Ernest Renan，一八二三—一八九二）的論文，認爲現代國家不是由種族、語言或文化所形成，而是以「共同命運」的意識作爲基礎，成爲日後他「對台灣現實政治的指針」（頁三十一）。

學校中有一位特立獨行的哲學教授，「他是一個個人主義者，穿著隨便，舉止散漫，公然反抗心身上的種種束縛，這等於向我們宣揚反抗精神，贏得了我們的欽服。一般說來，全體師生大多有強烈的反軍國主義的傾向。我們欲維護獨立的象牙塔，軍國主義者則要摧毀它們。

心理學教授是一個安靜拘謹的人，曾在陸軍服役過。他的授課有系統，但相當沈悶。有一天，很意外地，他要我們寫一篇切身的文章，坦誠自由地表達我們自己的想法。他答應爲我們守密，我即開始寫一篇譴責日軍侵犯中國的文章，而一旦入筆，我便不停地寫，一口氣寫了十頁以上，責難日本人對中國人和台灣人的歧視與輕視。雖然知道這篇文章發表於外界，我一定會被逮捕，我仍然將它交出去。」（頁三十三）

幾天後，那位教授把他叫到辦公室，對他痛訴的情況表示遺憾。他悄悄地向彭明敏保證，絕對不會有人看到這篇文章，可是，他仍然警告彭明敏，以後要將想法隱藏，不要再寫類似的文章。

一九四二年夏天，彭明敏考入東京大學的政治科。隨著戰爭情勢的升高，他的同學一批又一批地被徵召入伍。因爲他是殖民地人民，依法不必服役，但有權當志願兵，編成「軍夫」，到海外服務。當時校內所有的台灣留學生都被召喚到軍訓教官辦公室，被要求簽請從軍。彭明敏不願意服役，也不敢繼續到學校，因此決定到長崎近郊投奔哥哥。不料竟在美軍一次的轟炸中，意外喪失左臂。不久後，他目睹長崎遭到美機的原子彈轟炸，日本天皇也宣布無條件投降。

二、現實的中國

一九四六年一月，彭明敏從佐世保乘船回到基隆，路上看到一群穿著襤褸制服的骯髒人們，可以看出他們並不是台灣人。「我們的人力車夫以鄙視和厭惡的口吻說，那些就是中國兵，最近才用美軍船隻從大陸港口運送到基隆來。」

從父親一位好友的口中，彭明敏聽到了令他萬分沮喪的訊息：中國人接收以後，一切都癱瘓了。公共設施逐漸停頓，由中國來的行政人員，既無能、又腐敗，以抓丁拉來的「國軍」，無異於竊賊，他們一下了船，便立即成爲一群強取豪奪的流氓。

第二天，他搭乘火車回高雄，便親身體驗到「中國人」所帶來的改變：基隆火車站非常髒亂，擠滿了骯髒的中國兵，他們因爲沒有較好的棲身處，便整夜都閒待在火車站。當火車開進來時，人們爭先恐後，擠上車廂。當人群向前瘋狂推擠的時候，有人將行李和小孩從窗户丟進車裡，隨後大人也跟著兇猛地擠上去佔位子。我們總算勉強找到座位，開始漫長而緩慢的行程。從破了的窗口吹入正月冷冽的寒風，座椅的絨布已被劃破，而且明顯地可以看出，車廂已有好幾星期沒有清掃過了。這就是「中國的台灣」，不是我們所熟悉的「日本的台灣」。我們一生沒有看過這樣骯髒混亂的火車。（頁五十六）

「祖國的第一印象」

「中國的台灣」和殖民政府治理下的「日本的台灣」，這兩種經驗的對比，使當時的台灣人產生了新的「雙重認同」。這種雙重認同已經由：「我是中國人／日本人」的牽扯，轉變成爲「我是中國人／台灣人」的對立。

彭明敏回到高雄，他的父親告訴他自己更爲難堪的切身體驗：一九四五年十月，有消息傳說，中國軍隊將在高雄登岸。彭明敏的父親被推選爲歡迎委員會主席。他收到通知，中國軍隊將於某日抵達。立刻進行歡迎的準備工作，包括購妥爆竹、歡迎旗幟，在碼頭搭建臨時亭子，購置大批滷肉、汽水、點心等。

國軍登陸的那一天，美國軍艦緩慢地駛入高雄港口。日本當局命令等待遣送的日軍排列在碼頭，服裝整齊，紀律嚴格，準備向勝利的中國軍致敬。很多台灣人也好奇而興奮也到碼頭來，幫助歡迎委員會，準備參觀這一盛會。

軍艦開入船塢，放下旋梯，勝利的中國軍隊，走下船來。第一個出現的，是個邋遢的傢伙，相貌舉止不像軍人，較像苦力，一根扁擔跨著肩頭，兩頭吊掛著的是雨傘、棉被、鍋子和杯子，搖擺走下來。其他相繼出現的，也是一樣，有的穿鞋子，有的沒有。大都連槍都沒有。他們似乎一點都不想維持秩序和紀律，推擠著下船，對於終能踏上穩固的地面，很感欣慰似的，但卻遲疑不敢面對整齊排列在兩邊、帥氣地向他們敬禮的日本軍隊。父親心想日本人不知對這些中國軍隊有何感想。他覺得一生中還沒有像這樣羞愧過。他用日語形容說：「如果旁邊有個地穴，我早已鑽入了。」（頁五十七）

陳儀的「國家社會主義」

彭清靠對「祖國軍隊」留下的第一印象，讓他「羞愧」得無地自容，「內心非常難受」；當時台灣人民歡天喜地迎來的「祖國政府」，更讓他們殷切的期望徹底落空。吳濁流的另一本作品《無花果》，描述一九四五年台北市民熱烈慶祝第一屆台灣光復節的盛況：

十月二十四日陳儀長官就任，而次日的十月二十五日，在台北的中山堂舉行受降典禮。三十萬市民參加了這個盛會，詩意藝閣不用說，隱藏了幾十年的古老武器，青龍偃月刀，鐵叉以及鋼球的東西都拿出來，排成長長的行列，在喧天價響的鑼鼓聲齊奏之下，走到公會堂前面，三喊萬歲。

這個行列繼續不斷地連續了好幾個小時，至於公會堂裡的典禮場，台上台下都是水洩不通地擠滿了人，台上中央的前面懸掛國父遺像，兩側排列著森羅燦然的將星們，來賓席上有聯軍的將軍以及使節光臨。童顏般的陳儀長官，看起來特別興奮。不一會兒，歷史性的受降典禮開始，高喊萬歲的聲音搖撼了整個公會堂，掌聲如雷鳴。這樣，台灣就要完全復歸祖國，從五十年的殖民生活解放出來。（頁一三八）

彭清靠看到的這位陳儀長官，是浙江紹興人，先後畢業於日本陸軍士官學校及日本陸軍大學，妻子爲日本教官之女。在二次世界大戰期間，日本在台灣實行糧食配給管制措施，成效尚好。一九四五年八月日本宣佈投降後，到國民政府來台接收的三個月期間，總督府不但全面解除糧食管制，又預先付給在台日本官員直至一九四六年三月的薪餉和退職金，台灣通貨發行量由十四億暴增至二十八億。日本人離台前，必須搶購物資，花掉這些紙幣，已經出現通貨膨脹的危機。

期盼的破滅

陳儀篤信「國家社會主義」，接管台灣之後，將許多重要生活物資收歸國營企業專賣。不僅與民爭利，通貨膨脹更是一發不可收拾。陳儀本人雖然清廉自恃，但他帶來「接收」的這批軍隊和官僚，卻讓當地民眾感到「痛心疾首」：

事實上，這些接收陣容中也有抗日英雄，也有眞心的愛國者，可是在狂流中獨木是難以支撐的。於是大多數的人都跳著勝利的華爾茲舞，做著太平的美夢，從縮衣節食生活中，突然向奢侈享樂的世界進軍了。這種享樂思潮以可怕的勢力向各方面擴展開來，等到果眞要接收時，眼中早就沒有國家利益了，於是就爲了私利私慾而合汙，拼命於所謂「發國難財」了。他們所注目的乃是名叫「五子」的東西：第一金子、第二房子、第三女子、第四車子、第五面子。換句話說，他們的目標就是把這五子的金、房、女、車接收下來，保存面子來快樂地生活。（頁一四一）

在二二八事變發生之前，台灣人對這些前來接收的「祖國官員」，已經普遍感到不滿，但陳儀並未察覺。當時，蔣介石要調動隨陳儀來台的七十軍，陳儀立即答應。親信湯恩伯勸阻他：「台人新附，人心未定，一旦有變何以應付？尤其是在日軍服役及勞工分子，因受日人皇民化教育，恐其仇視祖國，可能結聚作亂，需駐軍防變」。但陳儀卻不以為然地說：「我以至誠愛護台灣人，台人絕不會仇我。萬一有意外，我願做吳鳳」。

當時南京的中央政府公布了「民主中國」的新憲法，陳儀卻宣布：因為台灣人民還不熟悉民主程序，所以有些憲法條文必須經過一段時間的開導，才能適用於台灣，剝奪了台灣人民的政治發言權。在人民普遍強烈不滿而無法宣洩的情況下，一個偶發事件竟演變成為全島性的暴動事件。

三、二二八事變

一九四七年二月二十八日晚上，公賣局的緝私警察在台北圓環附近，毆打一位正在兜售私煙的老婦人，引起路人憤慨，他們群起攻擊那些緝私人員，緝私人員逃入警察局，他們的吉普車被燒毀。第二天，台北群情激憤，台灣人和外省人之間爆發了全面性的衝突，並迅速傳布到全省，台灣人以石頭和木棍群起攻打外省人，陳儀的巡邏警察任意開槍射殺人民，有些中學生則自動組織糾察隊，協助維持治安。第三天，陳儀宣布他願意聽取各界的改革意見。全島各城市因而成立了十七個委員會。他們和學生代表把建議書送交陳儀，陳儀的手下很有禮貌地接待他們，並要他們留下姓名地址。

彭明敏的父親是高雄市處理委員會的主席。當時高雄要塞司令彭孟緝的巡邏隊一看到台灣人聚集在一起，便隨意開槍驅散。彭清靠遂率領委員會代表，前往高雄要塞司令部，要求彭司令將軍隊暫時留在軍營內，不准外出。不料他們卻遭到一場永生難忘的殘酷經驗：

高雄要塞司令部設立在一個能俯視全市和港口的山上。當我的父親和其他代表一進入司令部營地，他們立即被逮捕，並以繩索捆綁。其中一個代表涂光明，是一個衝動的人，他是由大陸回來台灣，曾一度在蔣介石死對頭汪精衛之下做過事。此時，涂忽然破口大罵蔣介石和他所任命的陳儀。他便被帶離代表團，以鐵絲取代繩索捆綁起來，鐵絲並以老虎鉗旋緊，直到涂痛極慘叫。經過一夜苦刑之後，涂被槍殺了。

父親和其他代表隨後又被繩索捆綁，在頸後打結，士兵不停地用刺刀指向胸部。他們也等待著隨時被槍殺。但是，在隔天父親忽然被釋放回家。這是因爲彭孟緝出面干預，表示仁慈說：「我們知道彭先生這個人是好人，我們沒有理由傷害他」。

父親精疲力竭地回到了家裡。他有二天沒有吃東西，心情粉碎，徹底幻滅了。從此，他再也不參與中國的政治，或理會中國的公共事務了。他所嚐到的是一個被出賣的

理想主義者的悲痛。到了這個地步，他甚至揚言為身上的華人血統感到可恥，希望子孫與外國人通婚，直到後代再也不能宣稱自己是華人。（頁七十六）

陳儀所擺出的低姿態，不過是他的緩兵之計而已。三月十日，從大陸派來的軍艦陸續抵達基隆，軍隊上岸後即展開全面性的鎮壓，許多無辜民衆遭到射殺，在隨後而來的「白色恐怖」時代，曾經參與請願的學生和處理委員會委員，或者遭到逮捕或被殺；許多敢於批評的知識分子，包括醫師、律師和教師，則可能遭到情治單位的警告或甚至「失蹤」。台灣社會在國民政府的高壓統治下，也變得鴉雀無聲。

四、現代國家的形成理論

一九四八年，彭明敏從台大政治系畢業，隨後到加拿大麥基爾大學及法國巴黎大學分別取得碩士及博士學位。學成歸國後，回台大政治系教授「國際法」。從學術的角度來看，台灣的法律地位是國際法中的一個重要問題，但是他不敢在課堂上自由討論這個問題，因此只好借題發揮，在討論現代國家的組成要素時，以新加坡為例，引述雷南有關「何謂國民」的見解，向學生強調：

建國的基礎，不在於種族原始、文化、宗教或言語，而是在於共同命運的意識和共同利益的信念。這種主觀的感覺，是由共同的歷史背景而產生的，不必與客觀的種族、語言、宗教等因素有關。近代史上有許多例子，種族或語言相同的人們，分別組成不同的國家，例如盎格魯薩克遜種族，組成了英國、美國、加拿大、澳洲、紐西蘭等不同獨立國民。他們有相同的血統、語言、宗教和法律觀念，但構成不同的獨立國家。相反地，也有例子，種族、語言等不同的人們，因爲基於共同利益和共同命運的信念，組成單一的國家，例如比利時、瑞士便是。又如義大利在一百年前只是一個半島，擠滿了不同的城邦侯國，彼此戰爭不已，而且講不同方言，經濟結構也互異。（頁一〇四）

命運共同體

在課堂上，沒有學生膽敢追問這個問題，但總有些學生面露會心的微笑。他自己則不斷思索著一個嚴肅的問題：

在我祖父的時代，北京將我們的台灣割讓給日本，爲的是要保護中國大陸的利益並避免日本進攻北京。那時，也許是第一次，台灣全島的各部落、各派系、各村莊開始自覺他們是居民。他們開始發展出共同利益的信念。其後五十年間，日本曾經推行同化政策，想把台灣人塑造成忠順的日本臣民。日本在台灣重整經濟、發展交通系統、推行教育，這強化了我們共同利益的信念，卻未如願地將我們塑造成理想的日本臣民。相反地，年輕的台灣人領袖，代表了新興的中產階段，在自治運動中，更加磨鍊強化了台灣人的自覺。這些都在第一次世界大戰期間發生，直到一九四五年，繼續發展。在蔣介石統治之下，我們發現所有台灣人，我自己、我的同輩、我們的子女，又被迫要變成理想的中國人，國民黨的中國人。可是我們的「共同利益」在那裡？我們的「共同命運」又是什麼呢？（頁一〇四－一〇五）

從本書的角度來看，他是從國際法的專業角度，試圖爲台灣人的「雙重認同」困局找一條出路。在這段期間，他出版了一本長達八百餘頁的國際公法教科書，成爲當時以中文寫成的最佳教本。

「台灣人民自救宣言」

一九六一年，彭明敏開始擔任台大政治系主任。不久，又被任命爲聯合國大會中國代表團的顧問。當時蔣介石公開宣稱：反對外蒙古加入聯合國，而蘇聯則稱：如果外蒙古入聯案遭到否決，它也將否決茅利坦尼亞的入聯案。蔣介石在美國及非洲國家的壓力下，不得不放棄使用否決權，而讓外蒙古加入聯合國。蔣介石大失面子，駐美大使葉公超因而去職，彭明敏也因此更了解台灣在國際上的處境。

回到台灣後，彭明敏經常受邀演講，解釋台灣在複雜國際關係中的地位。私底下也有許多學生帶著朋友，和他一起討論台灣前途問題。其中有兩位年輕學生謝聰敏和魏廷朝，經常到他家討論國民黨統治下台灣的內政和外交問題。他們認為：如果要解決問題，必須重組政府，全面改革，使台灣人全面參與政府各階層。他們因此擬成一份「台灣人民自救宣言」，定下三項基本目標：

第一、確定「反攻大陸」是絕對不可能，團結全島人民，不論其出生地，共同推翻國民黨政權，建立一個新的國家和新的政府。

第二、制定新憲法，建立一個具有實效並向人民負責的政府，保障基本人權，實現真正民主。

第三、以新會員國身分加入聯合國，與其他國家建立邦交，共同為世界的和平而努力。

一九六四年，他們將「宣言」印成了一萬份傳單，不料印刷廠老闆竟然跑去向警方

告密，他們三人因此被捕，謝聰敏被判十年徒刑，彭明敏和魏廷朝各判八年徒刑。但蔣介石卻下令，將彭明敏「特赦」，並對外宣稱：彭已經認錯「悔改」。彭回家後，只要一出門，立刻遭到特務人員嚴密的跟蹤與監視。直到一九七〇年，他才在國際特赦組織跟海外朋友的協助下，化妝易容，逃到瑞典，再輾轉抵達美國。從此之後，他開始接受台灣人留學生和其他團體的邀請，四處演講，成爲建構「台灣獨立」理論的主要思想家。

五、台灣前途未定論

台灣人民自決

彭明敏在台大教書的時候，經常引用雷南的理論，和學生討論現代國家的形成要素。在《自由的滋味》一書中，他仍然是引用雷南的著作，以建構「命運共同體」作爲現代國家的基礎，主張：「**眞正解決台灣問題，應由台灣人自己來探求，也就是說，台灣人應有權利決定自己的命運，決定自己的政治前途。**」（頁二八五）「台灣人民自決」、「建構命運共同體」從此成爲台灣獨立運動的理論基礎，追求「台灣主體意識」更成爲台獨基本教義派的教旨。

彭明敏的思想導師雷南是十九世紀中期法國的哲學家。他的國家理論反映了當時歐洲學術界的主要思潮。那個時代歐洲的學術思想確實是建立在「主體性」的哲學之上。然而，任何一種理論都是人類用來解決問題的工具。當人類發現：既有的理論無法解決自己所面對的問題時，他們必須與時俱進，提出新的問題解決方案。有鑑於此，我們有必要回溯「主體性」哲學的演變，並了解此種演變對人類社會可能造成的意涵。

主體性的哲學

「主體性」的概念源自於十六世紀法國哲學家笛卡兒（Descartes，一五九六－一六五〇）所提倡的「主／客」二元對立的哲學：笛卡兒是個極端的懷疑論者，爲了追求嚴密精確的知識，他認爲：人類經由感官知覺所獲得的諸般表象，無一具有絕對確實而不容懷疑的性質。然而，我可以無窮盡地懷疑一切，但我卻不能懷疑正在進行懷疑作用的「我」是存在的。換言之，我必須存在，並且能夠進行思考，否則我無法懷疑。笛卡兒因此提出了「我思故我在」（Cogito ergo sum）的著名命題。

以此作爲基礎，笛卡兒逐步論證有限精神實體的存在、神的存在、以及物質實體的存在，而建構成「心／物二元論」（mind-body dualism）的形上學體系。西方文藝復興運動發生之後，隨著自然科學的快速發展，「主／客」二元對立的哲學大行其道。人們把自己當作認識世界的主體，想盡一切辦法來掌控、支配、或宰制外在世界。將「主體性」哲學應用在國際關係的領域，就造成二次大戰前「國家主義」勃興的現象：每一個國家都把自己當作是「主體」，其他的國家則是「客體」，每一個國家都挖空心思企圖支配或宰制其他國家，結果便導致一次又一次的衝突和戰爭。

互為主體性的哲學

第一次世界大戰發生之後，歐洲哲學家對這種強調「主／客」二元對立的「主體性」哲學做過相當深入的反省，其中最著名的代表人物，是德國現象學家胡賽爾（Edmund Husserl, 1859-1938）。胡賽爾本人是猶太人，在二次大戰爆發之前，他眼見德國納粹黨崛起，提倡國家社會主義，不僅迫害猶太人，而且對歐洲和平構成嚴重的威脅。在大難將臨之際，他出版了《歐洲科學的危機與超驗現象學》一書（一九七〇），指出歐洲文明危機的哲學根源，同時提出了「互爲主體性」的概念，認爲人類都是生存在同一個「生活世界」裡，不應當把其他人或國家當作是可以宰制的「客體」，而應當以「互爲主體性」的哲學，和其他「主體」協商溝通，學習如何與人類社群中的「他者」共同生活。

二次大戰後，歐洲人以這種「互爲主體性」的哲學作爲基礎，發展出「超國家主義」的概念，並據此而建構出「歐洲聯盟」，讓歐洲人得以享受長久的和平與繁榮。

超國家合作組織

歐盟並不是一般的國際組織。對其會員國而言，歐盟有獨立的制度、機構、以及自主性的法律和管轄範圍。國際組織在本質是「合作的組織」（organizations of cooperation），而不是「整合的組織」（organizations of integration）；合作的國際組織，只有單純的功能性質，並不影響組成國家內部的管轄權，也不影響主權國家的基本架構。整合的國際組織，其目的在於統整組成國家一部分的領土和人民，它擁有國家形式的立法或管轄權，在國家領域內，代替國家機關，對人民行使權力，因而打破了主權國家領土管轄堅強的排他性。這種「超國家組織」（supernational organization），拋棄了「主權不可分」之傳統觀念，牽動了國與國間的聯盟架構，導致「主權的重新整理」。

今天的歐盟常跟美國有一些相似之處，但其歷史發展過程卻完全不同。歐盟會員國爲了達成整合的目的，如同美國各州那樣，同意讓出部分主權以建立聯邦共和國。在讓

出國家主權的範圍內（例如，農業與貿易），會員國直接與聯盟交涉。可是，會員國在安全與國防方面則保有主權。在馬斯垂克條約之後，在會員國一致同意的某些對外與安全政策領域上，也可以採取聯合行動。美國的聯邦模式鼓舞了歐洲人尋求政治上的整合，可是，歐洲人卻建構出自己的整合模式，以確保歐洲國家在歷史、文化與語言上的多元性。

兩岸的合作

我並不認爲：西方人所發展出來的「歐盟模式」或任何其他社會科學理論，可以一成不變地移植或套用到東方社會。然而，在思考兩岸關係的出路時，他們所提倡的「互爲主體性」的哲學以及國際合作模式，難道沒有值得我們借鏡之處？

再從現實的角度來考量，《自由的滋味》在一九七二年出版。在那個時代，中共正在大陸搞「文化大革命」，台灣人民跟大陸人民基本上是處於「老死不相往來」的隔離狀態，兩者之間當然沒有什麼「共同利益」可言，自然也無法形成什麼「命運共同體」。可是，從一九七九年鄧小平開始實施「改革開放政策」之後，大陸社會便開始產生穩定的變化。尤其是在一九八七年，蔣經國開放老兵返鄉探親，許多台商紛紛蜂擁到大陸各地投資、經商，大陸的經濟也不斷的持續成長。時至今日，散布在大陸各地的台商已經多達百萬人以上；台灣的許多上游工業產品和半成品更是運到大陸加工之後，再運銷到世界各地。在這種情況下，台灣跟大陸難道沒有「共同利益」可言嗎？他們可不可能形成「命運共同體」呢？

六、台灣地位未定論

在《自由的滋味》一書的第十三章〈從美國看台灣〉，彭明敏很清楚地說明：他主張以「人民自決」、「建構命運共同體」的方式來「建立新國家」，最主要的理由是因爲：「從國際法的觀點來說，自從一八九五年台灣割讓給日本以後，直到現在，並沒有任何條約或其他任何具有法律約束力的文件，將台灣重新劃歸中國。一九四三年開羅宣言和一九四五年波茨坦宣言都宣稱台灣將給予中國，但這些宣言並無法律約束力，只不過是盟軍戰爭目標的聲明而已。一九四五年九月二日，日本簽署於投降文書，接受上述兩項宣言，這最多也不過是日本承諾將來願意放棄對台灣的主權而已。

一九五一年日本與盟軍所訂和約和一九五二年日本與國民黨所訂和約，都僅規定日本放棄對台灣主權以及其他一切權利，但這些條約並未曾指明日本放棄台灣以後，誰取得台灣主權。另一方面，一九四一年大西洋憲章明白規定「任何領域變更，不得違背有關人民自由表達的願望」；聯合國憲章第一條規定「權利平等和人民自決的原則」，應爲國際關係指導原則之一；聯合國憲章第一〇三條又規定，如果聯合國會員國在憲章下的義務，與它們在其他條約下的義務，互相衝突，則在聯合國憲章下的義務，應該優先。

依據上述，有關台灣的開羅宣言和波茨坦宣言不但原就缺乏法律效力，並且違反聯合國憲章的規定和精神，應該視爲已由後者所取代。因之，從法律觀點來說，台灣只能說已由日本剝離，但並未隸屬於任何國家，也就是說，從第二次世界大戰結束之後，台灣的國際地位，一直未曾確定。」（頁二八二・二八三）

國民政府的主張

對於這種論點，國民政府當然抱持完全反對的立場。國民政府強調：在第二次世界大戰期間的一九四三年十二月一日，中、英、美三國領袖共同發表、並經蘇聯同意的《開羅宣言》，已經明白宣示：「剝奪日本自一九一四年第一次世界大戰開始後在太平洋區域所佔領之一切島嶼」，「日本竊據的中國所有領土，包括在清朝時割讓的台灣、澎湖群島以及中國東北，應歸還中華民國。」

二次大戰即將結束之前的一九四五年七月二十六日，中、美、英三國聯合發表的《波茨坦宣言》明言：「開羅宣言所宣示的條件，必須實施，而日本之主權必將限於本州、北海道、九州、四國及吾人所決定其他小島之內」。

一九四五年八月十五日，日本宣布無條件投降。該年九月二日正式發表的《日本降伏文書》中，亦明言「接受美、中、英三國政府首領於一九四五年七月二十六日在波茨坦所發表，其後又經蘇維埃社會主義共和國聯邦所加入之宣言所列舉之條款。」

在國民政府看來，日本是在這一系列宣言的法定基礎上接受投降，並分別於一九四五年九月九日及十月二十五日在南京和台北跟中華民國政府簽定降書，東北四省和台灣及澎湖屬於中華民國的國際政治地位在當時便已經確定。

美國的曖昧態度

既然如此，「台灣地位未定論」又是怎麼來的呢？二次大戰結束後，國、共雙方隨即在中國大陸爆發內戰。一九四九年，國民政府撤守台灣，美國的態度便發生了變化：韓戰爆發後，美國總統杜魯門在派遣第七艦隊的文告中，即曾提出台灣地位未定的說法。美軍駐日司令部也公開表示：要透過「台灣地位未定論」，藉著對日和約，將台灣置於美國或聯合國的託管之下。

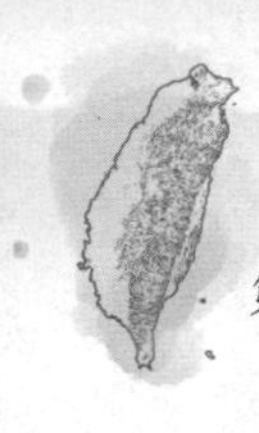

到了一九五一年九月，《舊金山和約》簽定之前，美國更以蘇俄不承認國府為藉口，將兩岸排除在外，並強力主導《舊金山和約》的內容，其第二條規定：「日本放棄韓國、台灣、澎湖等佔領的土地」，但卻沒有說明放棄的對象。其第四條款中又復規定：「日本承認美國軍政府處置並分配日本政府在台灣的主權之有效性」。更讓獨派人士增添了許多想像的空間，而經常拿「台灣地位未定論」大作文章。

然而，國民政府卻認為：《舊金山合約》第二十六條規定：「日本可與之前處於戰爭狀態的國家，簽訂雙邊和平條約」。日本亦據此而於一九五二年四月二十八日與中華民國政府在台北簽訂《中日合約》，並在同年八月五日生效。當時美國與中華民國保有正式外交關係，直到一九七九年一月一日，美國承認中華人民共和國，並與中華民國斷絕外交關係之前，美國從未對「中華民國有效統治台灣」的事實提出異議。由此可見，《中日和約》的簽訂，確定了台灣在國際條約上的地位，所以台灣地位很明確，是屬於中華民國。

台、美、中三角關係的不變

在二次大戰期間，美國曾經是和中華民國並肩作戰的盟友。一九四五年十二月二日，美國與中華民國締結《中美共同防衛條約》。一九四九年國民政府撤守台灣，全世界分裂成為以美國和蘇聯兩巨強為首的二元對立冷戰格局；僅只保有台澎金馬等彈丸之地的「中華民國」，更以美國的「忠實盟友」自居，忠心不渝地執行「親美反共」的政策。在一九五〇到一九六〇年代之間，中蘇共因為國家利益的矛盾和意識形態的分歧，雙方衝突逐步加劇。

一九七二年二月二十一日至二十八日，尼克森總統訪問中國，在上海簽署《上海公報》，中國主張「台灣問題是妨礙中美兩國關係正常化的關鍵問題」，「台灣的解放，是中國的內政，外國並無干涉的權利」；並要求美國承認「中華人民共和國是中國的唯一合法政府」，「從台灣撤除一切武裝力量與軍事設施」。美國則重申：美國政府關心由中國人自己和平解決台灣問題」，明確表明反對中國以武力解放台灣。

一九七九年一月一日，美國承認中華人民共和國，與中國達成邦交正常化，並與中華民國斷絕關係。在有關邦交正常化的共同聲明中，美國聲稱「承認（recognize）中華人民共和國為中國的唯一合法政府」，但另一方面卻表明認知（acknowledge）「台灣海峽雙方的所有中國人，都認為中國只有一個，台灣是中國的一部分」。

北京與華府在邦交正常化的共同聲明中，有一處用語上的重要歧異：華府發表的共同聲明說「美國政府認知台灣是中國一部分的中國立場」；但北京發表的共同聲明則指出：「美國政府承認台灣是中國一部分的中國立場」，使用了「承認」一語。由於美國

並不承認中華人民共和國對台灣的主權主張，兩國政府遂就這一點達成妥協，分別用不同的用語，發表共同聲明，表明各自的立場。

《台灣關係法》

根據一九四五年簽訂的《中美共同防衛條約》，美國政府有義務防衛台灣。斷交後，美國要如何保障台灣的安全呢？

美國政府在與中國關係正常化的共同聲明中，強烈主張：美國將在非政府層次上，維持跟台灣的文化、貿易及其他關係。在稍後所發表的美國政府聲明，也明確指出「要求就准許維持非政府關係的國內法及規則進行協調」。此處所謂的國內法，即《台灣關係法》。在審議《台灣關係法》的過程中，因爲考量中美建交時，美國在其單獨的政府聲明中表示「美國與中華人民共和國締結外交關係的決定，是基於期待台灣的將來依和平方式解決」。因此，該法規定「以非和平方式決定台灣未來的企圖，包括杯葛、封鎖的任何方法，將視爲對西太平洋地區和平與安全的威脅，爲美國所關心的事」（第二條B（4）），「危害台灣居民安全、社會與經濟制度的任何武力行動，或其他強制形式，美國保留對抗的資格」（第二條B（5））。

在《上海公報》中，美國政府重申：「美國政府關心中國自己和平解決台灣問題」。因此，美國政府確認其最終目標，是自台灣撤除所有美國的武裝力量與軍事設施。由於《台灣關係法》的主旨在於不允許中共以武力解放台灣，所以美國在斷絕外交關係之後，仍然依《台灣關係法》，銷售數量有限的武器給台灣。

一九八二年，美國與中共共同發表的《八一七公報》表示：「美利堅合衆國承認（recognize）中華人民共和國政府是中國的唯一合法政府，並認知（acknowledge）中國的立場。即只有一個中國，台灣是中國的一部分。美國政府對於其與中國之關係極爲重視，並重申其無意侵犯中國之主權與領土完整或干涉中國內政或採行『兩個中國』或『一中一台』之政策。

在《八一七公報》中，英文仍以acknowledge迴避，但中文均已改成承認。同時美國也首度明確表明不採行「兩個中國」或「一中一台」政策。中共被迫讓美對台軍售問題與中共和平統一的方針連結，而美國承諾不尋求執行一項長期向台灣出售武器的政策，暗示軍售有終止的時間。

批判李登輝

彭明敏雖然是「國際法」的專家，他對於台灣國際關係的變化卻似乎是視若無睹。一九八八年，蔣經國逝世，李登輝繼任總統。彭明敏在闊別故鄉二十八年之後，終於在一九九二年十一月回到台灣。他當年在《台灣自救宣言》中的許多主張，包括：廢止戒嚴，解除黨禁、報禁，國會全面改選，總統直選，放寬集會、結社和遊行的禁令等等，都已經得到實現。一九九四年八月十五日，在《台灣人民自救宣言》發表三十週年前夕，他批評李登輝領導下的國民政府：

一九八七年，台灣當局撤銷戒嚴時，應該是台灣史上千載一遇的絕好機會，它不但可以宣布國共內戰正式結束，同時也可以向全世界公布台灣從此爲一獨立的主體，與中國已無政治牽掛，並願與所有國家包括中共，和平共存。不幸，台灣政治領導者，缺乏爲人民前途開創歷史的高瞻遠矚和大智大勇，爲狹窄落後封建的「中國情結」所綁架。如此，不但失去機會爲台灣人民世世代代的生存和發展，啓開新機，奠定永恆的基礎，竟變本加厲，未經人民同意公布所謂「國家統一綱領」，擅設所謂「國家統一委員會」，繼續走向自滅之路。

彭明敏對於「台獨」的主張，是希望李登輝能夠鼓起勇氣，斬斷台灣跟中國之間的「臍帶」，徹底消除台灣人心中的「中國情結」，打造新的台灣「命運共同體」，建構出新的國家。如此一來，台灣人民便可以揮別「被外來政權統治」的悲情意識，「亞細亞的孤兒」也可以眞正的長大成人。然而，這畢竟只是「台獨派」的主觀意願而已。彭明敏忽略的事實是：在國民黨政府宣布解除戒嚴的一九八七年，蔣經國同時也宣布開放大陸來台的老兵返鄉探親，許多台商跟著蜂擁到大陸投資，並在台灣和大陸之間建立了千絲萬縷的「共同利益」。

在這樣的客觀條件之下，一九九五年，彭明敏接受民進黨的推薦，和謝長廷聯手，出馬競選總統、副總統，卻敗在他的老朋友李登輝手下。李登輝礙於客觀現實的形格勢禁，既無法將之完全付諸實施，也不敢全盤接受他的「台獨」理念，而將之修正爲他別具一格的「獨台」理論。這一點，我將在下一章中，做進一步的析論。

第四章

從台獨到「獨台」：李登輝

彭明敏雖然提出「台獨」理論，但他並沒有掌握過執政權，也沒有機會將他的理論付諸實施。眞正掌握過台灣的執政權，而將其「治國理念」付諸實踐者，是李登輝。他跟彭明敏是同一世代的人，兩個人都經驗過由「日本的台灣」轉換到「中國的台灣」，同時體驗過「雙重認同」的困擾。

一、李登輝的「雙重認同」

李登輝是台北縣三芝鄉人，一九二三年一月生。當時，台灣處在日本殖民統治之下。其父李金龍畢業於警察官練習所，在日本殖民者手下充當刑警十餘年，他至今為此感到驕傲，說他父親是當時的「菁英人物」。

李登輝曾經就讀於淡水公學校、淡水中學、台北高等學校文科，接受日本教育。一九四〇年，日本政府開始推行「皇民化運動」，他給自己取名「岩里政男」；他的大哥李登欽也改名為「岩里武則」，二戰期間曾在日軍中服役，並在菲律賓戰死，其靈位至今仍奉祀在日本靖國神社。

一九四三年九月，李登輝畢業於台北高等學校。同年十月，他進入日本京都帝國大學農學部農業經濟系就讀。隨著日本在戰爭中告急，文科學生也被徵召當學徒兵。

一九四四年，李登輝被編入日本「千葉高射砲部隊」，當見習士官，但未赴戰地，日本即已戰敗投降。翌年，他返回台灣，轉學進入台灣大學農業經濟系就讀，並於一九四九年畢業。

李登輝的「中國意識」

在「皇民化運動」中，李登輝雖然曾經改用日本名字，然而，在藍博洲所著的《共產青年李登輝》中，卻提到一則故事，說明青年李登輝的「雙重認同」：

二次大戰結束後第二年春天，李登輝搭乘一艘日本政府向美軍借用的老舊貨輪「自由輪」，返回台灣，在船上認識了一位原本就讀於東京醫大的何既明。兩人很快就成爲莫逆之交。自由輪抵達基隆後，因爲船上有人罹患天花，所有人都需要隔離觀察，在一定期間內，禁止下船。

那些不能下船的人一日又一日地坐在甲板上，百無聊賴地瞭望碼頭上人來人往的情形，打發時間。碼頭上有許多從大陸來的軍人，蹲著或圍著，面無表情地吃著盒餐；他們注意到：跟他們所看過的日本兵比起來，這些軍人不但裝備很差，體格也較弱；而且許多是看起來十分疲憊的老兵。船上那些倚著欄杆，遠望著碼頭的男孩們，就用失望的語氣，你一句我一句地批評著。

這時候，坐在一旁安靜看書的岩里政男聽到了，就出面制止那些正在七嘴八舌地批評著的男孩們。

「爲了我們的國家，」岩里政男向他們這樣解釋說：「國軍在這樣差的裝備條件下能打贏日本人，是一件非常了不起的事，我們要用敬佩的眼光來看他們才是啊。」

聽到岩里政男這樣說，那些男孩突然都肅靜下來，臉上露出慚愧的表情，陷於靜默的沉思當中。當時何既明對這個動人的一刻，留下了深刻的印象。他心裡想著，「不錯，我們都是在日本讀書、日本工作的台灣人；但，我們也是中國人啊！」（頁一六九—一七○）

李登輝當權後，雖然曾經向日本作家司馬遼太郎自承：他在二十二歲以前是日本人；可是從他歷來的言論可以看出：青年岩里政男就像殖民地時代大多數台灣年輕人一樣，內心仍然是一個存有中國意識的台灣青年。

研究中國，改學農業

一九九四年十月十四日，《中央日報》刊出李登輝〈與青年作家談話實錄〉，根據他自己的說法，他在中學時就已經接觸《三國演義》等中國古典小說，也讀了五四運動時代作家的作品，尤其是魯迅的《阿Q正傳》與《狂人日記》，幫助他了解當時封建中國的情況。

進入台北高等學校求學時，有一位東京帝大畢業的歷史老師鹽見薰，上課時以馬克思主義的唯物論史觀，講述「中國現代史」，先對春秋戰國到鴉片戰爭的中國歷史做系統性的通論，然後講述鴉片戰爭後飽受西方列強侵略的歷史，讓他體認到近代中國在帝國主義壓迫下所受到的苦難；原先想在大學攻讀西洋史的岩里政男，因此轉向研究中國問題；後來，他認識到「農業問題是中國最大的關鍵問題」，並且想在學成後前往中國東北工作，因此才選擇到研究農業生產成績最好的京都帝大，攻讀農業經濟。在台大就讀期間，李登輝曾經兩度加入共產黨，兩度均在承諾保守祕密後退黨。這段經歷使他在加入中國國民黨後，仍被懷疑與共產黨有牽連，而遭受連續審查，並且遭到監視。

台大農經系畢業後，李登輝曾留在學校當講師。兩年後，他獲得中美基金獎學金，首次赴美，到愛荷華州立大學研究農業經濟。一九五三年拿到碩士學位，返回台灣後，先後在台灣省農林廳、合作金庫、以及中國農業復興聯合委員會擔任研究工作。由於農復會待遇優渥，李登輝在那裡一待就是十二年。一九六五年，李登輝獲得獎學金，前往康乃爾大學攻讀農業經濟博士。三年後，獲得博士學位回到台灣，成爲一名農業專家和大學教授。當時國民黨正積極延攬「台籍菁英」入黨，他經友人推薦，於一九七一年十月加入國民黨。

二、權力鬥爭的「雙刀法」

李登輝加入國民黨後，地位迅速竄升。第二年他即平步青雲，出任行政院政務委員，一九七八年出任台北市長，一九八一年擔任省政府主席，一九八四年被蔣經國選中當副總統。在黨內，一九七六年十一月擔任中央委員，一九七九年十二月出任中常委。蔣經國病逝後，李登輝於一九八八年接任總統、國民黨主席，一舉躍上了國民黨當局黨政最高職位，爲期長達十二年。

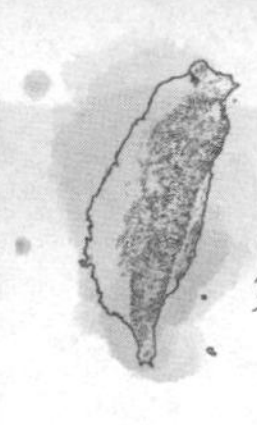

扮豬吃虎，步步為營

李登輝攀登到權力頂峰的過程並不是一路平順，而是經過慘烈的黨內競逐。蔣經國逝世時留下的國民黨核心結構是：俞國華掌握政府行政權，郝柏村負責軍方，李煥主持黨務系統。李登輝接任總統後，如果兼任國民黨主席，對國民黨本土化具有重大意義。依照李煥的規劃，一月二十日中常會，由俞國華領銜提案，先通過李登輝代理黨主席。不料蔣宋美齡寫信給李煥，要求由中常委輪流主持中常會，代理主席計劃決定延一週。二十六日中常會前夕，蔣孝勇自稱奉蔣宋美齡之命，再次表達應等蔣經國服喪期滿，再討論代理黨主席案。

二十七日早上，俞國華、李煥與當天輪值主席余紀忠共同決定，本案不能再拖。不料僅具列席身分的黨副秘書長宋楚瑜在俞國華提案前，起身慷慨陳詞後離席，塑造出「公然」對抗孔宋家族的改革形象，結果二十七位中常委一致起立，通過李登輝代理主席案，宋楚瑜成為黨內明日之星，而俞國華則被打成代表官邸的保守派。

一九八八年七月，國民黨十三全大會，在黨務系統的李煥和宋楚瑜主導下，中央委員選舉結果，李煥高票領先，位居閣揆的俞國華卻落在三十五名。十三全落幕後，李登輝在俞國華首肯下，強勢進行內閣局部改組，晉用了一群親李派的新閣員。不久，立委吳春晴在立法院掀爆閣揆涉及包庇酒家女的緋聞，俞國華被迫向李登輝遞出辭呈。

俞國華辭職後，李登輝原本屬意由蔣彥士繼任，但蔣彥士卻因爲難以處理他與「洪小姐」之間的關係而婉拒。由於來自黨務系統的推舉聲勢愈來愈大，李登輝終於在六月一日任命李煥接掌行政院。但因爲李登輝覺得李煥「有事總是不當面說清楚，事後再用各種方法，迫人接受他的意見」，每週一下午三點的固定會面時間，就變得愈來愈短，兩人之間的關係也由「相敬如賓」，變成「相敬如冰」。

站穩腳步，各個擊破

在行政體系，李登輝接受了現實；在軍事系統，李登輝則不再妥協。依規定，參謀總長一任兩年，但郝柏村已經做了八年。一九八九年十二月，李登輝任命郝柏村出任國防部長。事前，蔣宋美齡專程請李登輝到官邸溝通。幾天後，又請人送一封信給李登輝，詳述她認爲郝柏村應留任參謀總長的理由。但李登輝卻不爲所動，如期更換了參謀總長。

一九八九年底，李登輝依法繼任總統的任期即將屆滿，當時總統是由國民大會代表投票產生。李登輝鑒於他心目中的民主改革工程尙未完成，決心找能跟他充分配合的總統府秘書長李元簇當副手，競選正、副總統。可是，在其他國民黨人眼中，李登輝刻意

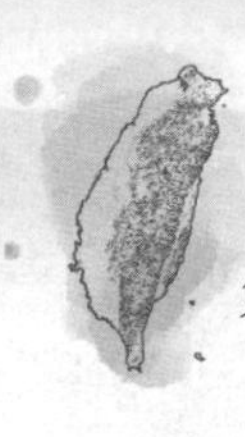

找「沒有聲音」的李元簇當搭配，根本就是想大權獨攬，沒有集體領導的誠意。因此反李勢力開始運作，推出林洋港跟蔣緯國當另一組候選人，準備跟「雙李配」競爭。

在李登輝看來，「林洋港只是李煥和郝柏村奪權鬥爭的棋子，反撲的保守勢力要一個虛位的本省籍人士當樣板，不會把權力眞的交到台灣人手上。」因此，他請省議會議長蔡鴻文找林洋港懇談。蔡鴻文表示，「南部鄉親對林洋港與外省人合作，打擊李登輝，非常不諒解，也不了解台北人爲什麼要這麼鬧下去。」這段話給了林洋港極大衝擊。林洋港深知自己在國民大會中的實力不如李登輝，隨即宣布辭謝國代的推舉。

省籍情結，借力使力

從《李登輝執政告白實錄》中所敘述的這段故事，我們可以很清楚看出：李登輝早年在台灣政壇的崛起，主要是靠大多數台灣人民認知到「台灣人／外省人」的對立，而對他產生的支持。李登輝充分了解這一點，在日後的政治鬥爭中，也運用得更純熟：

一九九〇年三月，李登輝與李元簇在國民大會以將近九成的選票當選爲第八任正、副總統。爲了要瓦解黨內非主流派的勢力，他出人意外地任命「非主流派大將」郝柏村出任行政院長，讓大家「跌破眼鏡」，「滿地都是眼鏡」，而他竟神色自若地對記者說：「他（郝）對我忠心耿耿，我跟他肝膽相照。」

國防部長受命組閣的消息傳出，全國輿論大譁，「非主流派」隨之瓦解，學術界立刻發起「反軍人干政運動」。郝柏村在不到兩年的行政院長任內「動輒得咎」，行政院的許多措施都遭到猛烈抨擊。當他和李登輝發生權力鬥爭時，台灣人民看到「第一個台灣人總統」和「外省人的行政院長」相爭不下，受「外來政權」長期統治的被壓迫心態，使民衆產生了強烈的「李登輝情結」，而給予他強烈的實質支持。郝柏村飽嘗「民主的威力」後，只好黯然下台。

雙重認同，克己內斂

黨內敵對勢力瓦解之後，一九九三年，李登輝接見日本記者司馬遼太郎，以「生爲台灣人的悲哀」爲主題，吐露其「肺腑之言」：「沒有槍、拳頭小而無力。在國民黨中我也沒有小圈圈，可是我之所以能延續、支撐到今天，我想是我心中的『人民的聲音』，台灣的人們期許我，我一直這麼想：『我一定要做到！』」

他說，在蔣經國當總統，他當副總統的時候，「蔣經國先生是否眞的希望讓我作爲他的繼任者，則並不清楚。」蔣經國雖然「患了相當程度的病」，卻沒有「交代任何遺囑」。「在那種政治情況下，假如蔣經國先生稍稍露出一點聲色的話，說不定我早就被摧毀了。」因此，他必須耐心地等。司馬遼太郎稱讚他很善用政治謀略，他很得意地

說：「因為我從小就很靈敏。我總是在思考該如何內斂。對了！日本不是有一句話說『食客添第三碗飯時總是悄悄地要人盛飯』嗎？」他對司馬遼太郎表示：他幼兒時期的生活經驗，使他產生了「台灣人的自我意識」。然而，因為他「自幼接受正統的日本教育」，使他完成了「徹底的自我覺醒」。他因此而認為自己「二十二歲以前是日本人」，在光復後才成為「中國人」，而形成他極為獨特的「雙重認同」。

標準的日本武士

在這兩種認同中，日本文化對他的影響顯然較為強烈。青年時期的日本教育，使李登輝講日文比講中文還流利。說中文時會不由自主地夾雜著大量日文語法、日文單詞，他的言行也深受日本傳統文化的影響。他十分推崇日本的武士道精神，從淡水公學校時代開始學習劍道，將忍、狠、準奉為座右銘。為了達到長遠的目的，他每天清早自動打掃廁所，去做這類別人不願做的事，以鍛鍊克己的功夫。

日本作家中島嶺雄在與李登輝合著的《亞洲的智略》一書中，稱讚他：「有具備純粹公義精神的舊日本人——本省籍的李登輝，接受過日本教育，心中長存武士精神，潛入國民黨內部，最後登上總統寶座」、「李登輝終結舊國民黨的黨國體制，也讓世人清楚明瞭其完成的歷史使命。」

日本漫畫家小林善紀在《台灣論》中提到：李登輝「是強而有力的人，大膽而有氣度，並且會從較長的歷史大處著眼」，「台灣人在光復之後，當他們無法忍受國民黨之壓制時，就只能回到日本人勇敢、決絕的精神上，奮勇抵抗，李登輝執政時代就是典型的代表。」

小林善紀在其新書《李登輝學校之教誨》中，盛讚李登輝對中國大陸「狠批」與「和談」的「雙刀法」。日本女作家上冬子更稱讚李登輝是「德川家康與宮本武藏二者之化身」。

見人說人話，見鬼說鬼話

李登輝跟他的日本友人見面時，他會展現出他記憶中的「日本的台灣」，而讓對方覺得他是標準的「日本武士」，「心中長存武士精神」。事實上，受過「皇民化教育」的李登輝，在他的意識裡，既了解「日本的台灣」，也了解「中國的台灣」，他才可能用他所了解的「中國的台灣」跟那些「中國人」虛與委蛇。

我們可以從彭明敏對李登輝的觀感來說明這一點。早年李登輝、彭明敏、楊鴻游三個人在台大是最好的朋友。一九六四年，彭明敏因〈台灣人民自救宣言〉被捕前一天，三個人才在楊鴻游家中吃飯。但彭明敏沒將撰寫「自救宣言」的事告訴李登輝，李登輝

也從沒向彭明敏提到他加入讀書會的事。

一九九〇年二月，李登輝正在跟黨內反對勢力纏鬥，彭明敏在紐約召開記者會，呼籲大家支持李登輝，引發海外台僑正反兩極的評價。一九九二年十一月，彭明敏結束二十二年的海外流亡生涯，回到台灣，才有機會再跟李登輝見面。跟彭明敏年輕時熟識的李登輝對比，「總感覺李登輝常在台灣人總統與國民黨主席兩角色中交戰，以致前後矛盾，身分衝突，必須見人說人話，見鬼說鬼話，直到卸任後，李登輝才真正還原自我。」

三、千島湖事件

一九九三年十二月十日，國際人權日，「台灣教授協會」率「本土社團」聯名發表《兩國兩制，和平共存：台灣人民對台灣與中國關係的基本主張》宣稱：「日本政府有效統治台灣達半個世紀之久，…提供了台灣歷史上第一個全島性的、有效率的行政系統，對古老的迷信代之以比較現代的教育，切斷與中國的大部分紐帶，生活水準遠高於騷亂的中國，這些因素皆有助於形成台灣人的『國家單位真實感』。此外，舉凡鼓吹國家神道、推行國語運動、更改姓氏運動、志願從軍運動，莫不影響了台灣文化。總之，日本政府企圖把台灣人變成日本人的努力雖然沒有成功，但是卻成功地使台灣人變得『不像中國人』。」

國家單位真實感

即使是在日據時代，這個說法也只說對了一部分。從本書的論述裡，不論是在吳濁流的小說中，或是在彭明敏和李登輝的現身說法中，都可以看出，「皇民化運動」其實只會使台灣人產生「雙重認同」，並不會消滅台灣人的漢民族認同。

一九四二年，蔣渭水在「治警事件」法庭上的供詞說：「中華民族是什麼？豈不是可怪的話呢。既做日本國民，怎樣不說日本民族呢。這是官長對民族和國民的區別，沒有理解哩，民族是人類學上的事實問題，必不能僅用口舌，便能抹消的。台灣人不論怎樣豹變自在，做了日本國民，便隨即變成日本民族，台灣人明白地是中華民族即漢民族的事，不論什麼人都不能否認的事實。國民是對政治上、法理上看來的，民族是對血統的、歷史的、文化的區別的，人種是對體格、顏貌、皮膚區別的。」

然而，「台灣教授協會」的這份宣言，卻提出了一個很值得注意的概念：「國家單位真實感」。日據時代，在日本殖民政府的高壓統治下，台灣人很清楚地了解到自己是

日本統治下的「二等國民」，在血統和文化上卻是不折不扣的「漢民族」，他們雖然普遍存有「亞細亞孤兒」的心理，但卻沒有產生什麼「國家單位眞實感」。在台灣光復之初，當祖國的政府和軍隊前來接收的時候，台灣人民雖然對當時的「中國」大失所望，但二二八事件和隨之而來的白色恐怖，在兩蔣時代，也沒有機會讓台灣人民形成「國家單位眞實感」。反倒是台灣走向民主化，兩岸交流頻繁之後，台灣人民會因爲雙方互動事件不斷反思：「中國可愛嗎？」和「中國愛我嗎？」而在「台灣／中國」的雙重認同中，產生「國家單位眞實感」。

更清楚地說，台灣人民就像吳濁流筆下的胡太明，或是彭明敏和李登輝一樣，因爲兩岸之間的互動，而產生出不同形態的「中國認同」或「台灣認同」。我們可以用一次縱貫性的長期調查，來說明這一點。

九二共識

一九八七年蔣經國開放大陸探親之後，台灣人民赴大陸旅遊、探親、投資的人數愈來愈多，滋生了許多有待解決的問題。一九九二年十月，由兩岸政府授權成立的「海峽交流基金會」（簡稱海基會）與「海峽兩岸關係協會」（簡稱海協會），爲海峽兩岸公證書使用如何表述「堅持一個中國原則」，在香港展開會談。經過長久的函電協商之後，十一月十六日，大陸海協會正式致函台灣海基會表示：「在這次工作性商談中，貴會代表建議在相互諒解的前提下，採用貴我兩會各自口頭聲明的方式，表述一個中國原則」、「我會充分尊重並接受貴會的建議」。「現將我會擬作口頭表述的要點函告貴會：海峽兩岸都堅持一個中國的原則，努力謀求國家的統一。但在海峽兩岸事務性商談中，不涉及『一個中國』的政治涵義。本此精神，對兩岸公證書使用（或其他商談事務）加以妥善解決。」函後並附上了海基會最後提供的表述方案。十二月三日，海基會回函海協會，對達成共識，不表示異議。

從台灣的角度來看，九二商談的結果，雙方已經達成了「一個中國，各自表述」的共識。可是，從大陸的角度來看，一九九二年兩岸雙方確實對「海峽兩岸均堅持一個中國之原則」達成了共識，但從未就一個中國的政治內涵進行過討論，所以也沒有什麼「各自表述」的共識。就在這種基礎之上，雙方展開了事務性商談，兩會也開始處理兩岸間涉及民眾權益的事務。一九九三年，並在新加坡成功舉行了「辜汪會談」，簽下了一系列兩岸交流與合作的協議。

千島湖事件

從一九九二年開始，行政院大陸委員會開始委託專業民意調查機構，調查「民眾對

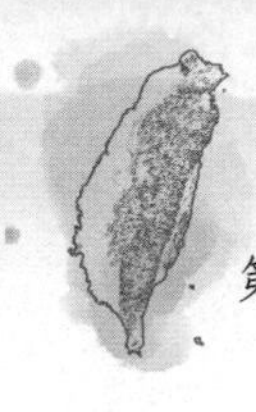

自我認同的看法」。在一九九二年九月，台灣地區二十－六十九歲的成年人樣本中，有四四％認爲自己是「中國人」，一六．七％認爲自己是「台灣人」，三六．五％認爲自己「既是台灣人，也是中國人」。十年之後，這三項數字發生了戲劇性的變化：到了二〇〇〇年四月，認爲自己是「中國人」的減少爲一六．三％；認爲自己是「台灣人」者增加到四二．五％，可是，認爲自己是「既是台灣人，也是中國人」者，仍多達三八．五％，爲什麼會有這種變化呢？

這項縱貫性的調查顯示：在兩岸交流過程中，對台灣人民自我認同影響最大的是「千島湖事件」。一九八七年蔣經國逝世前，同意台灣同胞赴大陸「探親」，而且對「探親」的限制非常寬鬆，很多本省人也得以藉「探親」之名，行「觀光」之實。千島湖事件中罹難的二十四名旅客，其實都是「無親」可探，純「觀光」的本省人。

「意外事故」？

一九九四年三月三十一日，二十四位台灣旅客乘坐「海瑞號」在千島湖觀光，跟六名大陸船員及兩名大陸導遊，共三十二人在船艙內被燒死。意外發生後，浙江公安當局堅稱，這是「意外事故」。

四月二日，罹難者家屬趕赴現場，浙江省政府不但禁止媒體採訪，更以四至五倍的人力監視台灣家屬，嚴禁台灣旅行業代表到現場勘察及攝影拍照，引起台灣方面的懷疑。根據浙江省政府對家屬的簡報，罹難者全體橫屍於三層船艙的底層，上半身已燒焦炭化，下半身卻幾乎都沒有損傷。以火災來說，不但不自然，而且包括船員無人逃脫，更加深了家屬們的懷疑。

四月五日，台籍罹難者家屬要求運屍回台，也希望登上海瑞號，檢視船身，但都遭拒絕。浙江省副省長劉錫榮原本代表中國官方「安慰」家屬，卻因台灣家屬希望看死難親人最後一眼，而憤然退會。臨走前還板起面孔，在電視鏡頭前，打著官腔：「和你們這些家屬沒辦法再談下去了。」

劉副省長不准家屬探視親人遺體，罹難者的行李遺物又全部失蹤，並且船殼彈孔累累，家屬更加懷疑「內情」不單純。隨後浙江當局在未經家屬的同意下，解剖遺體，也不准家屬閱讀驗屍報告；於是家屬串連靜坐抗議，浙江當局索性將家屬全部軟禁在旅館中，並切斷所有對外聯繫管道，還要求「一定要同意政府代爲將屍體火化」。

李登輝惡言相向

四月六日，罹難者遺體被運到桐廬火化。當天，台灣立法院的各黨派立委，紛紛要求刪除兩岸交流的預算和中止兩岸談判，並要求宣布大陸是「高度危險旅遊地區」。行

政院大陸委員會認為大陸當局處理的態度是：「於法不合，於理有虧，於情何忍」。

四月九日，悲痛的家屬帶著骨灰，搭乘中國東方航空公司班機經香港轉機回台。下機後在中正機場立刻發表聲明表示，他們是在非自由意願下，被迫選擇死者的善後處理方式。浙江當局的做法引起兩岸關係緊張，各地華人譴責中國「野蠻」的聲音愈來愈大，《華爾街日報》則乾脆明說：「許多台灣人相信中共當局正粗劣的掩蓋一場集體謀殺。」但浙江省報紙、電台還是一致報導：「台胞對善後處理表示『滿意』。」

四月十日，李登輝總統到中興新村，參加「台灣省第九期鄉鎮市區長講習會」，他在致詞時，講到政府主權應在人民時，話鋒一轉，開始抨擊中共處理千島湖事件的不當。他怒斥中共，「一大堆惡勢力，結成一個黨，像土匪一樣。」他語氣憤怒地說：「大陸這款料，害死這麼多我們的同胞，這是政府嗎？這個叫做政府嗎？這種政府，老百姓老早就該不要它了。」

民意的轉向

李登輝因為千島湖事件而第一次對大陸惡言相向。千島湖事件的發生，使台灣人民普遍質疑：「中國可愛嗎？」造成其自我認同的大轉向。千島湖事件爆發前，二月底台灣民意測驗中，認為「自己是台灣人」者，佔二九．一％；認為「自己是中國人」者，佔二四．二％；認爲「自己既是台灣人又是中國人」者，佔四三．二％；其餘是不知道或拒答。但在千島湖事件發生後不久的四月底，同樣的民意測驗，認爲「自己是台灣人」者，增加爲三六．九％；認爲「自己是中國人」者減少爲一二．七％；認爲「自己既是台灣人又是中國人」者，佔四五．四％；其餘是不知道或拒答。

同樣的民意測驗裡，千島湖事件爆發前的二月底，「支持獨立」一二．三％；「支持統一」二七．四％；「維持現狀」四四．五％；其餘是不知道或拒答。千島湖事件發生後不久的四月底，「支持獨立」增加爲一五．五％；「支持統一」減少爲一七．三％；「維持現狀」五四．五％；其餘是不知道或拒答。

遲來的坦承

慘案發生後十八天，四月十七日，也就是罹難者屍體被浙江省政府「依法火化」十一天後，浙江省公安機關忽然宣布：「千島湖海瑞號遊船失事，係一起『特大搶劫縱火殺人案』。」第二天，國務院總理李鵬在出國前記者會上宣布：「千島湖事件現已破案。兇犯已緝拿歸案。這是一重大刑事案件。我們將按『司法程序』嚴肅處理。」

四月二十一日，台灣海基會收到大陸海協會來函：「浙江省檢察機關已於本月十九日批准，依法逮捕在千島湖海瑞號遊船上搶劫縱火殺人的案犯吳黎宏、胡志瀚、余愛

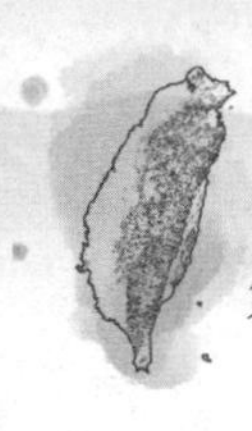

軍。」六月十二日，浙江省杭州市中級人民法院將吳黎宏、胡志瀚、余愛軍三名「嫌犯」，依照中華人民共和國刑法的規定，判處死刑，剝奪政治權利終身。六月十九日執行槍決。

六月二十日，《人民日報》在「千島湖事件始末」一文中坦承：早在慘案發生的一開始，浙江省政府就很清楚，根本不是什麼「火災事故」。報導中說：四月二日，杭州公安局抽調十四名法醫，對所有遺體進行了認眞的檢驗：遇難者進入底艙前並未死亡，死因爲「窒息燒烤」所致；消防專家確認有「汽油助燃」；船舶專家「排除了因船和設備引起火災」的可能；痕跡專家發現「出入底艙的鐵梯缺失」，底艙口上方鋼板有「獵槍散彈發出所致圓形狀凹陷」；刑偵專家分析認爲船上人員極可能「受暴力脅迫進入底艙，而後被焚燒致死」；公安機關確定這是一起「有預謀、有準備的特大圖財害命案」。

開放務實的態度

《人民日報》的評論其實很有道理：「刑事犯罪在每個國家和地區的旅遊活動中，都是可能發生的。」台灣同胞無法理解的是：大陸媒體很早就知道，千島湖事件是一起特大刑事案。可是，在四月十八日當局宣布「破案」前，大陸媒體不但不敢報導有「刑事案件」的可能，而且台灣家屬明明不滿浙江省政府的「焚屍」，他們卻口徑一致的說「台胞對善後處理表示『滿意』。」

千島湖發生「殺人劫財」案，並不是什麼丟人現眼的事。承認這是一件刑事案件，也不會給中國人丟臉。每個社會都有一些壞人，幹出謀財害命的勾當。台灣的犯罪率之高，犯罪手段之兇殘，比大陸某些地區可能還有過之而無不及。台灣人也不會因千島湖事件中有台灣觀光客罹難，就仇視或看輕其他大陸同胞。

一九九八年七月二十七日，民進黨籍高雄市議員林滴娟，在遼寧省海城市遇害。由於她是民進黨籍公職人員，又是台灣南部地區地下電台的「名嘴」，具有高度的政治敏感性，也引來大批台灣記者前往採訪。但遼寧省政府以開放、務實的態度，使台灣記者沒有任何不滿，發回的報導也較爲客觀準確。雖然罹難者是台獨運動中的明星，兇手也一直沒有抓到，但並沒有造成兩岸關係的任何波動，由此可見，台灣同胞並不是那麼的不理性。

四、特殊國與國關係

千島湖事件發生後，翌年六月，李登輝以私人名義訪美。在康乃爾大學演講時，多次提到「中華民國」，使大陸方面大為緊張，要求台灣當局回到「一個中國原則」的立場，停止製造「兩個中國」、「一中一台」的活動。美國政府重申堅持一個中國政策，並聲明對台「三不支持」。台灣則是以海協與海基會一九九二年達成的共識「一個中國，各自表述」，替自己辯解，將「一個中國」表述為「歷史的中國」，而現在則是「階段性兩個中國」。這種表述方式使中共大為不滿，不但對李登輝展開「文攻」、「武嚇」，翌年台灣舉辦第一次總統直選期間，海峽兩岸更爆發了飛彈危機。結果李、連兩人以五四%的得票率，當選為中華民國第九屆正、副總統，中共反倒「成為李登輝最有力的助選員」！

從社會心理學的角度來看，千島湖事件使台灣民眾質疑：「中國可愛嗎？」結果是認同「中國」的人數大幅度減少。相較之下，一九九六的「飛彈試射危機」使更多的民眾反思：「中國愛我嗎？」這樣的問題啓動了所謂的「國家單位眞實感」，結果是自我認同為「台灣人」的比例由試射前的二四．九％大幅擴張為四三．三％。這樣的心理轉變具有十分重要的意義，值得兩岸決策人士特別加以注意。

強化中華民國主權地位

飛彈試射事件使兩岸關係陷入僵局。一九九八年六月三十日，美國總統柯林頓訪問中國，並在上海明白揭示「三不政策」，即不支持台灣獨立，不支持「一中一台與兩個中國」，不支持台灣參加以國家為主體的國際組織，使台灣的國際處境更為艱難。

在這樣的情勢下，一九九八年八月，李登輝要求國家安全局成立「強化中華民國主權地位」小組，由蔡英文擔任召集人，研究中華民國主權如何與中共的「一個中國」脫鉤，並於一九九九年五月完成研究報告。該份報告指出：

一九九一年修憲，增修條文第十條將憲法的地域效力限縮在台灣，並承認中華人民共和國在大陸統治權的合法性；增修條文第一、四條明定立法院與國民大會民意機關成員僅從台灣人民中選出，一九九二年的憲改更進一步於增修條文第二條規定總統、副總統由台灣人民直接選舉，使所建構出來的國家機關只代表台灣人民，國家權力統治的正當性也只來自台灣人民的授權，與中國大陸人民完全無關。

因此，兩岸至少應明確定位為「特殊的國與國關係」。將來應以分階段的方式，逐

步落實修憲、修法與廢除國統綱領三大主軸。修憲的部分，包括：增修條文的前言改爲「因應國家統一前」：訂定增修條文，凍結憲法第四條「中華民國領土，依其固有之疆域，非經國民大會之決議，不得變更之」，改爲「中華民國領土爲本憲法有效實施地區」。並且增訂公民投票的法源，使有關國家前途的重大決議，皆須經全體國民同意。

修法的部分，則將所有法律中有關「自由地區」、「台灣地區」、「大陸地區」等名詞改爲「中華民國」與「中華人民共和國」。例如，國安法、國籍法、著作權法等，都有指稱「中華人民共和國」爲「大陸地區」的條文，這些都將重新改正。

國家重新定位

對於有損中華民國國際法定位的法律條文，研究小組也列出了詳細清單，一一予以檢討，並且主張經由修法加以調整。在現行法律方面，與兩岸關係直接有關的法規，就有「台灣地區與大陸地區人民關係條例」及其施行細則、「大陸地區人民進入台灣地區許可辦法」、「大陸地區人民在台灣地區定居或居留許可辦法」等，修正後可以完整地保障中華民國爲一主權國家的事實。

研究報告也建議，政府部門對外文告與國際說帖，應遵從新的定位概念，有關「中共」、「兩個政治實體」等用語，將通盤修正爲「中華人民共和國」、「兩個國家」。

研究小組並指出，類似「一個中國」、「一個中國就是中華民國」、「一個分治的中國」、「一國兩府」、「一中各表」、「台灣是中國的一部分，大陸也是中國的一部分」，未來應該減少使用，甚至《波茨坦宣言》、《開羅宣言》都對台不利，都應加以迴避。

研究報告特別指出，台灣於一九九六年由人民直接選出總統後，中華民國與中華人民共和國已共存於世界，中華民國並不擁有中國大陸的主權，中華人民共和國的主權也不及於台灣，未來兩岸的政治談判應該在此基礎上進行。至於《國統綱領》等重要文件，研究案建議：以數個階段慢慢處理，先盡量不提《國統綱領》，未來再廢除《國統綱領》，改以《兩岸綱領》取代，並以「終局解決」取代「統一」。

「特殊國與國關係」

一九九九年七月九日，李登輝接受《德國之聲》專訪時，告訴來訪的德國記者：一九四九年中共成立以後，從未統治過中華民國所轄的台、澎、金、馬。一九九一年修憲以來，已將兩岸關係定位在國家與國家，至少是特殊的國與國關係，而非一合法政府、一叛亂團體，或一中央政府、一地方政府的「一個中國」的內部關係。所以北京政府將台灣視為「叛離的一省」，完全昧於歷史與法律上的事實。也由於兩岸關係定位在

「特殊的國與國關係」，因此沒有再宣布台灣獨立的必要。

這篇講詞發表後，十一日晚間，中共國務院台辦發言人發表談話，「嚴正警告台灣分裂勢力，立即懸崖勒馬，放棄玩火行為」，《新華社》表示：「兩會接觸、交流、對話的基礎不復存在」，原先預定十月訪台的海協會會長汪道涵將訪台行程無限推遲，兩岸關係十分緊張。

美國國務院十三日的記者會以強烈的言詞重申美國的「一個中國」政策，並派在台協會理事主席卜睿哲到台灣表示：美國的政策很清楚是「一個中國」，至於一個中國究竟應該如何定義，應由兩岸去談，以和平的方式解決。

在美國壓力下，李登輝同意將「特殊國與國關係」解釋為「一個中國，各自表述」的進一步演繹，並派遣總統府秘書長丁懋時前往美國，正式向美方傳達：台灣的大陸政策並未改變，因此未來不會進行修憲與修法，國統會與《國統綱領》也仍將繼續運作。一場風波才暫時告一段落。

兩岸統合論與「整個中國」

在這段歷史的回顧中，最令人感慨的是：「特殊國與國關係」這個概念，最早是由張亞中教授提出來的。張亞中是政治大學及德國漢堡大學的雙料博士。在外交部任職時，曾派駐歐洲維也納、漢堡、與拉脫維亞等地；在行政院大陸委員會任職時，曾參與大陸政策的研究與制定。張教授公餘教學之暇，對兩岸相關問題研究不懈，曾出版專書著作十餘本，其中包括《兩岸主權論》、《兩岸統合論》、和《全球化與兩岸統合》等三本書，構成他完整的「兩岸關係思想體系」。

在他的一系列著作中，張教授曾以國際法與憲法的觀點，對德國問題進行法律面向的研究，並以其研究成果爲兩岸的法律定位提出解決的方案。他在一九九〇年即提出以「整個中國」（Whole China）的概念來代表「一個中國」，兩岸都是「整個中國」的一部分，各在各自的領域內享有完整的管轄權，整個中國的主權是由兩岸全體人民所擁有，非兩岸任何一方可以獨佔，在對外關係上，兩岸沒有一方有權利在國際間代表另一方。

因此，張亞中所說的「兩岸是特殊關係」有個前提，即兩岸都是「整個中國」的一部分，「整個中國」就像是兩岸的屋頂，兩岸關係的「特殊性」，在於兩岸還沒有完成分裂。如果不承認「一個中國」（即「整個中國」），那麼兩岸之間就不是「特殊國與國」，而是「一般的國與國」，或是俗稱的「兩國論」，也就是後來陳水扁所說的「一邊一國」。

至於未來兩岸應該如何發展，張亞中再以他對歐洲統合的專精研究成果，提出了兩

岸統合概念，並從歐盟經驗中的「各為主體、互為主體」借鏡，提出了「三個主體」與「兩岸統合」說，即兩岸各為一個主體，但是又共屬於「第三主體」，它是由兩個「具有國家屬性的政治實體」所結合而成的「整個中國」。兩岸接受「一中」，是指兩岸共同接受「整個中國」原則，但是並不表示「一中」就是「中華人民共和國」。在兩岸定位上，兩岸共同承認「整個中國」原則，同意兩岸都是「整個中國」的一部分，但是也必須同意，或不否認彼此在各自的領域內享有完整的管轄權。

五、裂解中國的「獨台論」

二〇〇〇年，李登輝在卸任總統之前，發表新著《台灣的主張》，公布他「十年思考的結果」。該書的核心內容有兩點主張：一、將台灣定義為「中華民國台灣」，或「在台灣的中華民國」；二、建議中國揚棄「大中華主義」，即一分為七，將中國分為台灣、西藏、新疆、蒙古、華南、華北、東北等七區，依各地特性競爭發展並維持安定。

七塊論

李登輝的「七塊論」源自王世榕於一九九六年十二月出版的《和平七雄論》。王世榕曾在文化大學勞資關係系當過副教授，其《和平七雄論》的概念源自中國古代「戰國七雄」，他認爲：十三億人口的中國不能建立一個民主的國家，爲了「避免這種古老中華帝國的復甦，最好的辦法就是讓中國和平地、自動地、理性地分成七個較小的中國」。

這七個國家的目的不在於爭當霸主，而是以平等地位、分工合作爲基礎，共同營造未來。該書試圖以歷史的觀點，解決現代中國問題。作者認爲：中國爲了維持大一統，歷五千年而戰禍頻仍，唯一的辦法就是「化整爲零」。尤其是當代北京領導人仍念念不忘大漢沙文主義，常常向外擴散「義和團式的思想和行動」，對世界的和平極爲不利。若將龐大的中國劃分爲七個具有地方特色的區域，將中國人民從數千年的集體主義統治下徹底解放出來，就不會對世界以及台海造成威脅了。

王世榕這本書一出版，立即引起李登輝的極大興趣。他不僅親自送該書給不少黨政首長，包括處理兩岸事務的官員，要他們詳讀，而且向日本作家深田佑介推薦「這本有趣的書」，他認爲此書「見解精闢」，跟他「英雄所見略同」，建議深田將此書譯成日

文，在日本發行。深田回到日本後，推薦給文藝春秋出版社，並冠以《七個中國》的書名在一九九七年出版。

日本人將《和平七雄論》的書名改爲《七個中國》，其用意不問可知。在此之前，日本右翼勢力的吹鼓手，與李登輝私交甚篤的東京都知事石原愼太郎，便曾經主張將中國分爲六個國家，台灣是其中之一。李登輝奉爲上賓的日本人中島嶺雄也主張，中國應分成十二個小國家，互不隸屬，各自爲政。每個國家不一定有自己的軍隊與外交，但要有相對的獨立發展空間。

B型台獨

值得注意的是：《和平七雄論》中的「七雄」，並不包括台灣，言下之意是作爲第八雄的台灣，早已獨立於中國之外。而李登輝的「七塊論」，則視台灣爲「七塊」中的「一塊」。從李登輝在《台灣的主張》一書的論述中，我們可以看出：他非常了解：基於各種主、客觀因素的現實考量，中共絕對不會放由台灣宣布獨立，而束手不管。所以，他認爲：台灣「並不一定要直接宣布獨立」。反倒是將「中華民國台灣」或「在台灣的中華民國」實質化，才是當務之急。將來有朝一日，中共內部如果發生動亂或遭遇危機，分成「七塊」或「十二塊」而無暇旁顧，台灣就可以順水推舟，宣布獨立。這是李登輝的「獨台論」，也是所謂的「B型台獨」。李登輝所謂的「政治家遠見」，就是指這種「伺機而動」的「耐心」。這種肢解中國的論調，師承的「理論根據」就是日本及西方學者的「中國威脅論」。在《台灣的主張》中，李登輝認爲，「中共的霸權主義心態如果持續不變，不但台灣會受到影響，亞洲的和平恐怕也將遙不可及。」

所謂「中共的霸權主義」，應當是李登輝擔任總統期間，兩岸發生飛彈危機，帶給他的深刻感受。李登輝非常明瞭，要使「台灣的國際地位明確化」，必須倚仗日本和美國的幫助，所以他才會在《台灣的主張》中說：「若台灣不存在，爲大陸所控制，則中國將淪爲霸權主義橫行的地區，對亞洲及全世界造成嚴重威脅。」「對日本而言，台灣是攸關日本生存命脈的重要屏障。」「希望來自中國大陸的霸權早日消失。」

後藤新平的「生平之志」

這是一種非常奇怪的論調。從一八四二年中英鴉片戰爭結束之後，包括台灣在內的整個中國，都急切地想要學習西方文明，追求國家的現代化。然而，由於清廷朝綱不振，中國學習西方的腳步，始終遠遠落在日本之後。清代台灣巡撫劉銘傳雖然在台灣做了不少努力，可是，獨木難撐巨廈，從當時日本國家發展的水平來看，台灣仍然是屬於落後的「不文明」地區。

和中國相較之下，日本早在明治維新（一八六八年）的時代，便訂下「脫亞入歐」的政策方向，刻意學習西方文明。在一班維新名臣的齊心協力之下，日本終於能夠跟西方列強並駕齊驅。在這樣的時代環境下，日本右派的「有志之士」，眼見鄰近的中國軟弱可欺，紛紛提出「肢解中國、殖民中國」的各種主張，即使是李登輝所崇拜的後藤新平，也以「第二維新」作爲自己的「生平之志」。他說：

今日之急務在於擴展帝國之版圖於大陸，圖謀民族之發展，以得第二維新之實。彼朝鮮加我以無禮，乃我帝國用武大陸以謀帝國膨脹之緣，無可逃逸之機會也。宜先與俄國合作，以收朝鮮爲我國版圖，進而瓜分南北支那，北部支那予俄國，南部支那則歸我所掌，期以十年，敷設鐵路於支那內地，待其經營就緒，乘機驅逐俄國，是以奉遷我聖天子於北京，使爲永世之帝都。此實爲第二維新之大業，余生平之志盡在於此。

後藤新平的「生平之志」，說穿了就是「肢解中國、殖民中國」，他一生的作爲和經歷，就是在致力於這種理論的實踐。李登輝就讀於台北高等學校時，他的日籍老師鹽見薰便以馬克思的唯物史觀，教他列強侵略中國的近代史，對他產生重大影響。他平日讀書甚勤，不可能不知道日本據台之初，後藤新平如何以「糖飴與鞭子」的兩手策略，對付抗日義民，而沾上滿手血腥。然則，他爲什麼會如此的崇拜後藤新平，並附和日本軍國主義一貫主張的「肢解中國論」？

「妲妮亞」的故事

在思考這個問題的時候，我腦海中不禁浮現起斯德哥爾摩症候群的一個特殊案例。

佩翠西亞．赫斯特（Patricia Hearst）是美國報業鉅子朗道夫．赫斯特（Randolph Hearst）的第三個女兒，在舊金山市郊的高級住宅區長大。一九七四年二月四日，十九歲的佩翠西亞在其加州柏克萊的公寓中，被一群自稱爲「共生解放軍」（SLA，Symbionese Liberation Army）的極左派都市游擊隊所綁架。他們要求老赫斯特付四億贖金，購買食物，分給加州的貧民。赫斯特捐出百萬美元，購買食物，分贈灣區的窮人，SLA卻嫌食物品質太差，而拒絕放人。四月三日，佩翠西亞藉由錄影帶公開宣布：她已經改名爲「妲妮亞」（Tania），並加入SLA。四月十五日，SLA搶劫舊金山區希柏尼亞銀行（Hibernia Bank）的一家分行，她也參加，並遭到錄影。該銀行的創辦人，正是她高中時期一位同窗摯友的父親！一九七五年九月，她跟其他SLA成員在舊金山的一家公寓中，遭到警方逮捕。入獄時，她在「職業」欄中寫下「都市游擊隊」，並向警方供稱：她完全認同SLA的理念。

一九七六年元月十五日，她的律師在法庭上爲她辯護時，指稱：佩翠西亞被綁架時，曾被蒙上雙眼、遭到軟禁、受到身體及性方面的凌虐，並被迫接受一系列的洗腦課

程，所以她才會在暴力脅迫下，參加SLA搶劫銀行的行動。但她本人卻始終拒絕提供不利於其他SLA成員的任何證據。

「妲妮亞」的故事是斯德哥爾摩症候群的一個極端案例。綁架案的受害者接受綁匪的洗腦之後，完全認同綁匪的意識型態，反過頭來，站在綁匪的一方，指責父母的「不義」。李登輝這種「親日反中」的心態，是不是很像罹患了斯德哥爾摩症候群？他在二〇〇〇年發表「七塊論」，十年過後，不論是國際情勢或是兩岸關係都發生了很大的變化。時至今日，他是不是仍然堅持「七塊論」？如果這個問題的答案是肯定的，這樣的心態又該如何破解？

第五章

最後的亞細亞孤兒：黃光國

我出生於第二次世界大戰結束的一九四五年。那一年，台灣光復，吳濁流的《亞細亞的孤兒》完稿。時至今日，台灣的前途仍未底定，許多台灣人對「亞細亞孤兒」一詞仍然心有戚戚。我幼時的成長背景使我對「亞細亞孤兒」的概念特別敏感，我在學術研究和社會運動方面大半輩子的努力，也是希望台灣與大陸之間的關係能夠有合情合理的安排，自己是「最後一個亞細亞孤兒」，讓下一代的台灣人不再感受到「亞細亞孤兒」的悲情。

在本章中，我將從我的出生背景分析我個人獨特的「反帝情結」，然後說明：我終身從事學術研究的終極關懷，再據以說明：我對兩岸關係的主張。

一、我的家世背景

我是台灣人。根據我家族譜的記載，我的祖先世居於福建省泉州府同安縣美人山麓，一個稱爲「興堡」之處（目前爲廈門市集美區洪塘鎮），傳了十二世，到清朝乾隆年間（一七六一年），始祖黃志松渡海來台，傳到第四代，我的曾祖父黃耀性在台北市迪化街，蓋了一棟閩南式的建築。清朝末年，來自福建的貨船可以沿淡水河航行至台北

的艋舺（萬華）和大稻埕（延平區）一帶，我的曾祖父便在閩、台兩地往返經商。這棟祖厝位於台北市迪化街台北大橋附近，佔地百餘坪，前面是商店，縱深長達十餘間店面，台語俗稱「竹篙厝」。據說當年來自福建的貨船可以沿淡水河駛至厝後，在靠近後院處停泊卸貨。卸下來的貨，儲存在屋後倉庫，商品則擺在屋前店面，待價而沽。

滿州國國務總理鄭孝胥

我的祖父改業學習西醫，日據時代實行公醫制度，祖父黃煙篆是當時的公醫。父親黃子正和堂叔黃樹奎兩人都是當年「台北醫學專門學校」的畢業生。家父和堂叔兩人自台北醫專畢業後，相偕到上海開業行醫，不久之後，家父又到長春（當時稱爲「新京」），開設「大同醫院」。滿洲國國務總理鄭孝胥是福建人，和溥儀的老師陳寶琛是同鄉。在前清時期中過舉，當過清朝駐日本神戶的領事，也做過一任廣西邊務督辦，國學基底扎實，詩書文章都相當不錯。民國成立之後，鬻書筆潤爲生，很受陳寶琛賞識，而一再向溥儀推薦。一九二三年夏天，鄭孝胥第一次和溥儀見面，即暢談他「大清中興」的構想。到了一九三二年，溥儀在日本關東軍的扶植下，成立「滿洲國」，由鄭孝胥擔任第一任「國務總理」，其「外交部總長」爲新竹人謝介石。

滿洲國建立之初，溥儀體弱多病，雖然已經有三位中醫侍醫，還想找一位西醫，照顧他的健康。當時日本關東軍不希望他再用中國醫師，他自己又不信任日本人，雙方折衝之下，鄭孝胥就找「既不是中國人，又不是日本人」的台灣人謝介石，請他替「皇上」找一位西醫。謝介石跟家父本是舊識，即介紹家父，成為溥儀的私人醫生。

「帝室御用掛」吉岡安直

當時所謂的「滿洲國」，其實是日本人控制下的傀儡政權，內閣各部總長是中國人，次長則是日本人，日常政務幾乎全由次長決定，甚至連宮內府亦不例外。「帝室御用掛」吉岡安直便是關東軍派在溥儀身邊的聯絡官。吉岡是日本鹿兒島人，溥儀的弟弟溥傑到日本陸軍士官學校讀書時，吉岡在該校擔任戰史教官，兩人結為好友，關東軍知道了這層關係，再加上吉岡本人的積極活動，一九三五年，關東軍任命他為高級參謀，派他「掛」在「滿洲帝室」達十年之久。

那時候，宮內府設有「憲兵室」，住有一班日本憲兵，監視宮內的一切活動。根據溥儀在自傳《我的前半生》中的說法，關東軍好像一個「強力高壓電源」，他自己本人就像一個「精確靈敏的電動機」，吉岡安直就是「傳導性能良好的電線」，他這個皇帝「不能過問政事，不能隨便外出走走，不能找個『大臣』談談」。當關東軍那邊沒有電流通過來的時候，他在「宮內」根本無事可幹，日常生活用八個字就可以概括：「打

罵、算卦、吃藥、害怕」。

鄭孝胥和「凌升事件」

一九三四年，溥儀「登極」為滿洲國皇帝後，對日本人已經開始心懷戒懼。翌年四月，他在日本人安排之下赴日訪問，回到長春不到一個月，關東軍司令官南次郎告訴他：「鄭孝胥總理倦勤思退」，溥儀大吃一驚。後來多方打聽，才知道鄭孝胥不久前在他主辦的「王道書院」裡，向學員發了一次牢騷：「滿洲國已經不是小孩子了，就該讓他自己走走，不該總是處處不放手。」日本人知道了，立刻把他一腳踢開，在日本憲兵隊的監視下，只能留在家裡做詩、寫字。不久他的兒子「國務院秘書官」鄭垂暴斃；三年之後，鄭孝胥本人也在長春暴卒，據說都是出自日本人的暗殺。

一九三六年，滿洲國的「建國元勳」之一，興安省省長凌升在省長聯席會上發牢騷，說他在興安省無權無職，一切都是日本人說了算。開完這個會，凌升回到本省，立刻被抓走，並以「反滿抗日」罪名，跟幾個親戚一起被斬首。

《帝位繼承法》

「凌升事件」使溥儀感到極度不安，日本人搞的《帝位繼承法》，更讓他感到恐懼。一九三五年冬，溥傑從日本回到長春，當了禁衛軍中尉。本來溥儀想幫他安排一門親事，吉岡立刻向溥儀表示：爲了增進「日滿親善」，關東軍希望他和日本女子結婚，本庄繁大將要親自替他作媒，希望他這位「御弟」能作爲「日滿親善」的表率。一九三七年四月三日，溥傑與嵯峨勝侯爵的女兒嵯峨浩在東京結婚。過了不到一個月，關東軍便授意國務院通過一項《帝位繼承法》，明文規定：皇帝死後由子繼之，如無子則由孫繼之，如無子無孫則由弟繼之，如無弟則由弟之子繼之。

溥儀一看就明白：這個《帝位繼承法》最緊要的只有「弟之子繼之」這句話，關東軍要的只是一個有日本血統的皇帝，必要時候，隨時可以拿他們兄弟開刀。由於時刻擔心自己生命的安危，溥儀宮內生活的第二件事就是「算卦」，吃素念經，求神拜佛，占卜打卦。譬如，溥傑的日本妻子懷了孕，溥儀就「提心吊膽地爲自己的前途算過卦」，直到得知她生的是女兒，「才鬆了一口氣」。

因爲日夜擔心自己的安危，溥儀得了嚴重的「慮病症」，不僅嗜藥成癖，而且還收藏各種藥品，中藥有藥庫，西藥有藥房。他的侍從主要的工作之一，便是替他管藥房、

藥庫；每天和他的私人醫師為他打補針，總要忙上幾小時。

除了「害怕、算卦、吃藥」之外，溥儀的日常生活還有一項「打罵」。由於疑心病極重，成天擔心有人會害他，「脾氣日趨暴躁，動輒打人罵人」。打罵的對象除了侍從之外，也包括他的「妻子、弟弟、和妹夫」。「打人的花樣很多，都是叫別人替我執行」。那時大家最怕溥儀說的一句話，就是「叫他下去！」意思就是到樓下去挨打。打傷了再趕快「把醫生叫來搶救」。因此，家父的醫護工作，不僅要照顧皇帝的健康，還包括後宮及宮內侍從的醫療診治。

到了二次大戰末期，日本崩潰的跡象愈來愈明顯，溥儀更是怕日本在垮台之前，會殺他滅口。

一九四二年，溥儀的第三位妻子「祥貴人」譚玉齡罹患疾病，據中醫診斷是「傷寒」，但並不是什麼絕症。吉岡要家父介紹市立醫院的日本醫生來診治，自己則破例搬到宮內府的「勤民樓」來「照料」。日本醫生開始治療時，表現得非常熱心，給她打針、輸血，忙個不停。但是吉岡把他叫到另外一個房間，閉門長談之後，日本醫生態度便整個改變了。他不再忙著治病，反倒變得沈默不多說話。當天住在勤民樓裡的吉岡，整夜不斷地叫日本憲兵給病室的護士打電話，詢問病情。第二天清晨，譚玉齡便死了。更奇怪的是，溥儀剛聽到譚玉齡的死訊，吉岡便拿來關東軍司令官致送的花圈，說他代表關東軍司令官前來弔唁。這件事使得溥儀更加害怕：日本人可能隨時對他下毒手。

父親的命運

溥儀的體弱多病以及他對醫生的依賴，在冥冥中決定了黃家日後的命運。一九四五年八月九日，蘇聯向日本宣戰，到了八月十五日，日本宣布無條件投降。吉岡向溥儀報告：關東軍已經和東京聯繫好，決定送他到日本去。「不過，天皇陛下也不能絕對擔保陛下的安全。這一節要聽盟軍的了。」

八月十六日，吉岡要溥儀挑幾個隨行的人。因爲飛機小，不能多帶，溥儀挑了溥傑、兩個妹夫、三個侄子、隨侍李國雄和一名醫生，也就是家父。溥儀的第四個妻子「福貴人」李玉琴哭哭啼啼地要跟他一起走，溥儀卻堅決不肯帶她：「飛機太小，你們坐火車去吧。」載著他們的飛機從通化出發，飛往瀋陽換乘大型飛機。不料在瀋陽等候飛機的時候，飛來的一隊飛機卻載來了蘇聯的軍隊。飛機著陸後，蘇軍立即將機場上的日軍繳了械，溥儀一行也從此淪爲階下囚。

溥儀等人其後大部分時間都被拘留在西伯利亞伯力城的收容所。一九五〇年七月，蘇聯把他們移交給中國政府，關在撫順戰犯管理所。一九五七年二月二十五日，最高人民檢察院判決家父免於起訴，獲得釋放，被安置在遼寧鐵嶺勞改醫院任職醫師。兩年

後，罹病去世，享年五十九歲。

亞細亞孤兒的認同危機

我父親在大陸工作十四年，在集中營裡也被關十四年。就這一點來說，我可以算是「政治受難人」的後代。一九四五年十一月，我出生於吉林省長春市，是遺腹子，從未和父親見過面。出生後不久，國共雙方在長春市開始展開拉鋸戰，我的母親看情勢不妙，帶著襁褓中的我和兩位姊姊，跟隨台灣同鄉會，逃難回台灣。我們從東北逃到天津，再到上海等船，總共花了半年時間，回到台灣時，幾乎是傾家蕩產，一無所有。我幼年的成長經歷，可以說是不折不扣的「亞細亞孤兒」！

對於台灣人的認同問題，我有非常深刻的感受。我是光復那一年出生的，取名爲「光國」，這個名字銘記著當時東北台灣人的認同。這個「國」不是「滿洲國」，因爲滿洲國已經被消滅掉了。也不是國民政府的「中華民國」，因爲中華民國是消滅滿洲國的敵方；更不是「中華人民共和國」，因爲「中華人民共和國」根本還不存在。這個「國」是「中國」，是先於滿洲國、中華民國、或中華人民共和國而存在的「中國」。

當時我的長輩直覺地以爲世界大戰結束，日本人戰敗，從此國家恢復太平了，所以爲我取名「光國」。那裡曉得回到台灣後，國民政府一提到「滿洲國」，便要在前面加個「僞」字，爲滿洲國政府做過事的人，也一律被打成「漢奸」。爲了避免困擾，我們也盡量不去提起家父曾經擔任過「溥儀醫師」的這段往事。

用心理學的角度來說，在我幼年成長的歷程中，由反思自身存在而產生的「自我意識」，最明顯的特色，應當就是「父親缺位」的「孤兒意識」。在尋找「自我認同」的過程中，每一種認同都令我感到焦慮不安。

二、我的「反帝情結」

在我成長的過程裡，經由家人口中所獲得的父親形象，是破碎而殘缺不全的。直到一九七二年，我考取「教育部與美國東西文化中心」合設獎學金，到夏威夷大學攻讀博士學位，夏威夷大學有兩個圖書館，其中的辛克力圖書館（Sinclair Library），設有「亞洲存藏室」（Asian collection），存有非常豐富的中文書籍，從夏大存藏的圖書檔裡，我才慢慢拼湊出父親的故事。

回顧這一頁歷史，我深刻感受到台灣人作爲「亞細亞孤兒」的悲哀。然而，從有關中國近代史的許多著作裡，我更清楚地看出：帝國主義的霸權力量對近代中國的鉅大影

響。第二次世界大戰前的台灣和滿洲，固然都在日本帝國主義的控制之下，二戰後的情況又是如何？

長春圍城之戰

遠的不談，就拿我的出生地長春來說罷。我們一家在一九四七年逃離長春後，翌年五月，長春便發生了「圍城困戰」。當時，國共之間的「遼瀋戰役」正在激烈進行，長春的守將是鄭洞國。鄭是與孫立人、戴安瀾、杜聿明、廖耀湘齊名的抗戰名將，是對中國抗戰立了大功的人。他帶領守長春城的是國民黨軍第一兵團，新七軍和六十軍六萬人，以及地方部隊四萬人，共計約十萬人。攻打長春的則是林彪率領的中國共產黨東北野戰軍十萬人。當時東北解放軍原先的計劃是「圍城打援」，以一部分部隊進攻長春，吸引瀋陽的廖耀湘兵團北上救援，然後在途中將廖耀湘兵團包圍殲滅。但由於攻打長春的解放軍與守城的國民黨兵力相當，裝備不如國民黨軍，而瀋陽的廖耀湘兵團又拒絕北上救援，所以東北解放軍改用「久困長圍」的戰略，長春戰役形成了圍而不攻的局面。

從五月二十三日開始，解放軍對防守長春城的國民黨軍形成包圍，切斷空中運輸，進行長達五個月的軍事圍困和經濟封鎖。在這段期間內，雙方發生了幾次大的交戰和幾十次零星交火，守軍的糧食、燃料極度缺乏，很多平民餓死，最後國民黨六十軍與新七軍投降，解放軍進駐長春，遼瀋戰役第一階段也宣告結束。經過日本人十四年的經營，長春市的人口從淪陷前的十五萬人，增加到七十萬人，包括後來被遣送回國的十四萬日本人。長春圍城戰前，城市的居民據估計應在四十萬到六十萬之間。長春圍困戰後，居民人口銳減到十七萬人，餓死人數估計在二十萬到三十萬之間，是二十世紀最慘烈的戰爭災難之一。幸好我家在一年前就已經逃離了長春，否則恐怕也是在劫難逃。

長春圍城固然是國共內戰的一個環節，可是，這場戰爭的背後，有沒有帝國主義的黑手在背後操縱呢？

當時防守長春城的新七軍是蔣介石的嫡系部隊，擁有美國援助的機械化設備。而解放軍則是從前蘇聯手中，獲得一批因日本關東軍繳械而擄獲的武器。如果沒有美國和俄共提供武器裝備，國共內戰還打得起來嗎？打這樣慘烈的內戰，究竟符合誰的期望呢？

太平洋：美國的內海？

一九七二年，我到夏威夷大學留學的時候，對美國的霸權主義有了更深刻的體會。我抵達夏威夷的第二天，便有夏大中國國學會的同學帶我到珍珠港附近的美軍太平洋總部參觀。那時候對美國軍事基地的龐大嚴整只是感到驚佩，後來才赫然發現，從二戰結束後，美國根本就把太平洋當做是它的「內海」！美國太平洋「內海」的一側，是沿著

東亞大陸海岸向下延伸而形成的一連串島鏈。第一島鏈分隔東亞大陸沿海與廣大的太平洋區：從阿留申群島開始，向下延伸至日本群島。日本與韓國之間僅相隔一狹小的對馬海峽，繼續向下延伸至台灣，經菲律賓群島，直到印尼。在廣大的印尼群島中，有麻六甲、巽他、與龍目島等三處重要海峽連結印度洋與太平洋。

第一島鏈繼續延伸至新幾內亞島，包含西邊的印尼屬地爪哇，前澳洲殖民地巴布亞新幾內亞。穿過澳洲與其東北方鄰近島群，其終點為面對南極冰海的紐西蘭南島。在第一條島鏈的東方，還有位於太平洋中央的第二條島鏈；從中途島開始，至馬里亞納與馬紹爾群島。

一九四七年一月，美軍太平洋總部成立於夏威夷州的檀香山，是美軍在太平洋地區的最高作戰指揮機構。其轄區東起美國西海岸，西至非洲東海岸，南北方向遠至兩極，包括四十五個國家和地區，總面積約一．六億平方公里，相當於地球表面的五二％。

太平洋地區陸軍包括：總部、駐紮在華盛頓州的第一軍團、駐紮在夏威夷州的第二十五輕步兵師，駐紮在阿拉斯加的第一七二獨立步兵旅，以及部署在韓國的第二步兵師，總兵力約六萬人。太平洋艦隊指揮美軍約一半的海軍力量，包括六艘航空母艦、一七〇艘艦艇和八〇三架各種作戰飛機，總兵力約十三萬人。太平洋空軍司令部指揮四個空軍部隊，擁有戰鬥機三百架，其他各類輔助飛機一百架，總共有四萬人。太平洋海軍陸戰隊包括駐紮在加州的第一遠征隊和駐紮在日本的第三遠征隊，總兵力約七萬人。整個太平洋總部屬下總共有三十萬大軍，處於高度戒備狀態，隨時準備對各方面的情況做出反應。

美軍在亞太地區的八十個主要基地是以「點線結合，三線分布」的方式配置。一線基地群配置在日本、韓國和迪戈加西亞，控制著宗穀、津輕、對馬等三個重要海峽，和印度洋中部的海空航道要衝，既可支援朝鮮半島的陸上作戰和太平洋的海上作戰，又可支援中東、海灣地區的作戰，還可監視和控制印度洋的廣大海域，戰略地位十分重要。二線基地群由以關島爲中心的諸島嶼與澳大利亞和紐西蘭的基地組成，既是一線基地的依託，又是重要的海空運中間基地。三線基地群包括以夏威夷爲中心的諸群島、中途島、以及阿拉斯加、阿留申群島上的基地，是太平洋戰區的指揮中樞，美國西海岸支援前沿基地的中繼基地。

看到美國在太平洋地區的軍事部署，我們要問的問題是：當今之世，到底誰是世界上的「霸權」？究竟是誰在搞「霸權主義」？美國在世界各地部署重兵，到底是在捍衛誰的利益？

在夏威夷大學修習博士學位的經驗，讓我更加深刻地體會到美國「霸權主義」的本質。在一九六〇年代，前蘇聯在其首都設立一個「莫斯科中心」，招收其附庸國家的知

識菁英前往受訓，結訓後回國服務，成爲傳播共產主義意識形態的骨幹。美國看到這種情況，也如法炮製，由國務院資助，在夏威夷設立「東西文化中心」，提供優厚的獎學金給亞太國家的大學畢業生，到夏威夷大學攻讀博、碩士學位，或參與東西文化中心所舉辦的短期研訓計劃，唯一條件就是學成後一定要回國服務，傳播帶有美式個人主義意識型態的「現代化思想」。這種做法，一方面固然是在幫助亞太國家的「現代化」，另一方面難道不是在爲維護美國的「學術霸權」做思想準備工作嗎？對於這個問題的反思，決定了我一生的走向。我決定以學術研究作爲終生志業，一生沒有做過行政工作，學術研究的主軸便是擺脫西方霸權的「學術殖民主義」，爲中國文化的現代化找尋出路。

三、現代化與中國文化的探究

我於一九七六年獲得夏威夷大學的博士學位，返國後在台大心理系擔任教職，並承襲博士論文的研究方向，開始從事企業組織中員工的工作壓力與回應方式的研究。我注意到台灣家族企業型態的特徵，跟西方組織心理學的描述大異其趣，因此開始思考：家族企業爲什麼會呈現出某種特殊的組織型態？其背後的動力何在？我在思考家族企業中人際關係的基本型態的時候，注意到中國社會中的人情、關係、面子、報答等概念，並且在回顧相關文獻時，發現大多數文獻都只涉及一個概念，而未能及於其他，因此開始思考這些概念中的關係。

〈人情與面子〉的理論模式

一九八二年夏天，香港中文大學召開「現代化與中國文化研討會」，我整合當時社會心理學中流行的「社會交換理論」、「正義理論」和「印象整飾理論」，寫了一篇討論中國人的人情與面子的論文，在會上宣讀。那一次研討會是海峽兩岸分隔三十餘年後，雙方社會科學工作者首度齊聚一堂舉辦的學術研討會。參加這次研討會，對我日後的學術發展，造成了重大的影響：這篇題爲〈人情與面子：中國人的權力遊戲〉的論文，文章經過數度修改之後，刊登在一九八七年元月份出版的《美國社會學刊》上，成爲我學術生涯中的「扛鼎之作」，而廣爲國內外社會科學界所引用。然而，華人爲什麼會特別重視人情與面子呢？對於這個問題，最簡單的回答就是：「受到儒家文化傳統的影響。」可是，儒家文化傳統到底是如何影響華人，使他們特別重視人情與面子？在思考這個問題的時候，社會學家金耀基在一九八三年「現代化與中國文化研討會」上所宣

讀的一篇論文〈儒家倫理與經濟發展：韋伯學說的重探〉，給予我相當大的啓示。

儒家心態與經濟發展

金耀基指出：德國社會學家韋伯（Max Weber）在其名著《基督新教倫理與資本主義精神》中探討有助於西方「理性的資本主義」之發生的各種條件。韋伯在窮究各種條件之後，認爲基督教與資本主義之興起有關。基督新教教義強調勤勞、節約，認爲在上帝「召喚」下的工作是神聖的，由工作而得的財富，是上帝的賜禮，不應拒絕。儘管如此，人卻不可奢侈浪費。這種教義所造成的人之「動機結構」與資本主義之精神正相湊合（affinity）。它在個人心理上所造成之「內在整合」（inner integration），有助於資本主義之發展。

爲了闡明非西方社會因何「不發生」資本主義，韋伯在《中國的宗教：儒家與道教》一書中，從「物質」與「精神」兩個範疇，雙管齊下，探討其原因。在「物質」範疇上，他從五個具體因素來逐一分析，包括貨幣制、城市與基爾特、家產制國家與科層政治、親屬組織以及法律。韋伯指出：整個來說，這些結構因素雖然不利於資本主義之發展；但是，傳統中國也有許多利於資本主義發展的結構因素，如無身分繼承、自由遷移等。因此，他以爲「結構因素」的影響是沒有決定性的。換言之，傳統中國之所以

「不發生」資本主義，必須從「物質」或社會「結構」以外的因素去找。韋伯判定這是由於儒家文化缺乏資本主義所必要的一種「特殊的心態」（particular mentality），等於是說中國文化與現代化是不相合的，或中國文化是中國現代化的阻礙。

東亞經濟奇蹟之謎

韋伯對中國社會結構及儒家倫理的解釋，已經成為西方社會科學界分析中國的重要典範，影響西方學術界的主流思想超過半個世紀。然而，到了一九七〇年代，韋伯的儒家倫理觀點卻受到一個「巨大的經驗現象」的挑戰。當時許多社會及經濟學家都注意到：從二次大戰之後，幾個東亞地區的社會都有「生猛驚人的經濟發展」，包括日本、台灣、南韓、香港與新加坡。這些東亞社會都深受儒家文化的影響，在過去三十年中的經濟發展則被稱作是「東亞經濟奇蹟」。

金耀基的這篇論文引發許多學者探討儒家思想與東亞奇蹟的興趣，國內外學術界還因此開了好幾次相關的研討會。在那個時代，我直覺地以為：儒家思想如果對經濟發展會產生任何影響，它必然是透過人的社會行為而發生作用的。要澄清儒家思想和經濟發展之間的關聯，就要落實到社會行動的層次，從行為科學的角度來加以分析。因此下定決心，向國科會申請出國進修補助，從一九八五年九月起，到美國密西根大學中國研究

中心，閉門苦讀，並利用密大圖書館內有關中國研究的庋藏資料，撰成《儒家思想與東亞現代化》一書，在一九八八年出版。寫完這本書的時候，我知道我已掌握了中華文化的核心。撰寫本書的同時，我先後完成一系列有關華人價值觀、正義觀、道德判斷、社會行為、家族企業等方面論文，陸續在國內外學術刊物上發表，並開始構思一本有關韓非子組織理論的專書。

法家的組織理論

我開始注意到法家思想，淵源甚早。在夏威夷大學求學期間，我曾經做過「馬基維利主義」的實徵研究，寫過一篇論文，題為〈馬基維利主義對中、美大學生的意義與測量〉，登在一九七六年的《社會心理學刊》上。當時讀到許多西方學者研究「馬基維利主義」的作品，很為韓非子這位「東方馬基維利」在台灣學術界所遭受到的冷漠，感到抱屈。回國任教，我曾在心理系講授「組織心理學」，要求學生閱讀韓非作品，撰寫心得報告。一九九一年出版《王者之道》，討論法家理論在現代華人企業組織中的應用。

根據我在這本書中的分析，對於個人生命的安頓而言，儒、法兩家思想有互補的作用。儒家的「仁、義、禮」倫理適用於家庭之中，法家以「法、術、勢」作為核心的組織理論，則適用於工作場合。甚至是在工作導向的企業組織之中，儒、法兩家思想也具有互補的作用：跟工作有關之事，應強調法家思想；跟工作無關的人際關係安排，則不妨輔之以儒家思想。儒家文化傳統中為家庭而努力打拚的成就動機，和法家思想中所蘊涵的形式理性，構成所謂「華人資本主義精神」。在我所寫的英文論文〈道及儒家思想的轉化力量〉中，我用「火車」的比喻，來說明東亞國家經濟發展快速的成因：源自西方的科技像是「火車頭」；源自儒家文化傳統的工作動機，像是推動火車前進的「蒸汽機」；在政府及企業層次制訂蘊涵有高度「形式理性」的管理制度，則像是火車的「軌道」，三個因素的結合，讓東亞國家的經濟能夠快速而且平穩地往前發展。

從一九八〇年代末期，到一九九〇年年代初期，當時東南亞許多國家對「東亞四小龍」的經濟奇蹟充滿了好奇心，亟欲起而效法，我受到中國生產力組織總經理石滋宜的推介，在亞洲生產力組織的安排之下，到亞洲各地四處演講，宣揚我對台灣經濟發展經驗的解釋。

社會科學本土化運動

一九九三年是我學術生涯出現最大轉折的一年，我的專業是社會心理學，不是科學哲學。在國外修習博士課程的時候，對科學哲學只有十分浮泛的了解。從一九八〇年代初期參與楊國樞教授所領導的「社會科學本土化運動」，發現遵循西方各種不同學術研

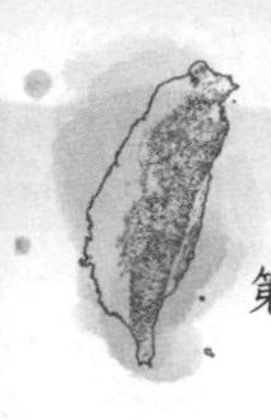

究典範的學者之間，不斷發生強烈的學術爭議，我才開始思考科學哲學與學術研究之間的關聯，並正式對此一領域有所涉獵。

一九九三年夏天，我獲得行政院國家科學委員會的資助，再度前往夏威夷東西文化中心從事爲期一年的研究。在這段期間，我一面閱讀相關書籍，摸清楚西方科學哲學發展的來龍去脈，一面撰寫《知識與行動》，企圖回答兩個關鍵性的學術性問題：（一）西方的社會科學，尤其是社會心理學，傳入華人社會之後，爲什麼會長期處於低度發展的狀態？我們應當如何擺脫這種狀態？（二）如何從社會心理學的角度，發展出一個整全式的概念架構，來詮釋中華文化傳統，將華人的社會科學，尤其是社會心理學，奠立在一個堅實的基礎之上。

對中西哲學稍有涉獵的人大多明瞭：西洋哲學關切的主要問題是「知識」，他們據此而發展出近代的科學；中國哲學在本質上是一種「實踐哲學」，它的主要關懷是「行動」的智慧。因此，《知識與行動》這本書的內容分爲兩部分，前四章旨在說明：當西方科學哲學的主流思想由邏輯實證論演變成爲進化認識論之後，西方心理學的研究典範也隨著發生重大的變化。第五章說明我如何以後實證主義的觀點建構〈人情與面子〉的理論模式；其後四章說明我如何以此一理論模式爲基礎，用「結構主義」的方法，從社會心理學的角度，分析「道、儒、法、兵」的文化傳統，希望爲未來的本土社會科學研究提供一個堅實的基礎。

四、對「民粹主義」的挑戰

在撰寫《知識與行動》的期間，我同時注意到：李登輝就任總統之後，爲了應付民進黨的挑戰，也爲了排除國民黨內「非主流」的反李勢力，於是致力於推動國民黨的「台灣化」、「本土化」，希望藉此改變國民黨的體質，並厚植「主流派」的權力基礎。在由中央到地方的歷次選舉中，國民黨不惜提名大批由地方派系及企業財團所支持的人士出任候選人。這些人平常跟地方上的黑道、角頭便有往來，在選舉期間，往往透過地方上的「樁腳」系統，耗費鉅額金錢買票，出任公職之後，再利用包攬工程、特權貸款、炒作土地、關說採購等等方法，來「撈回老本」，造成政治風氣的急遽惡化。

《民粹亡台論》

因此我決定撰寫一本《民粹亡台論》，以我對儒家文化傳統和現代理性組織的研究爲基礎，表達我對時局的憂心。在這本書的第一章中，我介紹了〈人情與面子〉的理論

模式，以及我對儒家「庶人倫理」的分析，企圖說明李登輝「黑金政治」的社會心理基礎。

儒家文化傳統中的「庶人倫理」講究「尊尊法則」，認爲在社會交往的過程中，應當由居高位的人來做出決策；法家的文化傳統又強調「生法者君也」，認爲掌握權力的統治者，可以運用法律來操縱人民，自己卻可以置身於法律之外。

在台灣社會邁向民主化的過程中，這樣的文化傳統和民主選舉互相結合，許多政治人物經常以自己在選舉過程中所得選票的多少，來評估個人權力的「大小」，得到選票愈多的人就愈「大」，就可以爲所欲爲。在各級公職人員選舉中當選的人，往往以爲：獲得了選民的支持，便成爲人民的「精粹」，便可以不受法律的束縛。他們經常用「人情法則」來擴大自己的人際關係網，來向行政機構進行「人情關說」，而其終極目的，則是在攫取各種社會資源，來鞏固自己家族的利益。結果在台灣的民主政治也一步步異化成爲「金權治國、黑道治縣」的民粹政治。

一九九五年，《民粹亡台論》出版，當時正是李登輝政治聲勢如日中天的時候。這本書出版後銷路十分暢旺，每月都要重刷一次，連續達十二個月。當時我有一位朋友在國民黨中央黨部工作，他告訴我：國民黨內部曾針對這本書討論對策，李登輝的決定是：「不理他！」

聽到這樁故事，我不禁廢然長嘆：在《民粹亡台論》中，我曾引述韓非子的〈亡徵篇〉，說明李登輝時代種種光怪陸離的現象，可以說是國民黨甚至整個台灣的「亡徵」。當然，領導者沒有危機意識，組織中出現「亡徵」，組織也不一定立刻就瓦解。用韓非子的話來說：「亡徵者，非曰必亡，言其可亡也。：木之折也必通蠹，牆之壞也必通隙，然木雖蠹，無疾風不折；牆雖隙，無大雨不壞」，一旦遇上狂風驟雨，危機一來，便可能如摧枯拉朽，木折牆倒，土崩瓦解！我話已說得這麼清楚，李登輝竟然忠言逆耳，相應不理，那就只有走著瞧，等待歷史的裁判。到了二〇〇〇年的總統大選，國民黨果然喪失掉政權，台灣也經歷到第一次的政黨輪替。

科學哲學的引介

在撰寫《知識與行動》和《民粹亡台論》的過程中，我同時參與了「社會科學本土化運動」，強烈感受到台灣學術界盲目崇拜美國價值理念對社會所造成的負面後果。

在西方國家中，科學哲學和各門學科之發展，存有一種互爲體用的關係。各門學科的發展，變成科學哲學反思的題材；科學哲學的發展又能回過頭來，促進各門學科的發展。然而，邊陲國家的留學生到國外留學的時候，往往是以「完成學業」或「獲取學位」作爲首要目的。他們找到指導教授之後，通常都會依循教授的研究典範，在特定的

領域內，做類似的研究。大家最關心的是：學一套有效的研究方法，找一個相關的研究題目，趕快把論文完成。在這種「實用取向」的心態影響之下，大家所關心的是一套「研究方法」，而不是鑽研其背後的「方法論」；他們只想學各種不同的「科學」，卻不想深究作爲「科學」之基礎的「科學哲學」。

這種盲目套用西方典範的研究方式，很可能使學者從事研究工作的時候，喪失掉創造的原動力。許多學者在完成學業、進入學術界服務後，通常都是承續他早年所學的研究典範，在相關的領域中找題目，繼續從事研究。由於對科學哲學只有片面的了解，他很難改弦易轍，採用其他的研究典範。長期盲目移植西方學術研究典範的結果，造成了科學研究的低度發展。我們沒有發展任何夠份量的科學哲學，在社會科學的各個領域裡，也無法建立具有文化主體性的科學史，許多學科領域的發展只能說是「摸著石頭過河」，走一步，算一步。

要突破這種困境，唯一方法便是「從根做起」，撰寫一本書，有系統地介紹西方科學哲學的主流發展，作爲研究生養成教育的教材，讓他們能夠掌握住西方人從事學術研究的那種精神意索，能夠對西方理論進行批判，同時又能夠建構適用於本土社會的理論，以之作爲實徵研究的指引。於是我下定決心，用了將近十年的時間，撰成《社會科學的理路》，在二〇〇一年出版，有系統地介紹二十世紀中，十七位主要科學哲學家的生平和他們的學術思想。

「自我殖民」的學術界

在社會實踐方面，我也深刻地體會到：台灣學術界因爲在心態上被自我殖民，盲目移植西方價值觀，對社會可能造成的重大危害。在國民黨一黨獨大的時代，台灣所有的在野勢力集結成「黨外」力量，以爭取民主、自由、人權等西方價值理念爲口號，和國民黨周旋。一九八七年，國民黨在客觀形勢的逼迫之下，不得不宣布解除戒嚴，並開放黨禁。一時之間，各種不同性質的社會運動風起雲湧，整個台灣社會也呈現出「百家齊鳴，百花齊放」的態勢。

這林林總總的社會運動似乎構成了台灣社會「進步」的動力。可是，假如我們仔細檢視每一個社會運動的來龍去脈，我們可以發現：許多重要社會運動的領導人是受過西方教育的知識份子，他們對源自西方的專業知識或許有某種程度的了解，對於自身的文化傳統卻僅有浮泛的常識。他們就像五四時期的知識份子一樣，傾向於用「單向度的思考」來理解複雜的社會問題，急切地想把西方「進步的」價值和制度硬套到本土社會，結果不僅沒有解決本土社會的問題，反倒製造出更多問題。

其中最典型的一個例子，是李遠哲帶頭搞的「教育改革」運動。早在戒嚴時期，許

多自命爲「自由派」的知識份子，已經對師範體系所主導的台灣教育體制感到不滿，認爲他們是「黨國教育體制」的幫兇。解嚴之後，這些「自由派」的知識份子互相串聯，在一九九四年發動了一場大規模的「教改」大遊行，喊出「廣設高中大學」、「消滅明星高中」、「打倒升學主義」等等的美麗口號，造成極大的聲勢。

一九九四年元月，李登輝總統邀請諾貝爾化學獎得主李遠哲回國，出任中央研究院院長。當時李登輝原本有意要清除國民黨教育中的「大中國意識」，所謂「自由派」知識份子便拱李遠哲出來，當「教改」運動的領頭羊，而在李登輝的默許下，推動了一系列轟轟烈烈的教育改革行動。

教改集團所推動的重大改革之一，是「廣設高中大學」。世界先進國家通常是每一百萬人口設置一所大學，學生大約一萬名。教改之前，台灣兩千三百萬人口有二十餘所大學，原本十分正常。教改啓動之後，教改集團不斷鼓吹，要以「市場自由競爭」的方法來「廣設高中大學」、「打破升學窄門」，教育部不但新設立了許多大學，原本的專科學校、技術學院也紛紛辦理升格，短短十年之間，大專院校增加爲一百六十餘所，台灣也成爲全世界大學密度最高的地方！

到了二○○三年，在一次學術研討會上，我開始注意到由李遠哲帶領的「教育改革」對台灣社會造成的負面影響，經過審慎的評估後，我認爲：由李遠哲和教改集團推動的「教育改革」，將會對我們的後代造成無窮的禍害，所以和一些教育界的朋友，聯名發表「教改萬言書」，並成立「重建教育連線」，出版一系列的著作，嚴厲批判「教改」的荒謬性。

「民粹政治」的危害

我們對於教改的批判，引起了社會的廣大迴響。可是，因爲李遠哲是二〇〇〇年大選時出面挺扁的「國政顧問團」召集人，扁政府對於我們的批判是「虛與委蛇，低調處理」。問題拖延至今，幾乎所有的高中生都可以進入大學，大學變成了各類青年的「收容所」，教育的品質愈來愈差，近年來，在「少子化」的趨勢下，許多新設立的大學更因爲招收不到學生，而面臨關門的危機。

我在推動「反思教改」時，深刻體會到「民粹政治」對台灣社會的危害。二〇〇四年總統大選時發生的槍擊案件，更使我對台灣即將面臨的危機產生了「切身感」。在總統大選過後的四月十六日下午，中央研究院中國文哲所研究員李明輝、中正大學中文系教授謝大寧和時任東吳大學物理系副教授的郭中一等人，約我在中正紀念堂樓下的咖啡廳見面，商討籌組一個論政團體，我立刻毫不猶豫地一口答應，並針對台灣「民粹政治」的特色，根據我推動「反思教改」的經驗，設計出「民主行動聯盟」未來活動的方

向。

建立「道尊於勢」的傳統

陳水扁當選總統之後，台灣社會分裂成為藍、綠兩極對立，政治局勢動盪不安，支持連宋的群眾運動瓦解之後，民主行動聯盟鍥而不捨地推動「反六一〇八億軍購運動」，在台北發動數萬人的「反軍購，愛台灣」遊行，並在凱達格蘭大道上舉辦規模盛大的音樂晚會，穩住藍軍士氣，直到二〇〇四年十二月的立法委員選舉，泛藍以過半數的一一三席贏過泛綠的一〇一席，政局才暫時宣告穩定。

民主行動聯盟深入反思李登輝執政之後的台灣政治，認為：「民粹政治」的主要特色之一，就是「反智」。因此，要破除「民粹主義」對於台灣社會的危害，一定要建立「道尊於勢」的傳統，讓民眾普遍認定：知識應當是權力的基礎，知識比權力更重要。民盟是一個學者組成的團體，既無金錢，又無權勢，唯一可以憑藉的力量就是知識。

我十分相信理性的力量，並一再堅持：如果我們不能說服自己，就一定不能說服別人，因此，民盟對自己所推動的每一項社會運動，包括「反軍購」、「反修憲」、「反貪倒扁」等等，不是出專書，就是出小冊子，希望我們所推動的每項運動能夠在理念上立於不敗之地。

以學術作爲志業，主要是想以「理論理性」來解決我所認同的群體所遭逢的各項問題。二〇〇四年之後，積極參與社會運動，則是以「實踐理性」將「理論理性」思考的結論付諸行動。促使我做這種轉向的主要原因是很「儒家」的：自己既然能夠預言「民粹亡台」，目前又有一百多萬台商在大陸，如果聽憑政客玩弄「民粹」，萬一兩岸發生戰爭，他們的子女便很可能遭到和我一樣的命運。作爲知識份子，只能「坐而言」，不能「起而行」，那眞的是「讀聖賢書，所學何事」？

《反分裂國家法》的限制

二〇〇五年三月十四日，中共全國人民代表大會通過《反分裂國家法》，其中第八條：「『台獨』分裂勢力以任何名義、任何方式造成台灣從中國分裂出去的事實，或者發生將會導致台灣從中國分裂出去的事實，或者發生將會導致台灣從中國分裂出去的重大事變，或者和平統一的可能性完全喪失，國家得採取非和平方式及其他必要措施，捍衛國家主權和領土完整。」

《反分裂國家法》明言：不放棄以武力對付台獨，引起了民進黨政府的強烈反彈。他們藉此在三月二十六日發動數十萬群衆上街遊行，企圖挑激起反中國的情緒。不料一向強烈支持台獨的著名企業家奇美公司董事長許文龍卻發表「退休感言」，認爲台灣和

大陸同屬一個中國，並肯定《反分裂國家法》，使民進黨反中國的氣勢受到重大挫敗。

《反分裂國家法》出台之後，我一直在思考台灣各政黨對兩岸關係所提出的各種主張，包括「一中各表」、「兩岸一中」、「一中兩制」、「一國兩府」、「一中屋頂」、「憲法一中」等等。我所關注的問題，不只是：爲什麼這許多主張不能爲兩岸當局普遍接受，而且是：在《反分裂國家法》的限制之下，如何爲台灣的未來找到出路？

乍看之下，《反分裂國家法》不惜以「非和平」手段對付台獨，然而，仔細思考《反分裂國家法》的條文內容，它其實也提供了許多雙方談判的空間。在思考這些問題時，施明德提出的「歐盟模式」，許信良的「一中歐盟化」，以及我在《民粹亡台論》一書中所提到的歐洲聯盟發展經驗，都成爲我試圖解開兩岸困局的重要思想線索。

「一中兩憲」的主張

孟子說：「困於心、衡於慮，而後作」，在思考這些問題時，二〇〇五年八月中旬，有一天清晨游泳時，正在思考阿扁在修憲問題上所下的功夫，以及中共所反對的「法理台獨」，突然想到：「憲法」既然是兩岸爭議的焦點，則「一中兩憲」很可能是解決兩岸問題的關鍵。游泳完畢之後，立即綜和這段期間的思考，撰寫一篇文章，題爲〈一中兩憲，歐盟經驗〉，刊登在二〇〇五年八月十七日《聯合報》的「民意論壇」之上。

〈一中兩憲，歐盟經驗〉刊出之後，獲得了極大的迴響。許多關心兩岸問題的朋友紛紛打電話給我，認爲：截至目前爲止，各方人馬所提出解決兩岸問題的各種方案中，這是理論性最強的一個，也是最可能解開兩岸僵局的一個方案。我受到這許多鼓勵，立刻動心起念，決定綜合過去所收集的資料，撰寫成一本書，題爲《一中兩憲：兩岸和平的起點》。所謂「一中兩憲」是指：中共在大陸實施一部「中華人民共和國憲法」，台灣則在台澎金馬地區實施「中華民國憲法」，兩部憲法各有其有效統治範疇，卻都建立在「一個中國」的原則之上。由於任何一個政治實體都是以憲法制定的，只要堅持「一中兩憲」的立場，雙方便可以對等政治實體的立場展開談判，不僅可以建構兩岸間穩定的和平關係，而且可以讓台灣參與國際社會。

三種立場的比較

倘若我們把吳濁流筆下的胡太明看做是日據時期漢人知識份子的「原型」，而稱之爲「亞細亞孤兒」，則彭明敏、李登輝和我，都應當算是「後亞細亞孤兒世代」。我們的父親那一代以及我們自身，都曾經受到日本殖民統治的深遠影響；台灣光復後又因爲國民政府的負面作爲，以及戰後兩岸長時期的冷戰對峙，而對「台灣」和「中國」產生

「雙重認同」的困擾。

我們三個人都曾經受過西方的高等教育，都想用西方社會科學的知識，根本解決台灣人民「雙重認同」的危機。然而，由於我們生命際遇的不同，我們對台灣的歷史處境有不同的理解，我們對解決台灣人民認同問題所提出的解決方案也不同。彭明敏是社會運動家，他對於台灣人的認同問題採取「建構論」的立場，因而根據自己的政治理想，提倡「建構台灣命運共同體」、「打造新國家」。李登輝是政治人物，他雖然也採取「建構論」的立場，並且致力於建構新的「台灣認同」，可是，基於政治現實的考量，他不得不跟現實妥協，並將基本教義派的台獨理論修正成為所謂的「B型台獨」。

而我是一個純粹的學術研究工作者。我早年的生命經歷使我對政治懷有一種莫名的恐懼感，我也因此沒有擔任過任何行政工作。我一直刻意用一種清冷的批判意識來分析發生在我周遭的事件，對於各種不同的政治主張都會因爲同情而抱持相當的敬意。

對於認同問題，我是個現實主義的「制度論」者，認爲政治家最重要的職責，就是採取積極主動的作爲，設計最好的政治制度，爲人民謀求幸福。我非常了解：從民國初年五四運動發生以來，「民主」和「科學」在華人社會中已經取得極高的價值位階。可是，基於我對儒家文化傳統的研究，以及我對台灣社會的長期觀察，對於西方式民主選舉移植到東亞社會所造成的後遺症，包括：金權政治、特殊利益團體、兩極化的媒體、以及意識形態的對立等等，我也知之甚詳，所以我才會出版《民粹亡台論》。

任何一個社會的歷史發展都不可能走回頭路。從一九九六年台灣舉行第一次總統直接民選之後，台灣人民已經取得「認同／不認同」中國的權利。雖然不論執政黨或在野黨都同意：「獨立」是台灣人民的選項，但台灣人民也必須為他們的選擇承擔一切的後果。面對這樣的客觀現實，我們這些「後亞細亞孤兒世代」的使命，就是擘劃出和平解決兩岸問題的最佳方案，供下一代的台灣人民選擇。在我看來，「一中兩憲」就是這樣的一個方案。在本書第八章我將對這個方案做進一步的闡釋。

第六章

自我封閉的民進黨

「一中兩憲」是考量有關台灣地位的各種主張，包括「台灣前途未定論」、「特殊國與國關係」，並衡量國內外客觀情勢中後，辯證性地發展出來的。其中，我最重視的是民進黨的主張，以及兩岸間的政治現實。

一、〈台灣前途決議文〉

民進黨曾經在一九九九年通過一項〈台灣前途決議文〉，其中第一項「主張」是：「台灣是一主權獨立國家，任何有關獨立現狀的更動，必須經由台灣全體住民以公民投票的方式決定。」在其「說明」中，又進一步闡述：「台灣是一主權獨立國家，其主權領域僅及於台澎金馬與其附屬島嶼，以及符合國際法規定之領海與鄰接水域。台灣，固然依目前憲法稱爲中華民國，但與中華人民共和國互不隸屬，任何有關獨立現狀的更動，都必須經由台灣全體住民以公民投票的方式決定。」

台灣主權的「虛」與「實」

然而，依目前憲法稱爲「中華民國」的「台灣」是不是一個「主權獨立的國家」

呢？政治學上的「主權」可以從「實質主權」和「國際承認」兩方面來看。「實質主權」又稱為「管轄權」，它是以有效統治作為國家存在之要件，包括：用民主合法的程序取得政權，行政命令之執行，擁有司法審判權，保有自己的關稅，發行本身的錢幣，對外簽訂條約等。就這個層面而言，中華民國在台澎金馬當然擁有實質主權。

然而，一個國家還必須得到國際承認，才算是一個正常國家。因此，要精準地回答前述問題，台灣必須把握「一中各表，內外有別」的原則，分別確定自己的地位。目前國際上承認中華人民共和國的國家有一七二個，承認中華民國的國家只有二十二個。對於承認中華民國的國家而言，台灣確實是「名符其實」的主權獨立國家。

然而，國際上還有更多國家承認中華人民共和國，卻不承認台灣。譬如，二〇〇三年十月二十五日，美國國務卿鮑爾在北京明確表示：「台灣不享有一個國家的主權」，「美國不支持台灣獨立」。對於包括美國在內這些不承認我們的國家，台灣即使自我否定，他們也不可能改變態度。因此，不論對方是否承認「中華民國」，我們都應當堅持自己主權國家的地位。

兩岸間的「政治現實」

然而，這樣的主權宣稱畢竟是「虛」的。更清楚地說，自從一九四九年國民政府撤退到台灣之後，海峽兩岸便在其有效統治領域之內分別各自實施一部憲法，也各有一個「中華民國政府」及「中華人民共和國政府」，兩個政府之間並沒有簽訂任何的和平協定。台灣在國際公法上的地位，是一個「處於內戰局面的既定事實的政府」，是一個有限制地位的政府。它雖然能夠與外國簽署條約，並履行若干的國際責任和義務，也能夠在它有效控制的領土上承擔一般國家的任務，但並不是一個正常的國家。

儘管「中華人民共和國」已經因爲聯合國二七五八號決議的生效，而在一九七一年取代「中華民國」在聯合國中的席位；儘管「中華人民共和國」已得到大多數國家的承認；從國家「主權」的定義來看，「中華人民共和國」也不是一個正常的國家。針對這一點，我非常欣賞上海台灣研究所所長余新天在《中國評論》〇九年三月號上發表的大作〈擴大台灣國際空間問題的思考〉。他說：世界上還有二十二個國家承認「中華民國」。即使「中華民國」喪失了所有的「邦交國」，只要台灣還有「獨立」的可能，只要和平統一還未實現，中華人民共和國的主權完整就無法完全實現。只有兩岸共同努力，加強合作，才能共享中國主權的光榮與尊嚴。

孔子說：「名不正則言不順，言不順則事不成」，今天兩岸關係的癥結不僅在於「實」，而且在於「名」；不僅在於「正視現實」，而且在於如何使兩岸關係「名符其實」，讓兩岸互動可以「名正言順」。

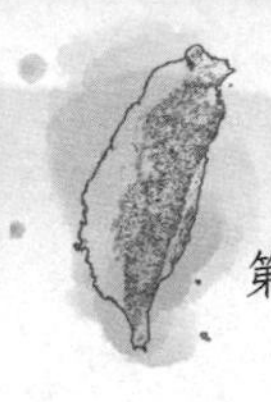

二、「中國」的意義

在〈台灣前途決議文〉中，民進黨主張：「台灣，固然依目前憲法稱為中華民國，但與中華人民共和國互不隸屬」，但並未仔細定義「中國」的意義，也沒有說清楚台灣和「中國」之間的關係。

在國際政治現實中，「中國」指的是「中華人民共和國」，這是衆所周知的事實。然而，無可否認的是：在一九四九年國民政府撤退到台灣之前，「中國」在國際上曾經一度是指「中華民國」；甚至到一九七一年十月二十五日，「中華民國」被排出聯合國之前，仍是如此。

在歷史上，「中國」這個概念出現甚早，它源自西元前兩千多年的夏朝。「華夏」一詞始見於《尚書》：「華夏蠻貊，罔不率俾」；《左傳》記孔子之言：「裔不謀夏，夷不亂華」。《左傳注疏》中解釋：「中國有禮儀之大，故稱夏；有服章之美，謂之華」；《說文》解釋：「夏，中國之人也」。華夏居中而四周為蠻夷，故夏人自稱「中國」，即「中土之國」。

從這個意義來看，「中國」並不是政治的概念，而是文化的，或是地理的概念。在「中華民國」或「中華人民共和國」成立之前，「中國」早已存在。

「一中新三段論」

二〇〇〇年八月二十四日，中共副總理錢其琛會見聯合報系訪問團時，首次公開提出「一個中國原則」的「新三段」詮釋，即「世界上只有一個中國、大陸與台灣同屬一個中國、中國的主權與領土不容分割」，並強調「一個中國是兩岸能夠接受的最大共同點」。在此之前，中共對於「一個中國原則」的傳統表述方式是：「世界上只有一個中國」，「台灣是中國的一部分、中國的主權與領土不容分割」。兩者相較，中共的態度已呈現出較大的彈性，並給予雙方較大的迴旋空間。

〇二年三月五日，中共總理朱鎔基在「人大」第五次會議開幕的工作報告中，首次將「一個中國」的「新三段論」納入「政府工作報告」。這是「一中新三段論」首度出現於政府的報告。〇二年九月十三日，中共外長唐家璇在第五十七屆聯合國大會演講時，說：「世界上只有一個中國，大陸和台灣同屬一個中國，中國的主權和領土完整不容分割。實現國家統一，是我們堅定不移的立場和不懈奮鬥的目標」。這是中共第一次在國際場合宣稱「大陸與台灣同屬一中國」，而非「台灣是中國的一部分」。「一中新三段論」讓兩岸關係有了新的詮釋：自從一九四九年國民政府撤退到台灣之後，號稱「中國」的疆土已經分裂成「中華民國」和「中華人民共和國」。他們雖然都承認「一個中國」原則，但這個「中國」既不等於「中華民國」，也不等於「中華人民共和國」，而是既包含台灣的「中華民國」，也包含大陸的「中華人民共和國」。在中共看來，這可以說是對台灣當局的一種讓步。

《反分裂國家法》的吊詭

然而，民進黨政府對這樣的「讓步」並不領情。陳水扁上台之初，雖然公開宣布「四不一沒有」的兩岸政策，並接受《國統綱領》的主張：「台灣與大陸都是中國一部分」，表現出柔軟身段，其實他是要延續李登輝「兩國論」的路線，實踐「法理台獨」的既定方針。他的構想是：民進黨取得政權後，先以修改法律的方式，逐步完成政府體制的「去中國化」，然後再以「公投制憲」，將「中華民國」的領土範圍限縮於台澎金馬，使「中華民國」徹底台灣化，造成海峽兩岸「一邊一國」的事實，由蔣介石時代的「中華民國到台灣」，演變成李登輝時代的「中華民國在台灣」，再躍進為陳水扁時代的「中華民國是台灣」，然後再設法爭取國際承認。

〇四年陳水扁在「兩顆子彈」的疑雲中，以些微差距連任總統。開始以動員群眾的方式，一波一波推動「正名制憲，法理台獨」的大政方針，不僅在台灣內部造成尖銳的藍、綠對立，而且把美、中、台關係搞得緊張萬分。〇六年三月十四日，中共公布《反分裂國家法》，其中第八條（內容見本書第五章）顯示出中共「不惜一戰」的決心。

即使是在如此緊張狀態中出爐的《反分裂國家法》中，第二條也不忘重申「一中新三段論」：「世界上只有一個中國，大陸和台灣同屬一個中國，中國的主權和領土完整不容分割」。「台灣是中國的一部分。國家絕不允許『台獨』分裂勢力以任何名義、任何方式把台灣從中國分裂出去。」

更清楚地說，今天台灣不論是哪一個政黨執政，如果修改「中華民國憲法」中有關國號、國旗、和領土的規定，而走上「法理台獨」的道路，中共便必須啓動《反分裂國家法》。這等於是說，中共不惜用「非和平方式」來保障以「中華民國憲法」所界定之政治實體的存在。換言之，《反分裂國家法》對台灣是一個威脅，同時也是一個機會。從一九四九年國民政府撤守台灣之後，大陸內部便有一部分主張：中華民國已經滅亡。《反分裂國家法》卻迫使中共不得不正視「中華民國」的存在。台灣正可以藉此在兩岸關係中找到自己的合理定位和迴旋空間。

三、李登輝的迷惘

在構思《一中兩憲：兩岸和平的起點》這本書的時候，我很訝異地發現：李登輝對於兩岸關係的安排，也曾經有過跟我類似的主張。一九六六年，中華民國參與亞洲開發銀行，爲創會會員國。然而在中共不斷要求下，一九八五年十一月二十六日，亞銀擅自將台灣會籍名稱由「中華民國」（Republic of China）改爲「中國台北」（Taipei, China），因此台灣連續兩年拒絕參與亞銀年會，當時台灣代表「亞銀理事」張繼正雖然提出書面抗議，但並沒有選擇退出。目前大陸的名稱是「中國」（China），台灣在亞銀的會籍名稱則是「中國台北」（Taipei, China）。

李登輝執政期間，曾數度想用捐款給亞銀的方式，要求亞銀拿掉「中國台北」（Taipei, China）中間那個逗點，而改爲「台北中國」（Taipei China）。但始終未能成功。如果他的努力成功了，則他對台灣在兩岸關係中的自我定位和我的主張是完全相同的。然而，他並沒有繼續往這方面思考，也沒有提出任何理論，說明兩岸應當如何以平等的立場，簽訂和平協定，作爲雙方關係和平發展的基礎。相反的，他相信必須要藉助美、日的力量，才能保全台灣的「主體性」，結果竟步上日本軍國主義的後塵，提出了「支解中國」的「七塊論」。

李登輝的歷史定位

我在一九九五年出版《民粹亡台論》後，便很注意李登輝思想的走向。○七年，李登輝公開要台聯走「中間偏左」路線，台聯黨員卻不清楚什麼是「中間偏左」，我已經察覺到：李登輝路線走不下去了。立委選舉前，看到李登輝在台聯拍攝的競選廣告中，表情嚴肅地問：「我是誰？」內心感觸更深，因此透過管道，希望能和李先生會面，但卻始終沒有下文。事隔一年多，突然接到李登輝辦公室的邀約，於○八年三月七日到翠山莊官邸和他單獨談了兩個小時。

在台灣政壇上，李登輝是少數極富學術氣質的一位領袖。我在見面時，呈送他一本最近出版的《台灣意識的黃昏》，他則回贈我《最高指導者的條件》、《細道之奧：誠實自然》、以及柯義耕（Richard C. Kagan）的英文著作《台灣的政治家：李登輝和亞洲的民主》。談話也始終圍繞兩個主軸：李登輝的歷史定位和台灣未來的走向。

立委選舉前，李登輝公開宣稱：「我不是台獨，我也不主張台獨」，引起深綠人士的不滿，有人甚至批評他是「投機份子」。其實李登輝不是投機，他是不斷用黑格爾式的「否定辯證思考」，在思索「不是我的我」，在找尋台灣的出路。

在《台灣意識的黃昏》中，我指出：李登輝主政時期主張的「特殊國與國關係」，並不是台獨。如果是台獨，就應當說是「一般國與國關係」。「特殊國與國關係」的概念，源自台大政治系教授張亞中所提的「一中兩國論」，其理論基礎是「德國模式」，不是「台獨模式」。

一九九八年國安局的研究報告，拆除掉「一中屋頂」，又將這個概念從張教授的理論脈絡中抽離出來；一九九九年七月，李前總統會見德國記者時，提出兩岸間是「特殊國與國關係」，立刻被外界曲解成「兩國論」。當時李總統的外交幕僚沒用張教授的理論來加以澄清，結果便形成歷史的錯置，讓兩岸關係陷入僵局。

鑑於「一中兩國」遭到的困難，我刻意以「歐盟模式」爲基礎，主張「一中兩憲」，並在拜會李前總統之前，託人將《一中兩憲》和《挑戰天王》兩本相關著作致送給他。李登輝表示：他也一直在思考如何以歐盟經驗解決兩岸問題。他在擔任總統之初，便宣布停止動員戡亂，並成立大陸委員會、海峽交流基金會，以後又成立國統會，制定國家統一綱領，希望海峽兩岸能夠維持和平與安定的狀態。「可惜繼任者不了解我這樣佈局的用心，很多東西都亂掉了。」

依照「一中兩憲」的構想，未來兩岸關係的發展，必然是長期磨合的過程。我特別強調：「兩岸之間要簽訂和平協定，必須堅持對等的立場，用『台北中國』和『北京中國』，不能像『香港，中國』那樣，用『台北，中國』。『台北中國』是指『台北的中國』；『台北，中國』就變成『中國的台北』。一個逗點，相差十萬八千里。」

李登輝也同意這樣的論點。然則，誰能主導兩岸關係的發展？李登輝打開他的日文著作《最高指導者的條件》，逐一說明國家領導人必須具備的特質，包括誠實、忍耐、大局觀、堅強的領導等。他批評當前台灣的政治領袖因為不具備這些特質，讓台灣喪失國家目標。

我順勢指出：《台灣意識的黃昏》第一章便在討論「後統獨時代台灣的國家目標」。在國界逐漸消失的全球化時代，台灣的政治領袖必須提倡「台灣精神」，讓台灣人民能夠「走出去」，「迎向未來」；而不是採取「鎖國政策」，用「台灣意識」把台灣人民困在這個海島上，成天看政治人物搞權力鬥爭。

用黑格爾《精神現象學》來看，「台灣意識」的發展層次較低，是區分「我群/他群」的限制性概念。「台灣精神」卻是開放的概念，任何在台灣成長、而有「台灣意識」的人，都可以憑自己的才能，到世界各地去追求更大的成就，發揚「台灣精神」。

對我的論點，李登輝若有所思。在國民黨一黨獨大時代，以「台灣意識」來動員群眾，解構國民黨的威權統治，或許有其道理。民進黨執政後，台灣已走向民主開放，政

治人物不懂得用「台灣精神」來鼓舞民心士氣，反倒耽迷於操弄「台灣意識」，來謀求個人的政治利益，結果便造成台灣社會的沈淪。

四、日本人的良心

李登輝執政的時候，曾經交了許多日本朋友。這些以「李登輝之友」自命的日本人，絕大多數的政治立場都是旗幟鮮明的右翼保守派。然而，這些人是不是李登輝的「益友」？他們能不能幫助「迷惘中的李登輝」找到台灣的出路？

我想用另外一個日本人的故事來思考這個問題。大江健三郎是一九九四年諾貝爾文學獎得主。他的作品因爲深刻反省二次大戰日本對亞洲發動的侵略戰爭，而被譽爲「日本人的良心」。在過去五年間，他因爲四十年前寫的《沖繩札記》，而捲入一場訴訟官司中。

在《沖繩札記》中，大江健三郎描述了一個故事：一九四五年三月二十七日，美軍登陸渡嘉敷島。當晚，日軍對島上居民發布軍令，要他們到北山的軍營所在地集合，居民於是紛紛往山谷移動。當緊鄰的日軍軍營受到美軍密集砲轟時，來自軍營的人，向村長下達了指令。村長旋即高呼「天皇陛下萬歲」三次，聚集的村民也隨聲附和。手榴彈引爆後，還沒死的人，掐家人的脖子、毆打他們頭，殺死他們。總共三二九人死亡。除此之外，另一個小島座間味的一七七位島民，也以同樣的方式，被強制集體死亡。大江健三郎針對這個事件提出批判，認爲是日本軍隊強制他們集體死亡的。

不料三十幾年後，策劃復興日本國家主義的人士，將這樣的集體死亡美化爲「殉國」，他們發起了一連串的行動，要求日本政府文部省，將島上發生的歷史事實刪除。悲劇發生時在島上負責的日軍守備隊長，以及另外一位已故隊長的遺族，也對大江提出了訴訟。大江健三郎只好「盡全力應戰」。

「天皇陛下萬歲！」

○九年十月初，七十三歲的大江首次應邀來台。在研討會上，他指出：促成他在文學上做出根本反省的力量，主要是一句話。這句話就是「天皇陛下萬歲」！這句話，「對我同輩的人士而言，會直接喚起沉重的記憶；即使是對比較年輕的人來說，透過現代史的閱讀，也應該會帶來沉痛的含義」，「這個具有象徵性的話語，對受到侵略以及被殖民的亞洲人來說，卻是帶來死亡的侵略軍的呼喊。」

大江說，「在我每次閱讀原告和被告爲訴訟準備的書面資料時，這句話都一再撼動

著我」，「在渡嘉敷島強制集體死亡的現場，這句話起了決定性的作用。」

這樣的情景，在他腦海裡種下了恐怖無比的意象。因爲對當時日本山村裡年僅十歲的大江而言，這句話也支配了他的國家觀、社會觀和人類觀。他很坦白承認：「到一九四五年的夏天爲止，如果我也在沖繩強制死亡的現場，毫無疑問地，我會奮勇回應『天皇陛下萬歲』的召喚，把手榴彈朝自己引爆」，「可是後來日本戰敗，在被佔領的狀況下，過了兩年，我卻成爲一個熱愛民主主義《憲法》的年輕人，是相對於國家主義絕對天皇制的另一個極端。」

大江回顧他生存的時代，很清楚地意識到：他是經歷了兩種「時代精神」的人。那麼，在他的文學裡，他如何將這兩種「時代精神」表現出來？

大江說，作爲散文、評論家，他先是以《廣島札記》作爲出發點，試圖掌握全球核武狀況，包括日本人的原爆經驗；然後寫出《沖繩札記》，以沖繩島民在沖繩戰中的受害爲主，探討日本的現代化。這時候，他一貫的立場是民主主義與和平主義。

在寫小說的時候，他努力揣摩小說中每一個角色的心理。經由各方證言的展現，設法敘說出父親世代所奉行的國家主義，也就是高喊「天皇陛下萬歲」而勇敢赴死的思想。「『我』努力回溯這種思想的來源」，「我重新面對日本戰敗時，當自己十歲時的『時代精神』。『我』確切地自覺到，『天皇陛下萬歲』那時的『時代精神』，是自己的一部分。」更清楚地說，大江健三郎是以寫作小說來理解「昨日的我」，同時以散文書寫來肯定他「今日的我」，再以「今日的我」來否定「昨日的我」。用李登輝最喜歡的一句日本話來說，這就是「我是不是我的我」（私は私でない私）。問題是：李登輝所要否定的「昨日之我」，似乎是作爲「中國人的我」，他所要肯定的「今日之我」，很明顯的是作爲「舊日本人的我」。看到大江健三郎以「日本人的良心」否定「舊日本人的我」，他能理解大江健三郎的這種心情嗎？

尋找「未來的希望」

從一九六〇年代開始，大江曾經多次訪問中國；台灣雖然與日本殖民歷史關係更爲密切，他卻在〇九年才首次踏足台灣。在記者會上，他說：「我是一個膽小的人！」「我明白日本人戰時對兩岸做了什麼」，「站在中國人面前，對我來說是很可怕的事！」

《朝日新聞》記者向大江提問兩岸統獨問題，原本語氣溫和的大江，突然提高語調表示：「我最不該講的話，是以日本人的身分，對中國和台灣怎麼走，提出意見！」大江表示：「對於我們這一代日本人而言，兩岸民衆和我們日本人之間沉重和痛苦的過去，以及仍然承受著負面遺產的現在，是一種宿命。但當中也蘊涵了對未來的希望，這也是宿命。」

大江的這一席話，讓我深受感動。我們這一代的台灣人，也就是作爲「後亞細亞孤兒世代」的台灣人，也同樣承受著日本軍國主義的負面遺產，這是我們的宿命。但我們仍然有義務要爲我們的下一代尋找「未來的希望」，這也是我們的宿命。

從青年時代開始，李登輝一生中的政治立場曾經做過許多次的轉變：他參加過共產黨，當過國民黨主席，扶植過民進黨，並曾經一手創立過台聯黨。很多人罵他投機。但是我非常了解，他不是投機。他是在爲台灣的下一代找尋「未來的希望」。如果未來的兩岸關係能以「一中兩憲」的原則，做出合理的安排，李登輝會不會再一次否定他現在的「自我」呢？如果他能夠像大江健三郎一樣，徹底否定他的「昨日之我」，並確實做到「我是不是我的我」，他應當能找到「眞正的我」，他的斯德哥爾摩症候群應當也會豁然而癒吧？

五、陳水扁的「戀屍癖」

令人遺憾的是：二次大戰結束以後，像大江健三郎這樣的日本人在日本始終是少數，日本政壇上的右翼勢力一直主導日本政府的走向。〇九年五月一日上午，日本交流協會駐台代表齊藤正樹，在嘉義中正大學舉辦的「國際關係學會第二屆年會」演講中主張「台灣國際地位未定」，並且一度宣稱發言內容代表日本政府，引發軒然大波。

「台灣地位未定論」的風波

然而，齊藤代表的發言，眞的只是「個人失言」嗎？事實上，日本自與中共建交以來，始終堅持：基於國際法原則，領土主權的歸屬問題只有當事國有權決定，絕非不相干的第三國可以承認或決定。根據《舊金山和約》，日本已經「放棄台灣、澎湖及其附屬島嶼的權利」，所以關於台灣之地位問題，日本已無任何法律立場去「承認」（Recognize）一個已不屬於其領土主權範圍內的領土，是否屬於中華人民共和國。

日本政府在外交上雖承認中華人民共和國代表中國，但在台灣主權問題上，則堅持

一貫立場，認爲應當由聯合國來確認台灣當局對台灣是否擁有控制權，若無聯合國的確認，日本仍主張「台灣地位未定論」。

一九七二年九月二十九日，日本、中共建交後次日，日本外務大臣大平正芳在自民黨兩院議員總會中表示，「有關台灣領土問題，中共方面主張台灣是中華人民共和國不可分割的一部分。對於此一主張，日本方面表示理解與尊重」，「未採取承認的立場」。日方表明「兩國對於此一立場將永遠無法一致。」

時至今日，日本政府此一態度依舊未曾改變。一九九六年四月十日，外務省亞洲局長加藤良三利用在參院亞洲小組委員會中答詢的機會再度重申，依據一九七二年《中日聯合聲明》，日本對中共所主張的「台灣爲中國的一部分」立場，持「理解、尊重」，而非「承認」。

正因爲日本政府對於台灣主權問題的曖昧態度，許多主張台獨的人也因而對「台灣地位未定論」懷有不切實際的幻想。其中最具戲劇性的，是陳水扁向美國軍事法庭提出訴訟的事件。

向美國軍事法庭提訴訟

台灣二次政黨輪替之後，前總統陳水扁因爲涉及多項貪瀆弊案，而於〇九年九月十一日被台北地方法院初審判處「無期徒刑」。九月二十三日，關在台北看守所內的陳水扁，通過「福爾摩沙法理建國會」執行長林志昇召開記者會，強調「流亡中華民國前總統」陳水扁，以本土台灣人身分，向美國華盛頓軍事法庭提出訴訟。

陳水扁在訴訟文中爆料，他在擔任總統期間，曾獲得關於「美國軍事政府」管理台灣的一些知識。他八年任內常常感覺有「神祕力量」在後面運作，要求他必須接受「美國軍事政府」的命令。林志昇在記者會上很明確表示，扁向美尋求救濟，要求「美國軍事政府」應命令馬英九，「停止扁案所有訴訟、恢復扁所有公權力，並廢除其無期徒刑判決。」消息傳出後，台灣輿論大譁，許多電視名嘴紛紛在媒體上交相痛責陳水扁「喪權辱國」；平素挺扁的綠營人士也不敢爲他辯護，只在私底下表示：「阿扁是不是關太久，頭殼壞掉了？」

十月六日，美國軍事上訴法院以「缺乏管轄權」爲由，拒絕審理陳水扁案。根據美國軍事上訴法院提供給台灣媒體的陳水扁訴狀內容，陳水扁是以「請願人」的身分，向美國軍事上訴法庭提請願書，請求美國政府用「強制令」，提供他「特別救濟」。

更清楚地說，陳水扁並不是如林志昇所說，要「控告」美國總統歐巴馬，而是「請求」美國承認他是「美國軍政府代理人」，並飭令「現任台灣民政首長」撤銷他的無期徒刑。他只是簽署了一份證詞書狀，表示他支持美國最高法院開庭審理「林志昇控訴美國政府案」。林志昇則是借力使力，把他自己的「控美案」和陳水扁的「請願案」攪和在一起，演出了一場喧騰一時的鬧劇。

導演這樁鬧劇的林志昇其實是一位具有高度爭議性的商人。他經營的環球電視台積欠下不少媒體工作者薪資，結束營運後，過去一陣子遊走於李登輝、陳水扁陣營之間。○九年初，他打著李登輝名號，向外界促銷「台灣地位未定論」、「台灣應該成為美國的第五十一州」。獲得當時擔任李友會總會長的前司法院長城仲模支持，並出任「李友會」秘書長，共同推銷「美國對台灣有佔領權」的論點，並於二月初鄭重其事跑到美國，指控美國遺棄台灣。

然而，城仲模與林志昇倡議「台灣地位未定論」或「台灣成為美國五十一州」的主張，並未獲得李登輝的認同。兩人用「李友會」名義赴美推銷「台灣地位未定論」，控告美政府，引起了李系人馬高度不滿，李雖未在公開場合發作，私下卻很惱火。李友會年中才解除林志昇的秘書長頭銜，正式與他劃清界線。他八月分隨即找到「新舞台」，成為陳水扁控告美國總統歐巴馬「代理人」。

陳水扁支持「台灣地位未定論」

曾經擔任「中華民國總統」的陳水扁，對林志昇的為人似乎一無所悉，而且對所謂的「台灣地位未定論」也深信不疑。他在支持「林志昇控訴美國案」的證詞中，提出了洋洋灑灑的十二點理由，慎重其事地表示：

七、無論是舊金山和平條約、台灣關係法或美國總統所發布的命令，均找不到可把本土台灣人當作「中華民國國民」的依據或許可，「中華民國外交部」核發ROC護照給本土台灣人，命令本土台灣人僞裝「中華民國國民」身分，依據美國相關法律規定，該護照是違法而不得使用。

八、本人擔任總統時期，根據台灣關係法，本人清楚了解，美國政府認定本人是「台灣執政當局的總統」，同時，不承認台灣或「中華民國」是「主權獨立國家」。根據一九五二年舊金山和平條約，美國是台灣地區之主要佔領權國，……本人接受由美國在台協會處長在許多特殊時機的指示，甚至會抵觸與干擾本人擔任「總統」時的決定與決策。

十一、釐清與認定本土台灣人的國籍是一個法律問題，而不是政治問題。依據戰爭慣例法、舊金山和平條約、歷史記載等等，美國軍事政府（USMG）對台灣的管轄今天仍健在，是故，本土台灣人長期被剝奪在美國憲法下的基本人權保障。

從這份「證詞」看來，阿扁的邏輯其實十分簡單：一九四五年日本戰敗，無條件投降，盟軍遠東區指揮官麥克阿瑟把台灣託給蔣介石的軍隊管理。一九五一年日本與盟軍簽訂舊金山和約，「日放棄對台灣、澎湖的所有權利……，日本承認美國軍事政府對日本與日本國民財產處分的有效性」，可是，舊金山合約並未將台灣歸還給中華民國，且和約中稱美國爲主要佔領國，再加上美國總統從未宣布過中華民國政府取代美軍事政府運作，故美國當然從未結束對台的管轄權。

美國「軍政府」的代理人

基於這樣的前提，陳水扁這位「請願人」，在請願書中將自己定位爲美國軍政府在台「代理人」，雖曾擔任「前中華民國總統」，但他祕密得知了美國軍政府仍存在台灣，他是軍政府委託在台灣治理的實質民政首長（de facto civil administrator），在職期間皆奉美國在台協會的指示行事，「即使這些指示不符總統的決策」，也本於職責接受美國軍政府官員的命令，以維持在舊金山合約下的現狀，並捍衛台灣，抗拒敵人。他被台灣法院控訴的行爲，則是發生在他擔任民政首長期間。

陳水扁在請願書中表示，他向法院及全世界公布，美國軍政府的確在台灣存在，他依美國軍法尋求救濟，美國軍方也應出面，保護他這位曾擔任過「美國軍政府在台民政首長」的權利。因此，陳水扁向美國軍事上訴法院「請願」，要求法院下令：飭令美國軍政府，指示現任台灣實質民政首長，中止對陳水扁及與他有關的政治起訴，撤銷他的無期徒刑，並恢復他的人權及公民權利。

然而，美國軍事上訴法院表示，對陳水扁所提的案子「沒有管轄權」，所以決定「不予受理」。美國軍事上訴法院並且嘲諷地表示，扁自稱「美國佔領區的行政長官」乃自貶身價，「法院從來沒看過這種事」。

終結「台灣地位未定論」的神話

陳水扁的動作，不但沒有引起討論，反倒引起訕笑。〇九年十月十三日，政大台灣文學研究所所長陳芳明在《聯合報》上發表了一篇十分精彩的文章，題爲〈台灣地位未定論的終結〉，文中指出：

台灣地位未定論是一個神話，對於完成民主政治洗禮的台灣社會，這個神話也已經變成笑話。……

對未定論懷有強烈鄉愁的人，一廂情願認爲國際強權必然會在危急時拯救台灣。會抱持這種信仰，是因爲他們從來對自己不具信心。他們活在歷史情境裡，活在強權陰影下，總是無法自已地對過去的強權投以深情回眸。

使未定論的主張又重新燃起希望，是今年五月日本駐台代表齋藤正樹的發言。齋藤正樹是一位歷史戀屍癖者，以爲此時此地還停留在上世紀的一九五〇年，以爲日本對台灣領土還具有發言權。如果他認爲台灣地位未定，那麼日本應該還處在無條件投降的狀態。

經過六十年來的社會經濟改造，經過三十年來的民主政治改造，台灣地位已經決定，台灣前途命運已經完全掌握在台灣全體住民的手中。……島上住民以智慧與信心完成重大的歷史迴旋，竟然還有人對這樣的洗禮充滿懷疑。他們寧可相信遠逝的歷史，卻不願面對生動的現實。他們不是戀屍癖者，不然是什麼？

被監禁在獄中的阿扁早已生病，而且病入膏肓。他對民主運動從來沒有敬意，對先人的奉獻從來沒有歉意，對善良的百姓從來沒有悔意。他膜拜政治獻金，膜拜美國強權，膜拜台灣地位未定論。爲了拯救罪孽深重的自己，他鄙棄台灣人民與台灣主權，……可憐的阿扁，美國政府已正式給予回絕，當然也連帶對台灣地位未定論予以拒斥。自甘扮演美國兒皇帝的阿扁，他爲未定論的神話又添加一筆笑話。

這是一篇擲地有聲的文字，將來必可登入台灣的史冊。羅患「戀屍癖」的人迷戀已經逝去的對象，「寧可相信遠逝的歷史，卻不願面對生動的現實」。甘願自居「美國兒皇帝」的阿扁如此，羅患「斯德哥爾摩症候群」的李登輝又何嘗不是如此？

第七章

賣台恐懼的國民黨

民進黨之所以不願意拿出明確具體的兩岸政策，一方面是因爲他們看準了患有「戀屍癖」的深綠群衆對「台灣地位未定論」情有獨鍾；一方面是因爲患有「斯德哥爾摩症候群」的淺綠群衆不知何去何從；更重要的理由是他們看準了國民黨罹患了「賣台恐懼症」，也不敢面對客觀的政治現實。國民黨「賣台恐懼症」的根源，在於馬總統的領導風格。

一、馬總統的「兩區論」

我跟馬英九總統認識甚早。一九九八年，他當選台北市長之後，以競選剩餘款成立「新台灣人基金會」，我也受聘爲董事。〇五年，我在出版《一中兩憲：兩岸和平的起點》之前，曾經送給他一個版本，他對於我的理念，應當有一定程度的理解。然而，當時身爲國民黨主席的馬英九，對於這樣的主張卻是「不置可否」，既不明言反對，也不表示支持。

總統候選人的「震撼教育」

○七年五月，我出版題為《挑戰天王》的書，在序言中，我曾指出：「馬英九最大的優點是『小心謹慎』，他的最大缺點也是『小心謹慎』。馬英九最重視的核心價值是『清廉』，他的自我定位便是『清廉自恃』」。然而，要想當一位國家領導人，光憑「清廉自恃」是不夠的。當時許多人批評國民黨已經失去了「政黨應有的理想性」，沒有清晰的「治國理念」，不能帶給台灣「新的願景」。

○七年元月十日，我和民主行動聯盟的幹部召開記者會，宣布要參加國民黨黨內總統候選人初選。主要是想和馬英九進行政策辯論，讓他在總統大選前先經歷「震撼教育」。但國民黨卻以「入黨登記未滿四個月」的技術性問題「卡」我。儘管如此，為了說明「一中兩憲」為什麼能夠帶給台灣人民希望，民主行動聯盟仍然規劃舉辦一系列的講座，說明跟「一中兩憲」有關的四大議題，包括兩岸關係、意識形態、憲政改革、和全球定位。

○七年四月四日晚上，民盟特別邀請國民黨總統參選人馬英九，參加第三次座談會，主題為「全球化中台灣的自我定位」。座談會開始，我先陳述在陳水扁政府的「鎖國政策」下，台灣所面臨的經貿困境。接著，馬英九說明他「雙黃金航圈」、「雙營運中心」的構想。

馬英九講完之後，我立刻表示：以國民黨目前堅持的「一中各表」，絕不可能實踐馬英九的構想。因爲要落實任何類似「亞太營運中心」的構想，一定得先和中共協商，如果我們堅持「一中各表」，我們一定要把「一中」表述成「中華民國」，對岸一定表述成「中華人民共和國」。雙方立場正面衝突，協商要如何進行？因此，我認爲：要實踐「雙黃金航圈」、「雙營運中心」的構想，將來國民黨一定要把「一中各表」的兩岸政策調整爲「一中兩憲」。

馬英九很專注地聽完我的說明，在回應時表示：國民黨一向以「務實開放」的態度來處理兩岸問題。目前，國民黨並未掌握政權，主張「一中各表」和「一中兩憲」的人應當「兄弟登山，各自努力」，等到〇八年泛藍贏回政權後再說。

〇八年三月的總統大選，馬英九當選了第十二屆中華民國總統，並於元月十四日聘我爲無給職國策顧問。他這麼做的用意，大概是希望大家「兄弟登山，各自努力」吧？我一向是孟子思想的奉行者，深信一個知識份子必須做到：「居天下之廣居，立天下之正位，行天下之大道。得志，與民由之；不得志，獨行其道」，因此，決定繼續跟民盟的朋友們一起「獨行其道」。

逼出「兩區論」

二次政黨輪替之後，〇八年九月三日，馬英九總統接受墨西哥《太陽報》系（El Sol de Mexico）集團董事長瓦斯蓋茲（Mario Vázquez Raña）專訪。瓦斯蓋茲問他：「依總統的兩岸政策理念，以及中國大陸內部的轉變，總統對兩個中國的看法爲何？」

馬總統答：「我們認爲雙方的關係不是兩個中國，而是在海峽兩岸的雙方處於一種特別的關係。因爲我們的憲法無法容許在我們的領土上還有另外一個國家；同樣地，他們的憲法也不允許在他們憲法所定的領土上還有另外一個國家，所以我們雙方是一種特別的關係，但不是國與國的關係，這點非常重要。所以也不可能取得任何一個外國，包括墨西哥在內的雙重承認，我們一定要保持和平與繁榮的關係，同時讓雙方在國際社會都有尊嚴，這是我們的目標。」

瓦斯蓋茲又問：「中華民國台灣是主權獨立的國家，中國大陸又說台灣是中國的一省，似乎是無法妥協的紛爭；請問有和解之道嗎？」

綠營的抨擊

馬總統再答：「這是屬於主權層面的爭議，目前無法解決。我們雖然不能解決這個問題，卻可以做一個暫時的處理，就是我們在一九九二年與中國大陸所達成的一個共識，稱為『九二共識』，雙方對於『一個中國』的原則都可以接受，但對於『一個中國』的含義，大家有不同的看法。」「因為在中國大陸的內戰，一九四九年我們的政府離開了中國大陸，由中共政權統治，但我們並沒有消失，大家不能忽略這個現實。」「我們現在希望大家在外交上不要再做惡性的競爭，大家繼續維持邦交國，但是對無邦交的國家還是可以發展非外交關係，如此和平共存，這才是雙方國際相處最理想的方式。」

這段專訪充分反映出馬英九總統「法律人」的性格。他很精準地描繪出兩岸之間的「法理現實」，並說明他將以此為基礎，改善兩岸關係，但卻沒有說明他對兩岸關係有什麼的願景。媒體刊出這項專訪也強調：馬總統認為：兩岸關係是特殊關係，卻不是國與國關係。總統府發言人王郁琦接著補充說明：兩岸關係是「台灣地區對大陸地區」、「兩個地區是對等地區」、「每個地區上都有統治當局」。這是馬總統上任之後，對兩岸關係所做的首度論述。

「地區論」一出，立刻招到綠營菁英的強烈抨擊。民進黨前立委李文忠以〈相互不否認？根本是自我否認〉為標題，在《聯合報》「民意論壇」上表達他的看法：「扁政府時代是立場正確，操作躁進盲動，傷害台灣利益及人民感情。但是馬政府是連國家立場都嚴重退卻，傷害的是台灣根本的利益，及人民長期的不信任。豈能不鳴鼓而攻之？」馬英九當然也感受到民進黨的強烈不滿。在民進黨舉行一〇二六大遊行前夕，馬英九接受《中央社》專訪時表示：把台灣和大陸定位成中華民國的台灣地區和大陸地區，是《兩岸人民關係條例》定的。在李登輝任內制定，民進黨執政八年，修改三次都沒動過，「為什麼他們能認同的東西，現在變成我的罪惡？」

「先經貿，後政治」

對民進黨人而言，馬英九的說辭顯然並沒有說服力。翌日，在大遊行演說場上，民進黨主席蔡英文公開指責：馬「總統」處理主權議題「模糊不清」，痛批馬「總統」為了讓陳雲林來，竟然把「國與國關係降成區與區」，「這個總統有權力出賣我們的主權嗎？」馬英九很可能認為：民進黨人沒聽清楚他對兩岸關係的真正想法。在陳雲林訪台前夕，他又接受《聯合報》專訪表示：「一個中國就是中華民國」，民進黨講什麼「一國兩區，我是區長」，都是歪曲事實。台灣與大陸的關係就是「中華民國底下的台灣地區，與中華民國底下的大陸地區」。這個聲明可以說是他對「兩區論」的最新詮釋。

馬英九的兩岸策略是「先經貿，後政治」，「擱置爭議」，「有爭議的就不做，沒爭議的就多做」。由於江陳會談已經說好「不會觸及政治議題」，所以他先拋出「兩區論」，作爲江陳會談的基礎。然而，在綠營看來，「兩區論」可能把台灣貶成和香港一樣的「地區」，根本是「喪權辱國」，「是可忍孰不可忍？」所以開始稱呼他「馬區長」。在綠營的大肆撻伐之下，馬英九才呑呑吐吐地說出了他的「新兩區論」。

綠營主張的「兩國論」固然「不具可行性」，馬所提出的「兩區論」反覆強調：兩岸人民關係條例將「台灣地區」和「大陸地區」都放在中華民國的架構下。這是台灣單方面認定的「法理現實」，而不是「政治現實」。如果馬政府堅持這樣的立場，兩岸的政治協商又將如何進行？依照本書的析論，兩岸之間「政治現實」的最佳描述方式，就是「一中兩憲」。可是，國民黨卻因爲怕被在野黨扣上「賣台」的帽子，不敢面對兩岸「一中兩憲」的「政治現實」，反倒欲言又止地重複述說一些不能解決問題的「法理現實」，顯現出「賣台恐懼」的癥兆。

二、國民黨的「賣台恐懼」

馬英九在總統大選中獲得七百六十五萬張選票，如果在他當選總統之初，挾此餘威，採取「先難後易，先政後經」的兩岸政策，準備跟中共進行政治談判，他大可以順理成章地要求中共合理地調整兩岸關係。令人遺憾的是：他心理上有一種難以克服的「外省人原罪感」，在兩岸政策上採取的戰略是「先易後難，先經後政」，把自己心理上的弱點曝露在對手面前。民進黨便針對他的弱點，窮追猛打，讓他對「一中」、「統一」等議題產生強烈的「賣台恐懼症」，結果兩岸之間，遲遲無法開啓政治談判，兩岸之間的政治定位也陷入一種模糊不清而又難以破解的「怪圈」之中。

大陸學者催促政治協商

〇九年十一月，兩岸智庫在台北舉行「兩岸一甲子」研討會，大陸和台灣研究兩岸關係的重量級學者首度齊聚一堂，針對兩岸政治、外交與安全事務進行「二軌」對話。研討會上，最能代表北京官方立場的中國社科院台研所所長余克禮，發表〈關於促進兩岸政治關係發展的看法與建議〉的論文，開宗明義地說：「兩岸推進政治關係，此其時也。」他指出，兩岸問題的本質是政治問題，深化兩岸關係和平發展，不能迴避兩岸複雜和敏感的政治問題。促進兩岸政治關係發展，應當擺上兩岸雙方的議事日程。中國社科院台研所政治室主任謝郁發表〈對兩岸達成和平協議問題的初步探討〉，主張「和平協議」應「一中法制化」，引發雙方針鋒相對的熱烈討論。

海基會前董事長洪奇昌說，現階段兩岸沒有進行政治談判的氛圍，大陸不應急於催促政治協商，應先減少兩岸社會差異，從正視兩岸政治現實開始，建立互信機制。

針對謝郁的主張，陸委會前副主委陳明通直接表明：北京要與台灣簽署的「和平協議」，就是「兩岸統一協議」的一部分。陳明通指出，馬英九總統的想法，「兩岸和平協議」是要「維持台海現狀」，以「開啓兩岸和平共榮新頁」；與北京談「和平協議」，不是談「統一協議」。

他話鋒一轉指出，「胡六點」所提的「協商正式結束兩岸敵對狀態，達成和平協議」，是統一的前奏曲。陳明通警告，「急統將造成急獨」，台灣社會對廣義的「維持現狀」有共識，但對統獨沒有共識，北京若急於談統一的和平協議，將激化台灣獨立。

面對陳明通的質疑，謝郁表示，「把和平協議說成統一的前奏曲，是陳明通的誤讀」，她沒有要推動急統。社科院台研所所長余克禮跟著表示：追求統一是大陸的明確

目標，兩岸「和平協議」是爲兩岸統一創造條件，毋庸置疑。

余克禮的困惑

對於大陸學者的論點，淡江大學美國研究所教授陳一新說，大陸老把「一中原則」擺在前頭，也不提「各表」；如果大陸把「一中」原則當成談判前提，台灣不會接受，也很難接受。未來兩岸最好只談「九二共識」，並淡化一中。

文化大學政治系教授楊泰順指出，國民黨在戒嚴時期爲維持政權合法性，主張一中是可以理解的。但如今台灣政治情勢已經轉變，一中框架很難得到選民支持。金門技術學院大陸所教授高輝認爲，台灣有國家統一綱領、國家統一委員會的時候，大陸錯過「機會之窗」，現在對國民黨來說，統一只是選項。

中央研究院研究員吳玉山坦率地說，談兩岸統一，無法繞過中華民國。八年來，「中華民國受到大陸與綠營夾殺，逐漸消亡」。「如果中華民國消失，就表示台灣與大陸的聯結也消失」。鼓勵或加強台灣民衆重新認同中華民國，才能增加「兩岸一中」的認同。對於台灣學者連番要求大陸淡化一中原則，余克禮驚訝表示，「一中是國民黨提出的主張，也一直堅持的，民進黨反對一中，怎麼連國民黨都對『一中』有所疑慮？我有點吃驚！」

余克禮很可能不知道：從心理學的角度來看，國民黨已經罹患了嚴重的「賣台恐懼症」。造成這種心理困擾的理由，一方面是因爲大陸的共產黨罹患了嚴重的「歷史偏執狂」，堅持要用不合時宜的方式對待台灣。一方面則是因爲民進黨也患了「自我封閉症」，一聽到諸如「一中」、「統一」的字眼，就不分青紅皀白地狠追猛打，在當前台灣的選舉制度下，弄得國民黨患得患失，進退失據。

三、民進黨的自閉式攻擊

二次政黨輪替之後，馬政府在兩岸關係方面採取「不統不獨不武」的消極政策，變成在野黨攻訐的焦點，可是民進黨在兩岸關係上也提不出任何對策。在〇九年的縣市長三合一選舉及第四次江陳會談的過程中，朝野政黨對ECFA議題的攻防戰，充分暴露出雙方心理的虛弱和無奈。

所謂「兩岸經濟合作架構協議」（ECFA），其精神和「自由貿易協定」（FTA）大同小異，是要讓貿易國或地區之間的貿易自由化，免除進口品的關稅和服務市場的管制。在過去十年間，台灣的貿易對手紛紛消除了市場障礙，如果世界主要經濟體都與中國大陸簽署自由貿易協定，唯獨台灣被排除在外，將來在大陸市場上要如何跟其他國家競爭？馬政府一開始就將ECFA定調為「純經濟議題」、「不涉及政治」，既不敢碰觸「一中」議題，又不對民眾說明第四次江陳會預計簽訂四項協議的實質內涵；反倒一廂情願地用感性訴求，說什麼ECFA就是「ㄟ擱發」，能讓台灣「賺遠大於賠」；政府不但不向民眾具體分析ECFA的利弊得失，講清楚「誰會賠、賠多少、如何挽救」，主管機關甚至一再強調「本次江陳會絕對不簽ECFA」，彷彿ECFA就像毒牛奶、毒牛肉一樣，是碰不得的「毒蛇猛獸」，讓民進黨和地下電台可以見縫插針、大肆揮灑。

民進黨「批吭搗虛」

民進黨一開始，便將三合一選舉定調為民眾對ECFA的不信任投票。民進黨強調：兩岸交流已造成台灣優質產品商標品名被普遍盜用，關鍵技術外流，導致競爭力嚴重流失。ECFA就是要讓中國產品以零關稅大舉傾銷，進入台灣市場，農民將首當其衝，造成一百六十多萬人失業，包括六十多萬農民在內。嘉義縣長候選人張花冠更以退出選舉，要求政府宣布停止協商ECFA。

選舉結果顯示，在農業和傳統產業縣市，ECFA議題確實發揮了相當大的作用。

民進黨以四五%的得票率，成功突破長久以來三成九的「基本盤」瓶頸，得票率僅輸國民黨二點五個百分點，總票數也僅輸十一萬左右。國民黨雖然勉強維持住十二席，遠較民進黨的四席爲多，但在許多縣市卻贏得十分驚險，而且還輸掉具有戰略意義的「台灣頭」宜蘭縣。

三合一選舉結束之後，《聯合報》民意調查中心的資料顯示：受訪者對馬英九總統的滿意度三成三，相較之下，受訪者對民進黨主席蔡英文的滿意度，則從五月嗆馬遊行後的二成七，暴增爲四成三，更値得注意的是：「雙英」的民意調查度已經出現「黃金交叉」，這表示馬已經有了「不可輕忽的敵人」，如果馬總統對這樣的警訊束手無策，長此以往，將來台灣也很可能發生「第三次政黨輪替」。

在《史記》〈孫子吳起列傳〉中，孫臏曾經提出博戰的基本原則：「批吭搗虛」。「吭」是指「咽喉」。所謂「批吭搗虛」就是抓住敵人要害，打擊其虛弱之處。《武經總要》也指出：作戰的最高指導原則是「釋實而攻虛、釋堅而攻脆、釋難而攻易」，認爲這是「百戰百勝之術」。羅患「賣台恐懼症」的執政黨，在二次政黨輪替之初，便擺明他的兩岸政策是「先易後難」、「先經濟，後政治」，處處避談「一中」，將自己最虛弱之處暴露在對方面前，民進黨當然要抓住國民黨的弱點「批吭搗虛」，窮追猛打，其後果不問可知！

馬總統進退失據

三合一選舉過後，馬總統痛定思痛，決定親上火線，就當前兩岸政策中最重要的ECFA議題，與民進黨主席蔡英文進行辯論，不料蔡英文的回應竟然是：「民進黨連ECFA是圓是扁都不知道，要如何辯論起？」這個回應十分鮮活地反映出台灣執政黨和在野黨之間的微妙關係。台灣二次政黨輪替之後，許多人都弄不清楚：在當前全球政經情勢下，民進黨是否還要堅持陳水扁時代的民粹式做法？民進黨的大陸政策要如何調整？它要如何做一個負責的反對黨？

可是，民進黨看準了國民黨不敢碰觸「一中」議題的「罩門」，自己也不拿出具體的兩岸政策，以為只要針對馬政府說不清楚的地方，狠追猛打，痛批他「傾中賣台」，馬政府就會進退失據，手足無措，不知如何應付。

在承受八八水災、三合一選舉、美牛事件等一連串的衝擊之後，馬總統的支持率掉到比阿扁還低，不僅他的政敵罵他，連他的多年老友政論家南方朔、台大教授林火旺，都公開批評他。十二月底，南方朔撰文公開批評馬總統「沒智慧、沒膽識、沒能力」，「自我感覺良好，不像政治領袖，更像電影明星」，所有人都想討好，最後卻什麼都做不成，「比崇禎皇帝還不如」。

「馬金體制」黔驢技窮

二〇一〇年元月九日，桃園二選區和台東、中縣三選區進行立委補選。台東原本是藍軍最有把握的選區，台中與桃園的選情雖緊繃，國民黨的最後評估應可保住兩席，不料選舉結果竟然是三席全輸，一敗塗地，藍軍士氣跌到最低點，馬總統也面臨執政以來的最大危機。南方朔更直率地斷言：「國民黨已成了西方人所說的『不可能選贏』(Unelectable）的黨」。

「由過去這段期間國民黨的持續失敗，我們已可說那種兵敗如山倒的骨牌效應已告出現。馬英九在去年『一二．〇五』縣市長敗選後，急召親信金溥聰出任國民黨秘書長救駕。問題在於金溥聰只懂廣告文宣。國民黨在野時可以靠文宣搞選舉，但現在是馬英九當政，」「馬英九政績乏善可陳，再搞文宣又有何用？」

馬總統雖然知道民間對他的批評，也知道必須讓「自己的領導風格愈來愈有方向」。然而，他所調整的「領導風格」，仍然限於「先經後政」，甚至是「只經不政」。他的大陸政策並沒有任何改變。他的另一位老友，資深媒體人蔡詩萍因此質疑：「這方面的訴求僅是消極的防禦，防禦來自反對黨的批判，防禦來自統派的挑釁。防禦性的思維太多，自不免很難給人積極、進取的動能。欠缺動能的政策，怎可能激勵人心

呢？」

他引述一位哈佛管理學者的說法，提醒馬總統：管理者之所以失敗，不是因爲他不想成功，而是因爲他不自覺地陷落在「自己習慣的成功方程式」裡，在不同的挑戰環境下，宛如「不斷踩動固定滾輪的松鼠」，徒勞卻注定無功。

南方朔非常坦率地指出：「一年多下來，由於連戰連勝，蔡英文已快速竄起。蔡英文出身倫敦政經學院博士，已成了台灣未來的可能領導人。說不定台灣很快就會繼拉丁美洲之後，產生女性的領導人！」

很多人認爲：「雙英辯論」根本就是「上駟對下駟」，只會拉抬蔡英文的聲勢，落實台灣民間流傳的一則笑話：「馬英九是個天才，他的最大政績乃是栽培了民進黨主席蔡英文爲接班人！」

四、「全民總統」的迷思

二〇一二年的總統大選，馬英九在美國、中共及工商界大佬的合力加持之下，以六百八十九萬票的得票數，險勝蔡英文的六百零九萬票，小勝八十萬票。在漢高祖三年

（西元前二〇四年）的井陘之戰中，韓信以萬餘新兵，背河而陣，用「置之死地而後生」的戰術，大破趙軍二十萬。但兵家卻以此作爲「勝不可復」之戒。馬英九於二〇一二年險勝之後，不知道「勝不可復」的道理，依然故我，無法克服自己心理上的「買台恐懼症」，種下了二〇一六年國民黨大選全面潰敗的主因。馬總統這種性格上的弱點，其實是有跡可循的。

在二〇〇八年當選總統之初，儘管國民黨是多數黨，但馬總統卻一心一意要做「全民總統」，甚至置多數黨以及其支持者利益於不顧。在憲法規定總統管轄的兩大領域「外交與兩岸關係」中，他揀選了台聯黨的賴幸媛，委以陸委會之重任。這在理論上的問題是，萬一她在職責上失職或出了差錯，到底是國民黨負責，還是台聯黨負責？

自毀長城

作爲國民黨的主席，馬英九爲了回應綠營的指責，特意將原在台北中山南路的國民黨黨部財產拋售、將黨部遷到八德路不起眼的新址，並將《中央日報》關閉。這些自毀長城之舉動，非但沒有贏得綠營的讚賞，反倒造成藍營的離心離德。何況在任何民主政體下，大眾媒體的習性，一定是批評政府而庇護反對黨。沒有了《中央日報》，國民黨也少了一個爲自己辯護的媒體。諸如此類「自毀長城」的舉動，眞是多得不勝枚舉。

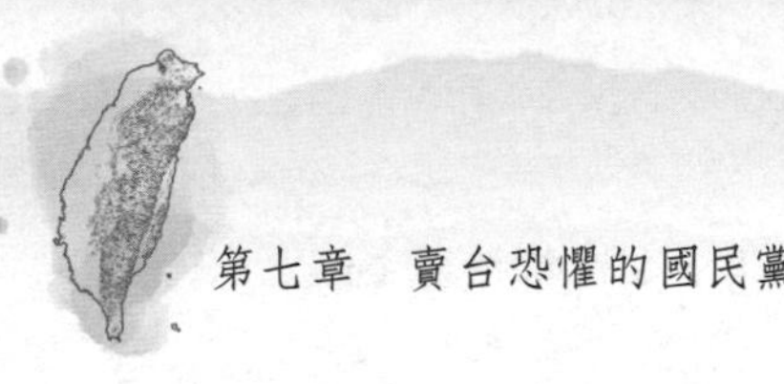

陳水扁任內蓄意將紀念老蔣總統的「大中至正」標幟取消，並將總統府前的台北「介壽路」改名等等辱蔣的舉措，許多藍營支持者寄望馬總統能及時加以匡正。但由於馬總統要做全民總統，所以推諉需「全民表決」，方能撥亂反正。陳水扁執政時做出的種種「去中國化」舉動，馬總統卻不能加以糾正，他對陳水扁「去中國化」教科書的態度，也是模稜兩可，不置可否。

「同心圓史觀」

截至目前為止，綠營對於這套戰略的實踐是相當成功的。二〇〇四年陳水扁主政時期，時任教育部長杜正勝頒布「普通高級中學暫行課程綱要」。然而這份課綱的理論基礎卻可以追溯到一九九七年杜正勝發表在《當代》雜誌第一百二十期上的一篇文章：〈一個新史觀的誕生〉。在這篇文章中，杜正勝論述了他著名的「同心圓史觀」：「第一圈是鄉土史，第二圈是台灣史，第三圈是中國史，第四圈是亞洲史，第五圈是世界史」，簡單地講，在今天台灣的歷史課本中，我們可以很明顯地看到這樣的結構，即是「台灣史－中國史－世界史」的論述順序。

歷史對人具有非常重要的意義。當我們將一個人或一個民族的歷史抽去，這個人或民族自然就只剩下了空空的當下，而不具有任何內涵。因此我們可以說，歷史賦予一個人或一個民族以內涵，當一群人有著某種共同的歷史時，他們就會產生彼此間的認同。

當杜正勝故意將台灣史抽離中國史的脈絡來談時，他就已經選擇了他的意識型態和他的歷史詮釋。在這種抽離之下，人們將形成獨立的台灣史概念，進而形成獨立的台灣主體性。

從這個角度來看，我們就不難理解，爲什麼自一九九四年台灣人第一次超過中國人認同以來，這個趨勢就再也沒有縮短過。

想像的共同體

一九九一年，美國民族主義學者安德森（Benedict Anderson）出版了他的名著：《想像的共同體》（Imagined Communities）。書中他爲民族下了一個明確的定義：「它試一種想像的政治共同體，並且，它是被想像爲本質上有限的，同時也享有主權的共同體」，在他看來，「民族以及民族主義，是一種特殊類型的文化的人造物（culture artifacts）」。從此以後，此書就成爲民族主義建構論的代表作。它對於支持台灣獨立的人們來講，可爲如獲至寶，他們從此有了更好的理論，可以擺脫台灣人與中國人在語言文化上同文同種的難題。

吳叡人在翻譯此書的序言中提出：「沒有思想、記憶和認同的重量，台灣將永遠只是一葉浩海孤舟，任憑資本主義和強權政治的操弄控制，反覆重演註定終將被自己和他人遺忘的種種無意義的悲劇」。

記憶和認同，對於任何一個共同體來說都非常重要。然而它們卻不是一成不變的。相反的是，它們是可以想像的，是可以建構的。大陸經常提的「兩岸一家親」在台灣失效，其原因即在於此。在儒家文化中「親」是以血緣為聯絡基礎的一種情感，但在一個想像的共同體中，血緣、語言都不再是決定認同的關鍵因素，取而代之的則是後天建構出來的內容，而這其中又以歷史記憶最為重要。

「外省人原罪感」

在台灣爭議不休的「二二八」事件就是一個例子。日本在台灣殖民五十年所屠殺的台灣人遠比在二二八中死去的台灣人多得多，但是在今天台灣人（尤其是年輕人）的歷史記憶中，二二八的傷痛卻比日本殖民深刻得多。究其原因，就是因為台灣為了反抗所謂「外來政權」國民黨，必須要特別突出「二二八事件」的歷史詮釋。

蔡英文說：「台獨是年輕世代的天然成分」。所謂「天然成分」其實並不「天然」，它是經過了一個漫長的建構過程。綠營看準了馬英九因「外省人原罪感」而產生出的「賣台恐懼症」，針對他心理上的弱點，窮追猛打，讓他不知如何招架。

馬英九在第二屆總統任內，對幾個案例的處理，更暴露出他性格上的弱點：郭冠英是新聞局派駐加拿大的代理外館新聞組長。二〇〇九年三月被自由時報記者揭發他曾以「范蘭欽」的筆名發表多篇文章，內容包含許多歧視本省人、仇恨日本、挑動省籍情結、支持白色恐怖的言論。這原本是一個非常單純的言論自由事件，但在綠營媒體及民意代表炒作之下，郭冠英也反脣相譏，結果引發軒然大波。最後新聞局考績委員會予以兩大過免職的處分。

這件事，馬總統本來可以緘默不語，但他也跟著發表言論，指責郭冠英「不該拿言論自由當作挑動族群對立的保護傘」。同時肯定新聞局的懲處，認為郭冠英言論偏激、不適任。

「不當的表態」

莊國榮原本是政治大學法律系助理教授，應杜正勝教育部長之邀擔任教育部主任祕書期間，公然批評「馬英九很娘啊」，引起兩性專家和同志團體反彈。二〇〇八年三月十六日，莊國榮出席民進黨台中競選總部「長昌擊掌逆轉勝」活動，在台上又公開批評：馬英九是「軟弱的小孬孬」、「會演戲而已」、「不知道什麼是男子氣概和魄力」，面對中共的時候「很容易膝蓋就軟掉，就會下跪」，如果當選總統，台灣「就會像西藏一樣，眞的被屠殺、被迫害」。

莊國榮的這次發言造成輿論譁然，被認爲是總統候選人謝長廷落敗的主要原因之一。事後，政治大學校評會依《教師法》，以「行爲不檢，有損師道」爲由，決定予以「不續聘」。莊國榮以「有關言論爭議是發生在借調教育部主任祕書期間」，雖「用詞不當，但不構成違法」的理由，而提出行政訴訟，引起社會廣泛討論。約十天後，政大呈報公文至教育部，教育部以「法律有瑕疵，無法解聘」爲由，將公文退回。莊國榮留任政大助理教授，馬總統則表示：他「尊重教育部的決定」。

在這兩個案子裡，馬英九原本都可以保持緘默不語，但他卻作了不當的表態。從此之後，綠營開始肆無忌憚地罵他「親中賣台」，藍營也很少人願意站出來爲他辯護。他的聲望開始快速下滑，再也難有起色！

干預行政、司法

二〇一三年元月，陳冲擔任行政院院長時，撥下「軍公教退休人員年終獎金」，遭到民進黨質疑。陳冲居然不到三天的時間，終結此款項，表面上是正義取捨，實際上是以息事寧人的方式討好民進黨。造成媒體輿論對軍公教退休人員的不實污衊，嚴重傷及軍公教人員的心。當時馬居然說陳冲此項決定是「非常有魄力」，造成軍公教人員的強烈不滿！

義務役士官洪仲丘原本預訂於二〇一三年七月六日退伍，因爲攜帶具拍照功能之行動電話和MP3進入營房，並與衛哨人員發生爭執，經士官獎懲評議委員會決定送禁閉室「悔過」處分。七月三日室外溫度達紅色警戒時，禁閉單位仍執行操練，導致洪員中暑、熱衰竭致死。因爲此案涉及軍中人權，「公民一九八五行動聯盟」藉此發起聲勢浩大的「白衫軍運動」。

洪仲丘案，原本是軍紀問題，軍法處理不當，民衆發動遊行，也應當由國防部出面慰問。馬英九是總統，不是司法人員，沒有司法處理權，竟然前往洪家慰問，並且說「這事我管定了」，明顯干涉司法。鬧到最後，社會動盪，居然把軍法處廢除掉！全世界各國，都不可能廢軍法，「軍令如山」。沒有「軍法」，戰場上各級指揮官，如何指揮軍隊？臨陣不聽軍令者，還要提交後方司法單位審判，軍隊還能打仗嗎？

五、「教改」腐蝕台灣社會

將學生分類、「因材施教」是教育最基本的原則。可是，李登輝總統開始掌握國民

黨內實權後所推出的「一九九四教育改革」，卻完全是反其道而行，走的是民粹主義式的「均質化」路線。

「學科能力分班，落實因材施教」

一九九四教改的前身，是民國七十九年開始實施的「國中生自願就學輔導方案」。民國五十七年實施九年國教之後，由於國中合格師資大量不足，各國中在升高中的競爭壓力下，不得不採取能力分班的方式，將學生分成「升學班」和「放牛班」。大部分學校對放牛班學生採取放牛吃草的方式，使這些學生形同被棄的孤兒，得不到教育的愛與關懷，因而自暴自棄，對社會造成莫大的困擾。雖然教育當局三令五申，規定國中必須常態分班，學校方面仍然我行我素。因此教育部推出國中生自願就學輔導方案，以班級常模固定配額五分制的計分方式，作為升學排序的唯一依據。

「二魔四妖」

早在「一九九四教改」啓動前二十年，一位後來成爲「自由派」領袖的年輕學者便發表了一篇著名的文章：〈能力分班可以休矣！〉「一九九四教改」啓動之後，「常態偏班」便成為國中教育的「大政方針」。

常態分班將學習能力不同的學生聚集於一堂，不僅造成老師教學的困難，更糟糕的是：在班級內各等第固定配額的限制之下，低成就學生即使成績有進步，他們在班上的排序，依然無法得到等第的進步，成為所謂的「班後段」。由於自願就學必須採取三年成績，有些人乾脆在國二階段就提早放棄學習。本來自願就學方案是希望讓社經地位較低的學生，也能得到公平的教育資源，但是這樣的制度設計，反倒使他們在常態班中，成為忠實的墊底者。

當年因為反對廣設四年制大學而退出教改會的劉源俊教授，便曾經公開指出：今天的「教改災難」是「二魔四妖」集體造成的「歷史共業」。

我們的教育要想培養出眞正的人才，必然要全力追求「優質化」的教育。不幸的是，當年教改派叫出的口號「廣設高中大學、打倒升學主義、消滅明星高中」，無一不是反其道而行，刻意把台灣的教育搞成扁平式的「均質化」。「二魔四妖」幾乎完全不懂教育，他們卻能夠搬出一堆動人心弦的口號，襲捲出一股沛然莫之能御的「民粹狂潮」。今天看來，教改災難眞正的罪魁禍首，其實是「二魔四妖」和他們培養出來的人馬，千方百計地「在他們無知的領域上要弄權力」！

學術界的新八股

台灣大學教育學程中心曾派一個研究團隊赴日本京都大學、大阪大學和東北大學考察，希望了解日本何以能產生出二十二個諾貝爾獎得主。其訪視成果報告指出：這幾所大學的共同特色是堅強的研發基礎架構。他們通常都是一個資深學者長期專注要解決某一重要的學術問題，帶領一批學生在做研究。爲了要解決自己所關切的問題，他們大多會自行設計並組裝研究儀器，而不是去買市面上已經量產的貴重儀器。譬如大阪大學的「核子物理研究中心」，自許要以原創性研究成爲該領域的領導者，自行研發舉世無雙的研究儀器設備，使得國內、外的學者要進行相關的尖端研究，都必須到此中心來「蹲點」。

遺憾的是：教育部在推出「頂大計畫」之初，並不瞭解如何培養這種「紮寨深耕」的研究傳統，也不知道如何評鑑學術研究的成果；從更早的「追求卓越」開始，便在幾位「學閥」主導之下，砸下大把銀子，假「學術自由」之名，聽憑各大學自行提出申請計畫。後來「四妖」更搞出一套SCI和SSCI的評鑑制度，使論文發表成爲台灣學術界的「新八股」。

製造垃圾論文

在這套制度的運作下，我們的學術界出現了許多「官學兩棲」的「大老」，他們最重要的任務，就是絞盡腦汁，爭取學術資源，購買貴重儀器，再在幾個大學裡吸收「椿腳」教授，負責訓練研究生，教他們在國際學術期刊上尋找熱門議題，套用西方流行的研究典範，大量發表「輕、薄、短、小」的論文，只要論文能夠在國際學術期刊上刊登，就覺得自己的所作所爲有了合法性與正當性。學術界這種「自我殖民」的作法，就是我所謂的「養小鬼」，把我們頂尖大學的研究生，訓練成只會盲目套用西方研究典範的「跟屁蟲」。他們不擇手段地製造出一大堆的「垃圾論文」，雖然很容易在國際學術期刊上刊登，對我們的國計民生卻沒有絲毫的助益。這種作法，有人美其名曰：「游牧型」研究。

學術研究要想有所突破，必然須要學者以「生死與之」的精神，作長久的「深耕」。所謂「游牧型」研究，充其量只是「頂大」教授在利用聰明學生的廉價勞力而已，試問：一個教授的研究議題跟著研究生的論文主題跳來跳去，他在學術上怎麼可能有所突破？

沒有政策研究的教育

二〇〇三年，我曾經出版《教改錯在哪裡》，並和一些教育界的朋友成立「教改論壇」，公開批評不當的教改。從此之後，「二魔」退隱幕後，可是，「四妖」及其羽翼卻已經牢牢掌握住我們的教育機構。二〇〇八年，馬英九當選總統之後，聘我爲國策顧問。我認爲：自己在兩岸關係及教育問題上應當有發揮的餘地，因此在教育問題方面，寫了六萬字的《知識經濟時代，提升國家競爭力培元方案》，呈交總統府。不料，「言者諄諄，聽者藐藐」，竟然產生不了任何作用。即使二〇一一年在「國家教育研究院」成立之後，教育部仍然不懂得如何做政策研究。許多教育政策都是「還沒準備好就上路」。

到了二〇一三年，教育部要推動「十二年國教」，我看執政黨推出的《高等中學教育法》內容幾乎跟在野黨的版本完全一致，說穿了只是在少子化的驅使下，企圖「消滅明星高中」，以解決私立高中的招生問題而已。因此，我跟六位教育領域的國策顧問聯名反對，並在媒體上公開表示：「這樣的十二年國教，我反對到底」。然而，馬總統爲了兌現他的「競選諾言」，十二年國教仍然是在倉促中上路，弄得家長怨聲載道，結果在翌年年底舉行的「九合一縣市長選舉」種，國民黨果然是以大敗收場！

教育的四大危機

台灣缺乏天然資源，惟一最可貴的資源就是人才。可是，廿年前教改啓動之後，教改派恣意推出的政策卻是「日以繼夜、夜以繼日」地在摧殘人才。大學學歷迅速貶值，高等教育被稀釋；而專科競相升格爲大學，技職教育被蒸發，許多傳統產業也面臨了「無人可用」的困境。教改啓動後的翌年，我出版過一本書《民粹亡台論》。今天回頭再看，將來造成台灣沉淪的主要核心因素，其實是「二魔四妖」當年席捲出來的那股「民粹狂潮」！

一九九四年教改啓動之初，喊出的口號包括：「打倒升學主義」、「廣設高中大學」、「消滅明星高中」；仔細思之，這些口號無一不充滿「民粹」色彩，根本經不起理性的檢驗。經過將近二十年的折騰，到了今天，台灣的教育體制已經給「教改」搞得千瘡百孔，難以收拾。去年國科會首屆「科學技術發展諮議會」上，經建會主委管中閔指出台灣教育的四大危機：人才供需落差、教育體制偏差僵化、人才培育不符需求、國際人才競逐失利。這四大危機無一不是「教改」造成的後遺症。他表示，台灣一年有近三十萬名大學、研究所畢業生，大多是「高不成，低不就」，到業界不會操作機器，也無法做尖端研究。

六、馬王政爭與太陽花學運

馬總統上台之後，一心想要當「全民總統」，凡事因循苟且，刻意討好綠營群眾，結果卻是適得其反，不僅藍營支持者離心離德，更助長了綠營人士的氣焰和聲勢，年輕時代動輒罵他「親中賣台」，他的政敵更是落井下石藉機整他。這幾個因素聚在一起，造成了二〇一四年的「太陽花學運」；二〇一三年的「馬王政爭」，則是導致此一學運的近因。

「馬王政爭」

二〇一三年九月二日，總統府五人小組會議中，王向馬英九報告：六日赴馬來西亞參加其好友結婚週年慶派對。沒想到，王正搭機前往馬來西亞途中，特偵組召開記者會指王行政不法、關說。

九月十日晚間，王金平回台時，許多挺王立委到桃園機場接機，聲勢浩大。當晚，王在機場念聲明，義正詞嚴，鏗鏘有力，震撼總統府。馬總統跳到第一線，指控立法院長王金平涉及不法關說案，許多公民團體卻批評馬英九破壞憲政。

根據《法院組織法》第一百一十一條，檢察總長直屬於法務部，爲行政院的一員；檢察總長與特偵組皆不直屬於總統。黃世銘越過法務部長與行政院長，直接向總統報告案情，馬英九總統因此得以直接指揮檢察總長與特偵組，引發總統擴權爭議。特偵組與檢察總長非直屬於總統府之機構，不應直接對總統報告正在進行中刑事案件的偵辦內容，此舉有觸犯公務員洩密罪的嫌疑。

檢察總長黃世銘認爲，他是依《中華民國憲法》第二章第四十四條規定，直接向總統報告，並未涉及違法洩密；且總統非事件當事人，與前法務部調查局局長葉盛茂，涉嫌在任內將艾格蒙組織調查前中華民國總統陳水扁家族洗錢的情資洩漏給陳水扁不同。

總統濫權違憲

有基層檢察界和法律學學者指出，「總統對於院與院間之爭執，除本憲法有規定者外，得召集有關各院院長會商解決之」。該條文所謂的「爭執」，限於涉及權力分立事項的爭執。本案與第四十四條所述之「院際調解權」明顯無關。目前立法院長被指控的案情僅屬立法委員行爲倫理的爭議。本案中，並未出現五院爭端，如何可以適用該條？而且依該條規定，即使是在五院間出現爭端時居間協調，總統頂多就是召集各院院長會

商，居內協調，不能獨斷獨行，自己認定事實，自己宣布應該如何處理。

還有法律學者指出：總統的憲法職權，絕對不包括個案偵查權，總統不可以成為揭露偵查個案的洩密對象。檢察機關的中立性不容淪為政治工具，黃世銘向馬英九報告關說案情涉洩密違法；但馬英九隔天主動要黃再向他補充報告，則有明顯濫權違憲的問題。馬英九以檢察機關監聽譯文及通聯紀錄當政治工具，未經司法判決就認定王金平有罪，指揮以黨紀換掉國會議長，嚴重破壞憲法權力分立原則。

國民黨考紀會通過開除王金平黨籍案，當天就送中選會。中選會當天送文到立院，挺王幕僚下令相關員工不得接收中選會電子公文。同時由律師立刻提出「確定黨籍處分」的假處分案，暫時保住王的院長職務。接下來的民事庭，王皆勝，馬皆敗。直到朱立倫接任黨主席後，公開表示不承接前任留下的案件，確定王金平的黨籍得以保留。

王金平伺機報復

《海峽兩岸服務貿易協議》是馬總統一直努力要推動的一項法案。然而，由於立法院採取「政黨協商制度」，在野黨又採取「逢中必反」的戰略，所以遲遲無法通過。二〇一四年三月十七月下午，國民黨立法委員張慶忠在內政委員會以三十秒時間宣布完成《海峽兩岸服務貿易協議》的委員會審查，引發一群大學與研究所學生以及社會人士的反對，並於十八月十八時在立法院外舉行「守護民主之夜」晚會，抗議審查程序的草率；後來有四百多名學生趁著警員不備，衝入立法院內靜坐抗議，接著又在晚間二十一時突破警方的封鎖線，佔領立法院議場。抗議群衆在二十六小時內便透過網路，招來以學生爲主的一萬多名民衆，聚集在立法院外。

議場遭到佔領後，內政部警政署緊急調動警力前往立法院支援，抗議學生則陸續用立法委員的座椅堵住議場門口，以防止遭到警方驅離；警方多次嘗試攻堅並切斷議會網路，阻斷對外發布消息，切斷議會電源，佔據廁所，關閉議會空調，意圖驅趕議場內部的學生，但沒有成功，期間雙方也因此發生肢體衝突並且有數人受傷。警政署請示進入立院，王同意，不料總統府發言人竟打著尊重國會自主的説辭，要立院妥善處理，把責任推給王。

一位立委表示，此時馬已經把警力調到總統府近畿，而非立院，又把責任丟給立法院。王當然不高興，轉而主張不強力驅離學生，並不斷在官邸召集協商，希望能回應學生先審《兩岸協議監督條例》再審《兩岸服務貿易協議》，但國民黨堅持同步審查。

黑衫軍運動

三月二十三日晚間七時，另一群示威者衝至鄰近的行政院大樓，破窗而入，二十四日零時起陸續遭警方強制驅離，但抗議者號召全臺民眾三月三十日到凱達格蘭大道靜坐、遊行。數十萬以黑衫作爲標誌的抗議者湧入博愛特區及立法院周邊，聲勢浩大，引起國際矚目。

四月六日，立法院長王金平赴議場探視學生，承諾在《兩岸協議監督條例草案》完成立法前，不召集《兩岸服務貿易協議》相關黨團協商會議。感受到王金平釋出善意後，抗議者於七日晚間宣布：將於十日晚上六時退出議場。這次社會運動，爲繼一九九〇年野百合學運之後的大型學生運動。在中華民國歷史上，國會議場首次遭到占領。除了主流媒體的報導外，抗議學生與場外支持者們也透過影片分享網站等網路媒體自行轉播現場實況，反映出馬政府施政的徹底失敗。

七、「破中立台」的戰略思考

在太陽花學運的過程中，就出現過一份文件名爲《破中立台——組建基進政治側翼之政治戰略思考》，文件指出：當時他們就主張，中間選民不支持民進黨，是沒有比民進黨更急進的主張，所以要組建「基進側翼」，把民進黨往中間擠，以爭取中間選民的票，掩護民進黨奪取政權。文件中說：「我們營造一個舞台給民進黨收割，不怕他們收割，歡迎他們收割，因爲我們定性民進黨是次要敵人、是爛蘋果、是階段內部的矛盾，而國民黨（加共產黨）是主要敵人、是毒蘋果、是敵我矛盾，因此藉由民進黨這個爛蘋果上台，淘汰掉毒蘋果是我們的階段性的政治與歷史責任。

一旦有一天民進黨上台，國民黨可以被裂解，那時台灣眞正的政黨政治，理當由我們這個基進側翼與民進黨進行競爭，彼時當無國族認同之問題，那是正常化國家政黨政治。那時也能內部爭吵，但是全力對外，而非今日國民黨引中國狼入室之荒謬。」

這一份「戰略思考」有論述、有戰略、有戰術，把太陽花學運放置在國際戰略的背景中思考，其實踐造成了二〇一六大選國民黨的潰敗。而其思想基礎，則是李登輝「自我殖民」式的皇民化。

「馬習會」

在二〇一六年大選之前，總統府突然宣佈：馬總統將於十一月七日在新加坡與習近平主席會面。這是兩岸政府領導人在隔絕六十六年之後的首次會面，具有十分重要的象徵性意義。

過去，中共的立場是「中華民國已不存在」，中華民國已被中華人民共和國所繼承，因此，在國際和大陸內地都不允許中華民國及其象徵符號出現，大陸訪台人士對中華民國國旗及國歌更是避之唯恐不及，因此鬧出許多不愉快的事件，未能體現兩岸互相尊重及對等的原則，也違背了「一中各表」的精神。

這次雙方領導人的會面，雖然互稱「先生」，但卻無法遮掩馬英九是中華民國總統的事實。會後記者會上，馬英九的名牌印的是「總統」，陸方願意在此種場景上同意和馬英九會面，這是一種突破，是默認中華民國存在的事實。大陸中央電視台在報導馬英九出國前在總統府召開的記者會，不忌諱的播出中華民國國旗的畫面，這些都具有重要的象徵意義，等於是大陸對「一中各表」的默認，也是某種程度的不否認中華民國的存在。用本章的論述框架來看，這是雙方默認「一個中國框架」的存在，也符合馬英九所講的「主權不承認，治權不否認」的精神。

「框限人民的選擇」？

然而，「馬習會」並沒有簽訂任何的協定。放在本書的論述脈絡中來看，這場歷史性的會談還有更深一層的涵義：國民黨努力要克服它的「賣台恐懼」；共產黨的「歷史偏執」也已經有了極大的鬆動空間；可是，民進黨願不願意走出它的「自我封閉」呢？

馬習會登場後，民進黨總統參選人蔡英文立即發表談話，表示「遺憾」。她說：馬習會唯一達成的效果，是在國際舞台上，企圖用政治框架，「框限未來在兩岸關係上人民的選擇」。她表示：缺乏民主程序、沒有民意支持的政治框架，台灣人民絕對不會接受。蔡英文在談話末尾表示：她將和台灣人民用更民主的方式，來彌補馬習會所造成的傷害。

蔡英文發表談話的時候，民進黨勝選的態勢已經非常明顯。所謂「框限未來在兩岸關係上人民的選擇」，其實就是她自己的選擇。然而，蔡英文要如何帶領民進黨走出「自我封閉」的狀態？

國民黨自亂陣腳

馬英九出任總統之初，便聲言要當「全民總統」，施政刻意討好綠營群眾，培養出社會上「仇中媚日」的氣氛，接著又宣稱要把國民黨改造成「選舉機器」，導致國民黨內部離心離德，四分五裂，外有泛藍政黨打著藍旗反藍旗，內有龐大勢力扶植泛綠政客接管黨產，他們不僅和綠營聯手，跨黨派培養第二、三代外省人參加外獨會、綠黨、社民黨、時代力量，進入藍營優勢選區，和國民黨候選人競爭；而且由退職情治人員介入民國黨，拉走國民黨的宗教票；所謂「軍工教聯盟黨」更直接挖空國民黨最堅強的支持群。

二〇一四年的「九合一」選舉結果，選民已經清楚表達出對馬政府的強烈不滿，希望國民黨能夠有所改革。遺憾的是，馬總統竟然還引用讓民衆更反感的偏頗統計數字，以「八年興革，台灣升格」爲題，發表洋洋灑灑的元旦祝詞，讓泛藍選民對馬政府徹底失望。

朱立倫出任國民黨主席之初，若是能辭掉新北市長，鼓舞藍軍士氣，高舉正義大旗，背水一戰，即使選輸也不會太難看。可惜他卻錯估形勢，低估對手，高估自己，先是堅持「做好、做滿市長」與「不競選二〇一六」，跟黨內的那些「A咖」們一樣怯戰。及至洪秀柱決定「拋磚引玉」，國民黨確定由洪秀柱參選，洪秀柱又講不清楚自己的政見，而被打成「急統派」，引發黨內「換柱」風潮，朱立倫才決定自己披掛上陣。因此有人把「洪下朱上」，比擬爲民初袁世凱「結束帝制又自己稱帝」的歷史醜劇。

蔡英文的勝出

國民黨在提出歷史上最差的不分區名單之後，朱立倫竟又補上一位史上最具爭議、讓鐵桿藍最無法接受的副總統候選人，朱、王配失去母雞帶小雞的作用，黨提名立委避之唯恐不及。國民黨黨政失調、組織渙散、幾乎選前一個月就已經確定是一場必敗的選舉。

朱立倫原本是最被看好的國民黨中生代明星，頗有儲君的意味，可是繼二〇一四年底驚險連任之後，又遭逢此次總統選舉大敗，個人政治聲望大跌，國民黨也面臨「後繼無人」的危機。

相較於國民黨的誤失連連、自亂陣腳，蔡英文個人的努力與堅忍不拔的人格特質則是她在此次大選能夠勝出的重要因素。八年前，她在陳水扁貪腐事件造成的一片低迷形勢中勇敢承擔，接任民進黨主席，先在幾次立委補選成功中積累戰功，提振黨內士氣，二〇一〇年又親自下海參選新北市長，小輸朱立倫十萬票；二〇一二年再與馬英九對決，也只小輸八十萬票，二〇一四年底則領導民進黨，在「九合一」縣市長地方選舉中獲得空前勝利，已經預告今年總統的大勝。整體而言，民意對馬政府的高度不滿，已經爲民進黨此次的大勝預作鋪路，蔡英文堅定有力的領導與不犯錯誤，應爲後天的人爲成功要素。

向「台灣總督」致意？

二〇一五年十月六至九日，在二〇一六年大選倒數計時一百天，蔡英文刻意安排了一場赴日活動。蔡英文辦公室對外宣稱這次活動爲「經貿文化之旅」，目的是「與台僑、留學生見面，加強日台產業連結」。可是，在短短四天的行程裡，蔡英文卻刻意安排其中一天到偏遠的山口縣訪問。山口縣是日本的傳統農業縣，與台灣的經濟並沒有密切的關係，蔡英文跑到山口縣談經濟合作，似乎不合常理。而蔡英文之所以選擇訪問山口縣，顯然是因爲山口縣背後獨特的歷史背景與政治意味。山口縣不僅是安倍晉三的故鄉，而且也是簽署《馬關條約》割讓臺灣的日本外相伊藤博文，以及日本統治臺灣時的「總督」兒玉源太郎的故鄉。當年《馬關條約》的簽署地下關也是在山口縣。她在這個關鍵時刻，好整以暇地訪問山口縣，除了向安倍示好之外，應當還有更深一層的政治意義：她是要提醒台灣的選民「台灣是日本的殖民地」嗎？還是要向這位「台灣總督」致敬呢？

周子瑜事件

二〇一六年選舉的大勢，本來就對國民黨非常不利，選前三天爆發的「周子瑜事件」，則是「壓垮駱駝的最後一根稻草」。

周子瑜爲南韓演藝團體TWICE的十六歲成員，因爲在南韓綜藝節目中手持青天白日滿地紅國旗，自稱來自台灣，遭藝人黃安具名檢舉爲台獨，被大陸網軍大事撻伐。

幾天後，南韓經紀公司安排周子瑜在大選前夕錄製道歉影片，她以蒼白顫抖的語氣念出：「中國只有一個，海峽兩岸是一體的，我始終爲自己是中國人感到驕傲。」

在選前之夜十時後，依據選罷法規定，不得再有任何選舉新聞的時段中，這段影片成爲唯一重複播出的重大新聞。

許多台灣民衆看到仿如IS人質的周子瑜發言後，一夜輾轉反側，紛紛從各地趕路回家投票。次日，國民黨在總統與立委選舉中潰敗。事後媒體分析：周子瑜事件的威力，比兩顆子彈大，選民同仇敵愾告訴中國大陸：周子瑜是台灣人！

國民黨敗選的操盤手

果然，第二天總統大選開票的結果，蔡英文以五十六・一二％的得票率，獲得六百八十九萬票；大勝朱立倫的三百八十一萬票，後者的得票率僅爲三十一・四％！不僅如此，立委選舉的結果，也是國民黨慘敗，一百一十三席中，民進黨獲六十八席，國民黨只剩卅五席，時代力量五席，親民黨三席，無盟及無黨籍各一席。民進黨單獨贏得過半席次，國會首度「政黨輪替」。國民黨總席次不到三分之一，甚至低於卅八席的「朱立倫防線」，讓支持度低迷的馬英九總統，處於隨時可能被新國會「彈劾、罷免」的局面！

在大選之前，蔡英文曾經去過一趟美國，告訴美國：她一旦當選上台執政，會在「中華民國憲政架構」下，以「維持現狀」方式，處理兩岸關係。但因爲蔡英文對兩岸

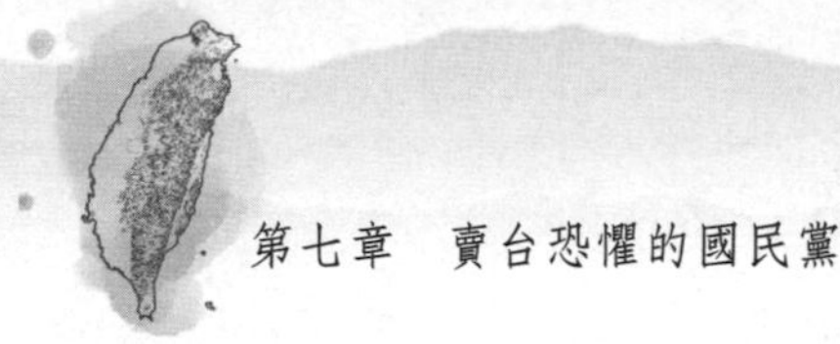

議題表態模糊，美國不敢相信蔡英文上台執政後會眞的尊重「中華民國憲政架構」，並「維持現狀」，因此先後透過美四位前國防部長，趁討論兩岸議題之際，希望大選後的台灣新政府「不要放掉一些能達成正確目標、適當協議的良好進展，以免使美國陷於是否履行對台義務的爲難處境」。在台灣總統大選後，美國務院分別派遣現任副國務卿布林肯（Antony Blinken）前往北京會晤大陸國台辦主任張志軍，卸任前副國務卿伯恩斯（Bill Burns）前來台北會晤馬英九總統及總統當選人蔡英文，明白表示：美國擔心選後兩岸關係有變局，強調台北新政府產生後，美國將強力敦促「兩岸對話」，「透過對話和平解決問題」，並期許台北「不要讓大陸有理由改變對台政策」。

第八章

歷史偏執的共產黨

自我封閉的民進黨「不願」面對兩岸之間的政治現實，賣台恐懼的國民黨「不敢」面對兩岸政治現實，可是，對岸的共產黨敢於面對兩岸的「政治現實」嗎？《中國評論》二〇〇九年四月號刊登了北京「和平與發展研究中心」研究員沈衛平的一篇文章〈兩岸和平協議芻議〉，文中引述馬英九在就職典禮上的宣示：「未來我們將與大陸就台灣國際空間與兩岸和平協議進行協商」，以及胡錦濤於〇八年十二月三十一日提出「協商正式結束兩岸敵對狀態，達成和平協議，構建兩岸和平發展框架」，因而認為：兩岸能否儘早達成「和平協議」是「世人關切」的重大問題。

一、政治談判的門檻

然而，兩岸要想簽訂和平協議，必須克服的最大難題，就是談判雙方如何確立彼此的身分。沈衛平指出：「和平協議是事關兩岸關係前途發展的高度政治議題和重大歷史文獻，理應由兩岸當局及層峰人士簽署」，海協會和海基會是官方授權的民間組織，可以互談事務性議題，其權威性顯然不足以談政治性議題。目前國民黨雖然是執政黨，但已不能「以黨領政」，兩岸事務也不是黨務，由共產黨和國民黨來簽署這樣一份文件，

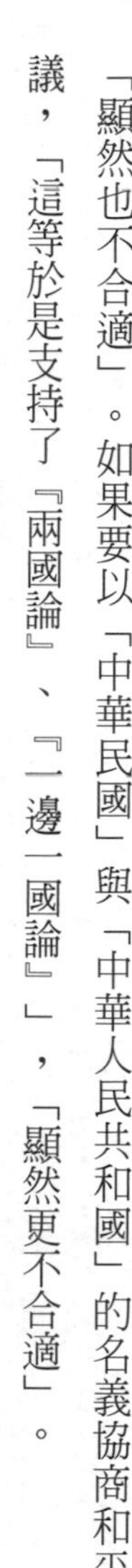

「顯然也不合適」。如果要以「中華民國」與「中華人民共和國」的名義協商和平協議，「這等於是支持了『兩國論』、『一邊一國論』」，「顯然更不合適」。

然則，面對和平協議相向而坐的雙方究竟是何身分？「簽署人是何頭銜？」「現在，兩岸為將要開啓的政治談判進行設計已是繞不過的門檻」；至於如何進行這項政治設計，沈先生承認：「筆者智窮，給不出圓滿答案來。我只能坦白地提出問題。」

中共的自我矛盾

針對沈衛平的問題，我在《中國評論》五月號發表一篇文章，題為〈以「一中兩憲」跨越和平談判門檻〉，一面說明「一中兩憲」的方案可以解決兩岸無法開啓政治談判的困局，一面指出沈先生自覺「智窮」的關鍵因素所在：

自從一九四九年國民政府撤退到台灣之後，號稱「中國」的疆土已經分裂成「中華民國」和「中華人民共和國」。他們雖然都承認「一個中國原則」，但「中華人民共和國」卻不願意在國際上承認「中華民國」的存在，反倒要求台灣接受諸如「中華台北」、「中國台北」之類的名稱。許多台灣人因此覺得中共在國際上刻意打壓台灣的活動空間，有些人甚至因此轉而支持台灣獨立運動。

然而〇六年中共公布的《反分裂國家法》，卻使中共陷入了一個自我矛盾的弔詭：

今天台灣不論是哪一個政黨執政，如果修改「中華民國憲法」中有關國號、國旗、和領土的規定，而走上「法理台獨」的道路，中共便必須啓動《反分裂國家法》。換言之，中共不惜用「非和平方式」來保障以「中華民國憲法」所界定之政治實體的存在。可是，中共卻不承認「中華民國」存在的客觀事實。台灣二次政黨輪替之後，兩岸政府領導人都十分明白：兩岸和平契機可能一閃即失，可是中共又不願意讓雙方以「中華民國」和「中華人民共和國」的名義坐上和平協議的談判桌。和平協議是高度政治性的文件，當然不能由「海基會」和「海協會」以「民間團體」的名義來簽訂。可是，中共卻又不願意承認「中華民國」所代表的政治實體存在。這樣的自我矛盾，才是讓「沈先生」自覺「智窮」的關鍵所在！

從這樣的分析中，我們可以很清楚的看出：今天兩岸要想開啓簽訂和平協議的政治談判，關鍵性的責任是在中共，而不是在台灣。如果中共不先設法破除這樣的自我矛盾，而一味假設「中華民國」已經滅亡，那中共當局到底是要跟「誰」談判？難道中共是要跟漂浮在台灣上空的幽靈簽訂和平協議嗎？

二、破除中共的歷史偏執

中共要想破除這樣的自我矛盾，唯一的解決方案，就是接受本書所主張的「一中兩憲」。要做到這一點，中共必須對兩岸關係的歷史發展有嶄新的宏觀視野。去年十二月江陳會後，中國人民大學國際關係學院教授黃嘉樹在《中國評論》月刊上發表了一篇題爲《和平發展與大陸對台戰略的調整》的文章，指出北京現在推動的「兩岸和平路線圖」依序爲：低度和平、中度和平與高度和平。「低度和平」是不能用武，是不戰；「中度和平」是不願用武，是和解的和平；到了「高度和平」階段，就是根本不需要用武，昇華至和諧的和平。當前台灣海峽現狀是「低度和平」，是靠相關各方的相互軍事威懾保障的和平；下一步是兩岸通過平等談判，簽訂和平協定或結束敵對狀態協定，或建構兩岸軍事互信機制、兩岸政黨交流機制、兩岸領導人會晤和磋商機制等，使兩岸的和平升級爲靠制度或協定保障的「中度和平」。再經由雙方共商兩岸關係未來，「共議統一」，邁向共同利益保障的「高度和平」，其象徵是兩岸經濟文化交流的全面機制化。

○九年六月中旬，兩岸統合學會和全國台灣研究會在北京舉行「兩岸和平協議學術研討會」，全國台灣研究會常務副會長周志懷也明白表示：兩岸之間的共識，有三個不同的發展階段：在一九九二年之前兩岸互相對立，過去的九二共識旨在反對台獨；現在兩岸間新的共識，應當著眼於中華民族的偉大復興。在胡錦濤祝賀馬英九當選國民黨主席的電文中，也期盼國、共兩黨能夠互相合作，「開創中華民族的偉大復興」。黃、周兩人所提出的「兩岸關係發展階段論」基本上若合符節，跟大陸領導人倡導的方向互相呼應。在兩岸關係的不同發展階段，對於兩岸所存在的兩種政治體制，確實也應當做出不同的定位。我們可以用大陸方面對台灣參與國際組織名稱的態度變化來說明這一點。

互爭正統的「亞銀模式」

目前台灣參加國際組織主要有兩種不同的模式，一是「亞銀模式」，一是「奧會模式」。一九六六年，台北參與亞洲銀行，爲創會會員國。一九七四年，北京擬加入亞銀，台北表示反對。一九八三年，中共正式申請入會，但其前提條件爲「中華人民共和國政府是中國的唯一合法政府」，台灣當局必須改名。當時亞洲銀行行長藤岡眞佐夫花了兩年多的時間，和台灣公開和祕密接觸二十多次，和大陸接觸三十多次，到了一九八八年四月，亞銀在馬尼拉召開第二十一屆理事年會，亞銀當局擅自將台灣名稱由

「中華民國」（Republic of China）改為「中國台北」（Taipei, China），當時台灣代表「亞銀理事」張繼正雖然提出書面抗議，但並沒有選擇退出。目前台灣在亞銀的會籍名稱是「中國台北」（Taipei, China），大陸則是「中國」（China）。

用黃、周兩人的「兩岸發展階段論」來看，一九八〇年代，兩岸雙方都努力地在國際關係上爭取「正統」，國民黨當時堅持的原則叫「漢賊不兩立」，共產黨的說法是「有蔣無我，有我無蔣」。在雙方角力之下，最後是台灣敗北。「中國台北」和香港在國際組織中的名稱「中國香港」（Hong Kong, China），有同樣的語法結構，台灣也因此每年開會都要提出抗議。

「反對台獨」的奧會模式

再談「中華台北」。一九八九年，兩岸針對台灣代表團參加奧運的名義問題展開協商，四月六日，當時中國奧林匹克委員會主席何振梁與中華奧林匹克委員會秘書長李慶華簽署協議。這就是所謂的「名古屋協定」。兩岸協商之後，「中華民國」以「中華台北」（Chinese Taipei）的名義參加奧運會、亞運會等國際運動賽事。從此之後「中華民國」也常以「中華台北」（Chinese Taipei）的名義參與ＡＰＥＣ、ＯＥＣＤ等國際組織。

用黃、周兩人的「兩岸關係發展階段論」來看，那個時代兩岸之間的共識是「反對台獨」。由於「中華人民共和國」政府奉行一個中國政策，所以不承認在台澎金馬的「中華民國」為一個獨立的「國家」，反對其參加任何由「主權國家」參與構成的國際組織，並反對其在國際上使用「中華民國」的名稱。而「中華民國」政府亦拒絕使用「中國台灣」的稱呼，也反對直接使用帶有台獨涵義的「台灣」稱呼，因此將「Chinese Taipei」翻譯為「中華台北」作為折衷名稱。

就其中文意義而言，「中華台北」的名稱是強迫台灣從「中華」的文化、民族、歷史層面來定位自己，不但沒有憲政秩序的精神，連「政治實體」的地位都沒有。就其英文意義而言，「Chinese Taipei」可以譯為「中國台北」或「中國人的台北」，英文中根本無法區分「中國」或「中華」。

屈辱與無奈的名稱

在○八年以前，除了正式比賽場合外，大陸媒體一直習慣以「中國台北」的稱呼來翻譯「Chinese Taipei」。這在二○○八年北京奧運開幕前夕引起了兩岸間的爭議。台灣執政當局認為，「Chinese Taipei」應譯作「中華台北」，北京國際媒體中心將之譯為「中國台北」則有矮化之嫌。中國大陸起初認為，奧委會協議不涉及他人在協議範圍外使用「中國台北」的權利，因此不認同矮化一說。在馬英九總統、中國國民黨秘書長吳敦義相繼表示不滿後，中國大陸的《新華社》、《中新社》與《中央電視台》等媒體才在七月下旬改用「中華台北」來稱呼台灣體育代表團。

然而，對台灣人而言，以「中華台北」（Chinese Taipei）的名義參與國際組織，其實是充滿無奈和屈辱之感。在二〇〇九年四月，兩岸經過政治協商，決定台灣用「中華台北」（Chinese Taipei）的名義，以觀察員的身分參加二〇〇九年的世界衛生大會（WHA）。馬英九總統在接受媒體訪問時表示：對於這樣的安排，他「不滿意但可以接受」。然而，在馬英九總統就職週年前夕，民進黨卻以「反傾中，顧主權，護台灣」作爲主題，發起「五一七嗆馬保台活動」。在這場民進黨宣稱有八十萬人參加的活動上，主民進黨主席蔡英文借題發輝，對群衆大聲疾呼：過去這一年，台灣在馬政府帶領下，主權消失、經濟退步、民主走回頭路。馬政府一意孤行推動親中政策，把台灣人命運和前途放在中國手裡，「這是我們不能同意、也不能忍受的事」。

蔡英文說，台灣人沒有悲觀的權利，「我們的國家我們自己救」，台灣人要團結，用民主來救國，民進黨將和所有人一起保護台灣，讓國際社會知道台灣人民眞正的選擇是什麼，「這是民進黨的歷史責任！」

中共明明知道：兩岸關係有不同的發展歷史階段，大陸的涉台學者也提出了非常理性的「兩岸和平發展階段論」，在不同的歷史階段，兩岸關係就應當隨著時勢的發展而做適當的調整。如果中共當局不能與時俱進，不能隨著兩岸關係的變化而提出新的對策，反倒堅持國、共鬥爭時代或「反台獨」時代的做法，要求台灣接受一些不合時宜的名稱，台灣內部因此而搞得擾攘不安，兩岸關係也不能有眞正的「和平發展」，這不是歷史偏執，又是什麼？

三、「中國模式」的辯證

自從〇九年金融海嘯發生過後，世界各國對於中國採行改革開放政策以來三十年的經濟表現莫不刮目相看。許多西方學者開始研究所謂的「中國模式」，希望能夠找出中國經濟成長歷久不衰的關鍵因素。譬如奈思比夫婦合著的《中國大趨勢》一書，便認爲中共的政治制度是「垂直式民主」，不同於西方資本主義的發展道路，而對之讚譽有加。然而，什麼叫「垂直式民主」？所謂「中國模式」眞的是無懈可擊嗎？

失掉政權，贏回「路線」

從一九四九年，國民政府撤守台灣以來，中共便公開宣稱：「中華民國」已經滅亡。一九七一年十月二十五日，聯合國宣布：「中華人民共和國」取代「中華民國」，取得中國在聯合國的代表席位之後，中共更進一步假設：「中華民國政府」已經從世界上消失。然而，文化大革命結束之後，一九七九年鄧小平決定改革開放以來，共產黨在大陸上所走的國家發展道路，其實是國民黨在台灣早年經濟發展模式的翻版。更清楚地說，如果我們把一九四九年以前的國、共鬥爭看做是中國現代化的路線之爭，國民黨一九四九年雖然在大陸失掉了政權，卻在一九七九年贏回了「路線」。

台灣從一九七八年宣布解除戒嚴之後，已經發展出可以政黨輪替的民主體制。這個民主體制的運作成效如何姑且不論，它以民選方式所產出的政權，其正當性卻不容置疑。目前國際上承認「中華民國」的國家雖然只有二十二個，但「中華民國」無法得到世界上大多數國家的承認，卻是因爲國、共內戰殘留下來的問題尚未獲得解決，而不是因爲它政府體制的合法性受到質疑。

二〇〇八年十二月三十一日，中共總書記胡錦濤在中共紀念《告台灣同胞書》三十週年大會的講話中指出：「一九四九年以來，大陸和台灣儘管尚未統一，但不是中國領土和主權的分裂，而是上個世紀四十年代中後期中國內戰遺留並延續的政治對立」。這個提法基本上符合「一中新三段論」的精神。值得強調的是：上個世紀「中國內戰遺留並延續的政治對立」，使得今天的「中華民國」和「中華人民共和國」各別在海峽兩岸實施一套不同的憲政體制，這兩套憲政體制所界定的政治體制是完全不相同的。

兩種憲法體制

「中華民國憲法」第一條：「中華民國基於三民主義，爲民有民治民享之民主共和國」；而一九八二年修訂的「中華人民共和國憲法」第一條：「中華人民共和國是工人階級領導的、以工農聯盟爲基礎的人民民主專政的社會主義國家。社會主義制度是中華人民共和國的根本制度。禁止任何組織或者個人破壞社會主義制度。」其序言又指出：「工人階級領導的、以工農聯盟爲基礎的人民民主專政，實質上即無產階級專政」，由此可見，這兩部憲法對國家性質的規定正如油水之不能相容，目前兩岸根本沒有「統一」的條件。

兩岸的憲政體制「不能相容」，並沒有蘊涵兩種體制孰優孰劣的意思。台灣實施西方式民主選舉的經驗，有成功，有失敗；許多負面的挫敗經驗讓整個社會付出了相當大的代價，可以作爲大陸的借鏡。尤其是在金融海嘯發生後，二戰結束以來以美國作爲核心的世界資本主義經濟體系，產生了根本性的動搖，整個世界的經濟秩序經過巨幅調整，逐漸形成「多極的世界經濟體制」。在世界經濟體制巨幅調整的過程中，中國該走什麼道路，該做什麼樣的制度調整，都值得中國知識菁英細細深思，反覆論辯。

然而，兩岸間政治制度的差異，不應當成爲兩岸簽訂和平協議的絆腳石，也不應妨礙兩岸攜手合作，建構未來世紀的新經濟秩序。胡錦濤講話第六點強調：爲有利於兩岸協商談判，「兩岸可以就在國家尚未統一的特殊情況下的政治關係展開務實探討」。在我看來，目前兩岸要「在一個中國原則的基礎上，協商正式結束兩岸敵對狀態，達成和平協議，構建兩岸關係和平發展框架」，唯一辦法就是雙方都接受「一中兩憲」。

「一中兩憲」的客觀現實

所謂「一中兩憲」是指：中共在大陸實施一部「中華人民共和國憲法」，台灣在「台澎金馬地區」實施「中華民國憲法」，這兩部憲法各有其有效統治範疇，卻都建立在「一個中國」的原則之上。由於任何一個政治實體都是以憲法界定的，只要我們堅持「一中兩憲」的立場，雙方便可以對等政治實體的立場展開談判，不僅可以建構兩岸間穩定的和平關係，而且可以讓台灣參與國際社會。

如果海峽兩岸都能夠接受「一中兩憲」的主張，將來雙方要以「政治實體」的立場，簽訂「和平協定」或其他協議，既然不能使用現有的國名，不妨使用「台北中國」（Taipei China）和「北京中國」（Beijing China）的名稱。在這兩個名稱中，「台北」和「北京」分別代表兩個「政治實體」的首府所在地，也可以作爲「中國」的形容詞，其意義分別爲「台北的中國」和「北京的中國」，代表兩個對等的政治實體，誰都沒有被誰「矮化」成「地方政府」。

用國民黨主張的「一中各表」來看，「台北中國」指的是在台北的「中華民國」，「北京中國」指的是在北京的「中華人民共和國」，但是大家都是中國，完全符合「九二共識，一中各表」的精神。

從中共的角度來看，「台北中國」與「北京中國」也符合中國大陸「一國兩制」的精神。但卻又不是中共目前所實施的「一國兩制」。目前「一國兩制」的「香港模式」，是在「中華人民共和國憲法」之下，再制訂一部「特別行政區基本法」。如此一來，台灣將淪爲中共轄下的一個「特別行政區」，這種安排，不要說泛綠民衆不會接受，即使是大多數的泛藍群衆也不會接受。

因此，台灣要跟中共展開和平談判，讓中共不得不正視「中華民國」仍然存在的客觀現實，以逐步破除其心理障礙。然而，台灣要想「以小搏大」，必須先提出一套完整的論述，說明我們要用什麼樣的機制，來達到這樣的目標。

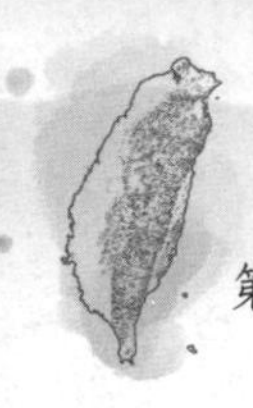

「一中兩憲」的理論發展，為未來兩岸關係的合理發展，做出了具體的制度規劃。從社會學「結構功能」論的角度來看，有了一定的制度規劃，制度的各個組成部門必然要發揮一定功能，才能維持整個制度運作的平衡。然則，要落實由「一中兩憲」的制度規劃，兩岸現有的三個主要政黨，包括民進黨、國民黨和共產黨，將扮演什麼樣的角色？並發揮什麼樣的功能？

四、國家球體理論

二〇〇九年十一月，在台北舉行的「兩岸一甲子」研討會上，廈門大學台灣研究院院長劉國深提出了一篇論文，題為〈試論和平發展背景下的兩岸共同治理〉。文中提出了一個非常具有創意的比喻：

我們可以把國際社會比做兩百個左右的「國家球體」構成的「國際星系」，各「國家球體」擁有特定的領土、人民和政府，按照聯合國憲章規定的國家關係軌道運行。各「國家球體」必須保持領土和主權完整性，以避免因球體崩解而出現顛簸甚至逸出軌道，造成「國際星系」的動盪不安。在政治學意義上，政權（政府）就是附著於「國家球體」表面的保護層，行使對內鎮壓與管理、對外保護所在球體不受外來侵害的職能。世界上絕大多數「國家球體」只有一個政權代表這個國家，而中國這一「國家球體」的球面是由「中華人民共和國」和「中華民國」兩個競爭中的政權構成，她們分別在背靠背的空間和場合代表著中國，雙方形成了事實上「一體兩面」的關係。

這是一個非常具有創意的比喻。用這個比喻來看，當前「中國」這個「國家球體」其實是一只「渾天儀薰香球」。這種薰香球的外殼是個圓球，球殼上佈滿鏤空花紋，以便香氣散出。內部的裝置則巧妙地利用了重力原理，在球體內裝置兩個可以轉動的同心圓環，環內再裝置一個以軸承與圓環相連的小圓缽。在小圓缽中盛放上燃炭和香丸以後，無論香球怎樣滾動，小圓缽在重力作用下，都會帶動機環與它一起轉動調整，始終保持水準方向的平衡，不會傾翻。

薰香球的外殼皆自中部分為兩個半球體，一側用活軸連接，另一側上下緣分別裝有小鉤和鈕，兩半可開合、扣緊。用薰香球這種「合中有

薰香球全貌

分」的結構來理解當前兩岸關係的「政治現實」，位於台灣的「中華民國」，其政治體制正如裝了小圓缽的半個球體，而中國共產黨統治下的「中華人民共和國」是另外半個球體。將兩個半球體連在一起的「活軸」，則是雙方共同承認的「一個中國」原則。用薰香球的兩半代表海峽兩岸的兩個政府，旨在說明：台灣和大陸所施行的政治體制有其根本的不同。

開啓的薰香球

垂直式民主

然而，我們卻很難用諸如「獨裁」或「專制」之類的形容詞來描述目前中共在大陸上所施行的政治體制。在《中國大趨勢》中，奈思比分析支撐起中國經濟發展的八大支柱，而稱之爲「垂直式民主」。他指出：在中國這種高度分散的社會，政治不是由對立的政黨或政客在運作，而是由溝通過程中得到的共識在運作。領導人爲整個社會建構了一個遠景，納入「由下而上」提出的構想、建議與要求。再以「由上而下」的方式確立、執行，並視情況的需要靈活調整，這一切都在領導人設定的大目標下進行。這樣創造出一個垂直的架構，各種構想和經驗在上下層級之間不斷交流。

在西方式的民主政體中，執政的正當性，在於當政者是經由民選所產生。在中國人看來，統治的正當性主要是取決於政績表現。中國正致力於建立一個適合其文化與社會的民主模式。這種垂直式民主的程序當然有其弱點，不過其主要優點在於，政治人物可以放下一切爲選舉的考量，而能進行長期的策略規劃。

中國政府的領導權無疑是掌握在共產黨手中。○九年三月，中共全國人大常委會主席吳邦國向三千位人大代表演說時指出：「中國要積極借鑒人類社會創造的文明成果，包括政治文明的有益成果，但絕不照搬西方那一套。」「我們絕不搞多黨輪流執政、『三權分立』、兩院制。」他指出，中國和西方在這方面有三個主要差異：一、中國的制度已經包含多方利益，大家在中國共產黨領導下合作，但它不是西方的多黨制。二、全國人民代表大會的制度，用意不是要成爲權力分立的西方制度。三、全國人大的代表具有廣泛代表性，但是不代表單一黨派，與西方國會的議員不同。

所以在薰香球中，我們以渾然一體的半球來代表這個一黨掌控的政體。奈思比認爲：雖然中共牢牢掌控這個國家，一九七九年中國走上改革開放的道路，三十年來，掌控的觀念已經大幅改變。中共已經由專橫獨斷的由上治下的獨裁政體，變成由下而上各層級積極參與、能發揮功能的一黨領導架構。其決策與執行日益透明，奈思比稱之爲「垂直組織式民主社會」。

中國現代化之路

奈思比的說法是有道理的。我在二〇一五年整合過去三十年的研究成果，出版了《盡己與天量：破解韋伯的迷陣》，書中明確指出：西方絕大多數的社會科學理論，都是建立在「個人主義」的預設之上。東亞儒家社會卻很明顯的是「關係主義」的社會。要用西方人所建構出來的社會科學理論來理解東亞社會的發展，自然是霧裡看花，怎麼瞧都不會精準。

這本書分析「儒家思想的內在結構」，指出儒家倫理強調「修身、齊家、治國、平天下」的價值觀，致使中國人在「家庭」和「國家」之間缺乏「社群」的倫理，很難形成西方文化中的「公民社會」，反倒形成奈思比所謂「高度分散的社會」。在這種「關係主義」的社會中，如果沒有強勢領導，而要強行移植西方「個人主義」式的民主制度，那中國人恐怕就會像孫中山在民國初年所說的那樣，變成「一盤散沙」。奈思比說：若是沒有鄧小平堅定建構了總體目標，則中國不可能以如此快的速度和進展，成功達成「經濟奇蹟」。然而，在《中國大趨勢》一書中，奈思比完全忽略掉中共改革開放過程中台灣所扮演的角色。

在我看來，從清末鴉片戰爭結束以來，追求國家的現代化始終是中國最重要的目標，未曾有任何改變。二十世紀中葉所發生的國共鬥爭，其實是國家現代化的路線之爭，而不是目標之爭。文革結束後，東亞四小龍的經濟奇蹟，應當是促使鄧小平決心走上「改革開放」之路的重要原因之一。時至今日，台灣政治體制的運作，對兩岸關係的正常發展仍然具有十分重要的意義。

台灣的民主體制

我們可以再用「渾天儀薰香球」另一半的結構，來說明我的論點。薰香球的「機巧」在於球體裡面有內外兩個環。外環以軸連於外殼的小孔中，內環的軸則安在外環的小孔上，再裡面是燃放香料的小圓鉢，也以軸連於內環小孔上，但每個軸都與相鄰的軸成九十度直角。只要軸足夠靈活，則不論香球如何翻滾倒轉，小圓鉢因重力關係，總是處於近水平狀態，裡面的火星和香灰就不會傾灑出來。

中國漢代張衡所設計的渾天儀中，便裝有這個稱為「常平架」或「萬向架」的裝置。現代高科技社會的航海、航空和宇航，也都少不了它。比如海船上定向用的羅盤或陀螺儀，都是安放在類似的架子上，任憑風吹浪打，也能保持平衡，巍然不動。

台灣的執政黨和在野黨就像是將小圓鉢聯結到內環小孔的兩根軸，藉由這兩根軸的支撐作用，才形成「渾天儀」中最重要的「常平支架」。如果民進黨接受陳水扁的「號召」，徹底否定「中華民國」的存在，則這個「常平支架」等於是壞掉了一根軸，薰香球中的小「渾天儀」根本就無法運作。相反的，如果民進黨堅持其〈台灣前途決議文〉的立場，承認自身爲「中華民國」政治體制的一部分，則將來代表「中華民國」和「中華人民共和國」的兩個政體在正式進入政治談判之後，所有的決議都要經過台灣立法院的同意。正如薰香球外殼的兩半不管怎麼轉動，「渾天儀」的「常平支架」都能使小圓鉢保持平衡。

薰香球的兩個半球體呈現出打開的狀態，中間僅有一個「活軸」相連，表示目前兩岸除了「一個中國」原則之外，在政治上彼此都不願意承認對方的存在。將來兩岸要想進入政治談判，代表兩個政權的半球體就必須慢慢合攏，彼此正視對方的存在。將來兩岸如果都能夠正視當前的政治現實，以「一中兩憲」的原則簽訂和平協定，表示兩半球的合攏往前進了一大步。

值得強調的是，薰香球兩個半球體打開的狀態，並不影響「水平支架」的保持平衡。不管這個打開的半球體如何旋轉，「渾天儀」中的「水平支架」都能夠保持平衡。可是，如果半球體轉動得太快，就會使「渾天儀」中的小圓鉢上下晃動，甚至將其中所承載的香料或其他物品傾倒出來。這意味著兩個球體的主政者在雙方互動的過程中都必須小心翼翼地「出招」，避免讓「渾天儀」中的小圓鉢失去平衡。

「分中求合」的「過程論」

渾天儀薰香球的運作充分說明：未來兩岸關係的最大特色是「合中有分，分中求合」。兩岸的主權雖然同屬「整個中國」，兩岸的憲政體制卻各有其有效的統治範圍（治權），將來和平協議簽訂之後，雙方必須繼續努力，謀求各方面的合作，簽訂各種合作協議，讓渾天儀薰香球慢慢合攏。

將來兩岸和平協議一旦簽訂，就象徵著「渾天儀薰香球」開始運作。兩岸政府便可以成立諸如「兩岸共同事務委員會」之類的機構，來處理兩岸的共同事務。在「兩岸一甲子」研討會上，廈大台研院長劉國深首度提出了「兩岸共同事務」的概念：兩岸共同事務的觀念內涵非常豐富，除了兩岸各自境內事務之外，與兩岸相關的所有事務都可以稱為「兩岸共同事務」。從層次上看，這些共同事務大致可以分為國家事務、政權事務、人民事務三個不同層面。從類型上看，這些共同事務可分為兩岸雙方「面對面的共同事務」、「背對背的共同事務」、「肩並肩的共同事務」三個不同類型。從類型上看，迄今的兩岸共同事務合作主要是「面對面」類型，也就是兩岸交流交往過程中產生的各種問題。未來兩岸共同事務合作還將擴及「背對背」類型（如在雙方各自「邦交國」全面保護兩岸人民利益問題）。甚至雙方有必要主動作為，在「肩並肩」類型的共同事務（如釣魚島問題和南海問題等）方面採取積極行動，雙方可以考慮成立「兩岸共同事務委員會」，共同策劃、組織、協調、控制和監督兩岸共同事務的合作問題。

渾天儀薰香球的運作

依照台灣現行的政治體制，任何攸關人民福祉的兩岸協議，都必須受到國會與輿論的監督，並向人民負責。兩岸和平協議簽訂之後，台灣人民仍然會像他們「亞細亞孤兒世代」或「後亞細亞孤兒世代」的父祖那樣，不斷地追問：「中國可愛嗎？」、「中國愛我嗎？」如果諸如此類兩岸合作，處理共同事務的故事不斷發生，這些問題的答案是「肯定」的，渾天儀中的小圓缽水波不興，兩岸間便能順利簽下一份又一份的協定。相反的，如果中共的作爲使他們對這些問題獲得「否定」的結論，造成台灣執政黨和反對黨的激烈對立，渾天儀中的小圓缽動盪不安，「兩岸共同治理」的合作關係勢必難以持續。從這個角度來看，這種「渾天儀薰香球」模式的順利運作，也將成爲督促中國政府不斷進步的一股重要力量。

「兩岸和平協議」的簽訂，代表兩個政體已經知道如何正視對方的存在，兩岸關係也將步入一個嶄新的時代。將來雙方以此作爲基礎所簽訂的每一份協定，都能夠使兩個半球體慢慢的合攏。至於代表這兩個政體的半球，要耗時多久才能合攏成爲「整個中國」的「國家球體」，目前沒有明確的答案，恐怕要靠下一代的智慧，才能回答這個問題。

五、兩岸政治談判的「潛規則」

二次政黨輪替之後，以「民主行動聯盟」爲班底的學界同仁曾經以「一中兩憲」作爲議題，和中共涉台單位開過四次公開研討會。討論如何建構兩岸和平框架。

在第一次會談中，我提出「一中兩憲」的主張，建議兩岸以對等憲政實體的立場，簽訂和平協議，大陸方面立即有人表示疑慮「兩憲」不就是「兩國」嗎？

坦尚尼亞的「一國兩憲」

當時我對坦尚尼亞和尙吉巴的關係一無所知，回台灣後，在二〇一一年二月出版的《中國評論》發現了一篇「聯合共和國：坦尚尼亞模式與兩岸統一模式初探」，一開始便說，二〇〇九年二月中國大陸國家主席胡錦濤訪問坦尚尼亞時，與坦國總統基克維特舉行會談，同一天他又會見了尙吉巴總統卡魯姆，「令人不可思議，一個國家怎麼會有兩個總統呢？而且在國事活動中都得到外國元首的正式會見。其實，坦尚尼亞聯合共和國是由坦噶尼喀（大陸）和尚吉巴（島）兩部分聯合而來的，以前是各自獨立的國家，作為聯合共和國一部分的尚吉巴，目前仍有自己的憲法與總統」。

作者指出，位於東非的坦尚尼亞面積九十四萬餘平方公里，位在東非外海的尚吉巴面積兩千六百餘平方公里，是一個海島，坦尚尼亞人口約四千萬，其中尚吉巴近一百二十萬，面積比例約三六五比一、人口約三四比一，中國大陸總面積與台灣的比例約二六八比一、人口約五六比一，兩者極其相似；文中還強調，「胡錦濤主席作為中國國家元首，訪問坦尚尼亞期間在會見聯合共和國總統後，還要會見尚吉巴總統，其他到訪的中國領導人也會依此慣例」。

我曾經問李教授：「大陸領導人同一天內見兩位總統，這件事有沒有政治意涵？」他很清楚地告訴我：「我們國家領導人公開做任何一件事，都有政治意涵。」「這種政治意涵是不可能明講的。」果然，二〇一三年中國大陸國家主席習近平結束訪俄行程後，三月二十五日訪問非洲首站與坦尚尼亞總統基克維特會談，接著又會見尚吉巴總統謝因，並允諾參與連結坦尚尼亞和尚吉巴的坦尚鐵路改造和運營。

一個中國原則

我非常瞭解：對於中共而言，所謂「台灣問題」，是第二次世界大戰後國際政治發展過程中所遺留的問題，它與國際因素有密切關係，並不是單純的內政問題。在國際社會和外交領域，在台灣問題上大陸歷來堅持「世界上只有一個中國，中華人民共和國政府是中國的唯一合法代表」的「一個中國原則」。而「兩岸關係」則純粹是一個內政問題，是大陸和台灣的關係問題。雖然兩岸關係與台灣問題有密切聯繫，但是，兩岸之間的事務，不允許任何外國勢力介入，是我們中國人自己的內部事務，是純粹的內政問題。

在中共看來，胡錦濤二〇〇八年十二月三十一日在紀念《告台灣同胞書》發表三十週年座談會上的講話中提出了兩岸關係中的「一個中國框架」，使兩岸對一個中國的內涵表述更具協商融通的空間。更清楚地說，「一個中國原則」是大陸在國際社會和外交領域所堅持的立場。而在屬於內政的兩岸關係問題上，大陸強調的是希望維護「一個中國框架」，即：台灣是中國的一部分，大陸也是中國的一部分，兩岸同屬一個中國。「一個中國原則」是大陸就台灣問題在國際社會和外交領域所持的一貫立場；「一個中國框架」則是大陸希望和台灣在兩岸關係問題上能夠產生的重要共識。兩岸關係中要強調的是維護「一個中國框架」。

在這裡，一方是大陸，一方是台灣，而不必涉及目前雙方各自在外交場合所用的不同「國號」。兩岸是一個國家，國家內部的政治分歧可以坐下來商量著解決。「運用法律手段增進維護一個中國框架的共同認知」，就是主張雙方要維護和遵守各自「憲法」和「法律」中對「兩岸同屬一個中國」規定；雙方在相互交往交流中達成共識的部分，可以先行法治化，即可以一步步通過各自立法或簽訂兩岸協議的方式，固化共識，管控分歧，維護好兩岸對「一個中國框架」的共同認知。

「兩岸同屬一個中國」是一個中國框架的核心理念。李義虎教授曾指出：「九二共識」與「兩岸同屬一中」已經形成明確的邏輯遞進關係，沿著這種邏輯可以尋找到提升雙方政治互信的基本路徑，而以文件化、法律化和機制化形式促成「兩岸同屬一中」新共識，則是提升兩岸政治互信的最佳選擇。

兩岸政治談判的潛規則

「一中兩憲」是當前兩岸政治的客觀現實。然而，由於各種歷史及政治因素的交錯糾結，面對這樣的政治現實，共產黨不能說，國民黨不敢說，民進黨不願說，結果兩岸談判就成了無法進行的僵局。

要打破這樣的僵局，我們必須把它轉變成「大家都不必說」的「潛規則」。所謂「潛規則」是指：雙方所簽的政治協定，雖然是兩個政府之間的正式協定，但在協定上並不會出現「中華民國」或「中華人民共和國」的字眼。至於協定上雙方要用什麼名義，可由雙方商議共同決定。我的建議是用「中華台北」（Taipei China）和「中華北京」（Beijing China）的名稱。「台北」和「北京」分別代表兩個「政治實體」的首府所在地，也可以作爲「中華」的形容詞，其意義分別爲「台北的中華」民國和「北京的中華」人民共和國，代表兩個對等的政治實體，誰都沒有被誰矮化。

馬政府參加國際組織，可以接受Chinese Taipei（中華台北），而不接受Taipei, China，原因之一，在於後者的中譯是「中國台北」。從李登輝開始推動「去中國化」政策，台灣年輕一代普遍養成「逢中必反」心態。所謂「中」是指「中國」，而不是指「中華」。大家可以接受「中華台北」，但不能接受「中國台北」。其實「Chinese Taipei」對不懂中文的老外而言，意思就是「中國的台北」，被大陸吃足豆腐，那有什麼國家尊嚴可言？

將來在兩岸關係的正式公文書中，可以使用「中華台北」和「中華北京」；台灣要參與國際組織，則可以使用「中華台北」（Taipei China）。

這個模式最大創意在英文用China，中文用「中華」。大家不妨思考：爲什麼台灣可以接受「中華台北」，卻不能接受「Taipei China」？在中共「反分裂國家法」的框架下，不論誰在台灣執政，都必須堅持中華民國。中華民國的英文名字難道不是Republic of China？用Taipei China有什麼不對？

民進黨的疑慮

在我來看，中共所謂的「一個中國原則」並不是沒有轉圜的空間，而且在台灣內部形勢較好的時候和對方展開政治談判，對台灣是有利，至少中華民國可以保存既有的外交關係，作為談判的籌碼。然而，台灣的政治人物卻很少有人敢做這樣的嘗試。四月二十八月「台灣競爭力論壇」在立法院舉辦「馬政府執政周年總檢討」，前民進黨立委沈富雄在聽完我述說的故事之後，立刻斬釘截鐵地說：「中共不會答應的啦！他們怎麼可能給予台灣對等的地位？」

「我當然知道中共不會答應，」我的回應是：「『一中兩憲』是兩岸之間的政治現實，是兩岸簽訂和平協議的基礎，也是我們的談判條件。我們不可能要求對方把『一中兩憲』寫成文字，中共也不可能接受這樣的要求。然而，『一中兩憲』卻像是建構社會科學理論的大前提，只要海峽兩岸當局都能夠接受『一中兩憲』的政治現實，我們便能夠用它作為基礎，不僅可以簽訂和平協議，而且可以建立兩岸穩定的和平關係。」

有「台獨理論大師」之稱的前民進黨立法委員林濁水也反駁我的論點：「全世界沒有一個國家可以接受『一中兩憲』這種安排，」他語帶諷刺地說：「黃教授這套如果行得通，諾貝爾委員會應該頒給你一個特別獎！」

對於林先生的批評，我的回應是：「人類任何一種問題的解決方案，都是針對現實問題而構想出來的。國共內戰結束將近六十年，還沒簽署和平協議，今天海峽兩岸的對立是歷史上前所未有的局面，要解開這種史無前例的困局，我們當然要構想出前所未有的解決方法。」「今天我們要檢討馬政府的作爲，我們必須思考：兩岸關係怎麼樣的安排，才符合台灣的最大利益？如果『一中兩憲』能夠解決兩岸政治對立的困局，在野黨爲什麼不督促馬政府往這個方向努力？爲什麼始終堅持『台獨』的意識形態，成天把『兩國論』、『一邊一國』掛在嘴邊？」

新地理思維

在野黨不願意面對「一中兩憲」的政治現實，馬英九爲了選票壓力的考量，只好緊守「法理現實」的底線，反覆強調：依照憲法，台灣與大陸的關係就是「中華民國底下的台灣地區，與中華民國底下的大陸地區」。二〇〇九年四月二十二日，馬總統與華府智庫「戰略暨國際研究中心」舉行越洋視訊會議，在視訊會議上，他提出了「兩岸關係

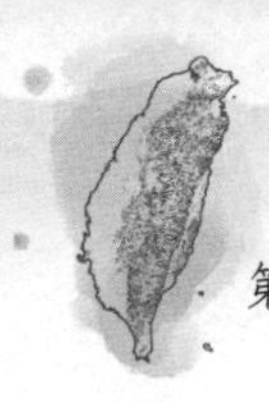

至上」的「新地理思維」：他說，台灣的東邊是美國，北、西、東分別是日本、中國、與東協等世界前五大經濟區。他的政府重視的是台灣的「地理位置」，而非「歷史」；如果台灣能夠善用自身的樞紐地位，成功串聯這些經濟體，必然能成為「寶島」。

「新地理思維」可以說是馬英九一向主張「擱置主權爭議，全力發展經貿」的理論化，也成為他後來處理兩岸及國際關係的指導原則。可是，在我看來，一個國家的領導者只顧慮「現在」的「地理位置」，而不顧「過去」的「歷史事實」，必然看不出「未來」該堅持的「大政方針」。馬英九在二〇〇八年以七百六十五萬張選票、五十八．四四％的得票率當選總統，不趁著聲勢最好的時候，和中共展開談判，反倒在美國人的掣肘之下，採用「先易後難」的策略，在兩岸關係上堅持「不統、不讀、不武」，把自己困住，最後必然是聲望低落，寸步難行。

雪崩式斷交？

二〇一五年元月初，「中國－拉丁美洲與加勒比海共同體」（CELAC論壇）首屆部長級會議在北京舉行。據英媒報導，我邦交國巴拿馬率先向大陸遞出橄欖枝，倡議將論壇提升至國家領導人層級。

拉共體於二〇一一年十二月正式宣布成立，巴拿馬是當時三十三個創始會員國之一，與區域內其他十一個成員國均與台灣有正式外交關係。自馬英九總統二〇〇八年上任後六年多來，中美州的巴拿馬、洪都拉斯、瓜地馬拉、尼加拉瓜、薩爾瓦多，南美洲的巴拉圭與加勒比的海地、多明尼加都曾希望與中國關係正常化，惟北京均以強化經貿合作回應，避免傷害回暖中的兩岸關係。如果兩岸關係生變，這些國家的態度可想而知。

由於兩岸關係定位不明，「兩岸談判監督條例」卡在立法院裡；服貿、貨貿協益也遲遲無法過關。更清楚地說，兩岸關係一旦生變，台灣勢必在政治、經貿各方面都被全世界徹底地邊緣化，而陷入內外交逼的困境。

第九章

扭曲歷史的「修正主義史觀」

二〇一五年七月下旬，反課綱團體動員國、高中學生包圍教育部，在現場夜宿。二十六日，部分學生帶梯子爬過圍牆，闖進大樓，占領部長室，在警方驅趕逮捕時，學生不斷高喊：「退回洗腦課綱，捍衛教育尊嚴」，「教育不是兒戲，學生不是白癡！」

一、「反課綱微調」

教育部官員羅列出「反課綱」團體爭議的主題，共計有十七項，大多是專有名詞，包括把「日本統治」改成「日本殖民統治」、「接收台灣」改成「光復台灣」、「慰安婦」改成「婦女被強迫做慰安婦」、「中國」改成「中國大陸」等等。任何人都不難看出：所謂「反課綱」運動，其實是「台灣國」和「中華民國」兩種意識型態之爭。

當時民進黨主席蔡英文及十三位綠營執政縣市長發表立刻發表聯合聲明表示，看到高中生站出來，「肉身衝撞」教育部，抗議教材遭政治力扭曲，「我們被這股勇氣感動，同時也覺得慚愧，因為給孩子一個健全的教育環境和客觀的內容，本應是大人的責任」。

他們呼籲教育部應宣布立即撤回爭議課綱，繼續沿用現行課綱教材，如果馬政府仍舊執迷不悟，那麼改正爭議課綱、讓教育擺脫政治的干擾，將會是下一任政府的責任，「我們誓言要扛下這個責任，絕不逃避！」

我感到大惑不解的是：即使台灣想獨立建國，有必要爲日本在台灣的殖民統治擦脂抹粉嗎？爲日本殖民統治擦脂抹粉，就能維護「台灣教育的尊嚴」嗎？

「為日本祖國而戰」？

二〇一五年八月底，前總統李登輝出版新書《新・台灣的主張》，他形容自己是「接受日本統治時代教育，並且成爲志願士兵的台灣青年」。當年與哥哥「志願成爲日本兵」，「一心懷抱著爲國家挺身作戰、光榮赴死的理想」。

這本書有相當篇幅是李登輝自述的二戰回憶。李登輝說，哥哥是日本海軍陸戰隊員，一九四四年在馬尼拉之役負責斷後，「不幸爲國犧牲」。二〇〇七年六月七日，哥哥陣亡後的六十二年，他終於在靖國神社見到哥哥，「我由衷感激日本人將哥哥奉祀在靖國神社」。

蔡英文的「包容」

「反課綱」紛爭暫告一段落，兩岸中國人在日本戰敗投降七十週年紀念抗戰勝利，李登輝卻接受日本右翼媒體訪問，說七十年前台灣人是在爲「祖國」日本作戰，對日抗戰並非事實。馬英九紀念抗戰勝利，是在「騷擾日本」；引起輿論譁然。民進黨主席蔡英文立刻表示：這是李登輝「個人的歷史經驗」，主張我們要「珍惜現在所享有的言論自由」，要包容不同的歷史記憶和歷史詮釋。

長久以來，李登輝一直是蔡英文背後的影武者。蔡英文雖然口口聲聲說他尊重「中華民國憲政體制」，她所謂的「包容」，只是要大家「包容」李登輝的「日本祖國論」；民進黨卻不能包容依照「中華民國憲政體制」而作「微調」的課綱！

任何人都不難看出：李登輝的言論和「反課綱微調」並不是獨立事件。民進黨再度執政之後，一定會「改正爭議課綱」，並繼續沿用「自我殖民」的「現行課綱」，來清洗人們意識中的「文化中國」。因此我們有必要根據歷史事實，仔細駁斥李登輝的論點，並析論蔡英文說話的用意，來捍衛我們所謂的「文化中國」。

二、殖民地的「次等國民」

從中日甲午戰爭結束，日本從滿清政府取得台灣統治權後，便認為：台灣的土地及人民皆屬「日清戰役」的戰利品，土地為日本國的一部分，但人民則有區別。台灣人就是台灣人，不是日本人。在施政方面也有很清楚的區別。在台灣，日人自稱為「內地人」適用日本的「內地法」；台灣人為「本島人」，必須遵守總督的行政命令，亦即管控殖民地的「外地法」；在人民的權利與義務方面都有差別的規定。

在教育方面，日據時代的初等教育有「小學校」與「公學校」之分，只有日人才能讀「小學校」，台灣人只能入「公學校」。中等教育也是分別區隔，當時台北州立的中等學校，一中（建國中學）、一高女（一女中）、二高女（舊址改為今日立法院），都是日人子弟的學校，二中（成功中學）及三高女（中山女中），才是台灣人就讀的學校。當時台灣人子弟唸的教材和日本人並不相同，但中等學校入學考試是以日本人唸的教材為主，因此，以人口來比較，台灣人能進入中學校的比例很低。

高等教育更加限制台灣人的上進機會。作為台灣大學前身的台北帝大，絕大多數的人文及社會學科，都不招收本島學生。因為殖民地的青年，不需要念這些學科。當時台灣人念的，主要是醫科和農科。我的祖父是「台灣總督府醫學校」第四屆的畢業生。畢業後，擔任「公醫」的官職。當時日本人在台灣任官，一般公教人員之薪俸一律比「本島人」加六成給付，稱為「大割の加俸」。我的父親從「台北醫學專門學校」畢業後，不願意接受這種「次等國民」的差別待遇，所以到東北「滿洲國」去謀生。結果旅居東北的五千名台灣人中，竟然有一千人是醫生，東北人甚至以為台灣是「醫生島」！

《亞細亞的孤兒》

日本人認為當兵是日本男兒的「本望」（願望），能夠光宗耀祖，非日本人不可當「日本兵」。殖民地的台灣人不是日本人，所以不必當兵。一九三七年「支那事變」以後，日本人開始推廣皇民化運動，在鄉間各地的公學校（「日支事變」後改成「國民學校」）組織「青年團」，由校長任團長，當過兵的老師任教官，每隔幾天就召集十五歲至二十歲的男女青年，實施軍事訓練及精神教育，並誘導青年入伍當兵。

二次大戰之初，台灣人並沒有資格當「日本兵」，只能當「軍屬」或「軍伕」，到中國大陸華中、華南、華北各地，協助日軍作戰。「軍伕」必須身體強健，擔任炊事、衛生、搬運「兵站物品」等後勤工作。「軍屬」則大多為中學校畢業生，或高等部在學

生，懂當地語言，擔任通譯、宣撫、或調查工作。

吳濁流的名著《亞細亞的孤兒》主角胡太明曾經被徵召到廣州去當「軍屬」，日本軍官審問「抗日份子」時，他擔任翻譯工作。太明盡力想爲囚犯脫罪，結果是不論青紅皂白，一律審問一遍，便宣判死刑。每當他替那些愛國青年翻譯時，內心便感到痛苦至極。他們視死如歸的精神，讓太明感到激烈震撼，良心也受到極大譴責。有一次，他目睹日本劊子手以軍刀砍殺十八名救國義勇軍的「抗日份子」，終於精神崩潰，而被遣送回台灣。

《亞細亞的孤兒》之所以成爲感人的一代名著，是因爲它精準的描述了當時台籍「日本兵」的矛盾心態。然而，由於時間的推移，以及從一九九四年李登輝「教育改革」以來所推動的「去中國化」，已經使台灣的年輕世代逐漸淡忘掉先人被迫參戰的感受，而相信日本右翼政治人物的「修正主義」史觀。

左翼的反省

二次大戰結束之初，日本不乏左翼人士對軍國主義者在二戰中所犯的罪行作過深刻的反省，其代表人物是歷史學家家永三郎。一九一三年，家永生於愛知縣的軍人家庭，父親直太郎擔任熊本八代連隊區司令。大正初年，日本軍人的俸祿並不豐厚，父親又性格剛直，雖然是軍校高材生畢業，但在官場並不如意，升至少將便提早退休。三郎自幼體弱多病，母親千代及兄姊都經常進出醫院，家庭生活並不富裕。家永三郎自小酷愛閱讀，曾立志要成爲作家。後來進入了東京帝國大學攻讀日本史學，對日本歷史產生了濃厚的興趣。

一九三七年從東京大學國史專業畢業後，當了一名中學教師。他沒有參與日本軍國主義者發動的侵略戰爭，爲作爲一名教師，他還是因爲沒有反對當時的軍國主義教育而感到羞愧。一九四四年，他進入東京高等師範學校（東京教育大學前身），在這裡，成爲研究日本思想與文化史的專家。

審定不合格日本史

一九四五年，家永受文部省囑託，編撰歷史教科書《國家歷程》。一九四八年，因研究《上代倭繪簡史》成果卓著，而獲得日本學士院恩賜獎，還曾替皇太子明仁講授日本史。一九五二年，家永獨自編寫高中歷史教科書《新日本史》。這部教科書原稿被文部省審定得「遍體鱗傷」，修改之後第二年合格，被日本高中廣泛採用。此後十餘年間，修訂版經常「不合格」，批語是「把戰爭寫得太陰暗，要寫國民拼命支持戰爭的光輝形象」，「對民族愛得不夠」，「把『侵略』這種用語換成不含有價值判斷的『武力

進出』」，「七三一部隊的事寫進教科書爲時尙早，全文刪掉」等等。

一九六五年，家永忍無可忍，狀告政府「審定違反了保障學術和表現自由的憲法」，造成他巨大的精神痛苦，要求賠償損失。這場官司後來發展爲左翼運動，爲他始料所不及。飽受文化人譏諷的家永明言：「之所以訴諸法律，勝敗是次要的，我想讓國民知道如此可怕的權力統制正通過審定在施行」，「讓多數人覺悟權力不可以踏進精神價值的世界。」一九七四年，他決然把書稿公之於世，書名就叫做《審定不合格日本史》。

孤獨的鬥士

在政府帶頭美歪曲侵略史實的日本社會，家永三郎是相當孤獨的。自一九六二年至一九九七年的三十五年間，家永三郎先後三次以日本政府爲被告提出教科書訴訟。在日本政府的操縱下，第一次和第二次訴訟都以完全敗訴而告終。其間，家永三郎本人也多次受到日本右翼勢力的威脅和反動史學家的攻擊，他們批評家永提倡「否定日本的馬克思主義史觀和東京審判史觀」，是所謂的「自虐史觀」。但是，家永三郎從來沒有動搖過。從第一次訴訟之後的三十五年間，每一次開庭家永三郎從不缺席，隨時以證人身份出庭。他的舉動贏得日本許多民衆的支持，每次在他出庭作證前，都有許多民衆自發地聚集到法庭門前，列隊歡迎他走進法庭。

一九九七年八月，日本最高法院對此案作出了終審判決。認定文部省做出的「南京大屠殺」、「七三一部隊」等四處的審定意見爲違法。責令國家賠償四十萬日元。經過三次提訴，十次判決，前後歷時長達三十五年的「家永教科書訴訟」最終以家永三郎取得部分勝利而劃上了句號。

家永三郎對這一判決並不滿意。當有人問他是否還會提出第四次訴訟時，八十多歲的家永三郎不無遺憾地表示：「在我有生之年還會繼續戰鬥下去，但是已經沒有力氣再寫教科書了。」二〇〇二年十一月二十九日，體重只有三十久公斤的家永三郎，以八十三歲的高齡病逝。次日，家永的葬禮在只有家人在場的情況下，悄無聲息的舉行。一位爲堅持歷史眞相而同日本政府鬥爭四十年的史學家，平靜地走完了他不平凡的一生。

三、「修正主義」史觀

家永三郎之死，象征著日本一個世代的消逝。繼之而起的是所謂的「修正主義史

觀」。這些修正主義者主張，日本沒有侵略鄰國，只是在「朝鮮、台灣和滿洲投資」，日軍強徵慰安婦也是南韓政府編造的故事。在曾經歷二戰且親眼目睹日軍罪行的日本老一代凋零後，有愈來愈多日本年輕人相信這些說法，修正主義史觀也逐漸成爲主流。

主張修正主義史觀的學術界人士，組成了「新歷史教科書製造會」，其靈魂人物是東京大學的藤岡信勝教授以及電氣通信大學的西尾幹二教授。該會主編的《新歷史教科書》、《新公民教科書》，雖然在日本周邊國家引起了喧然大波，卻先後通過了日本文部省的審定。「新歷史教科書製造會」以「恢復國民自豪感」爲理由，主張日本應該超越「自虐史觀」，在他們所製造的教科書裡，隨軍慰安婦是出於妓女的自願的商業行爲，不能視爲「性奴隸」。他們也認爲南京大屠殺犧牲者的人數，不是中國所宣稱的三十萬人，也不是日本歷史教科書所寫的十幾萬到二十幾萬人，而是只有一萬多人，一般市民的犧牲者，根據安全區國際委員會的報告，只有四十七人。

「殖民有功論」

藤岡信勝在其著作《歷史的眞話》中，甚至寫道：「日本的殖民地統治與歐洲人有根本的不同，是想把殖民地的人提高到日本人的水準。如果說歐洲人想把世界都變成歐洲，那麼日本人也可以說在自己支配力所及的範圍內，想達到全部日本社會化。」

藤岡信勝的說法，可以說是大日本帝國「殖民有功論」最直白的版本。「新歷史教科書製造會」的成員多達八千多人，分爲四十八個支部，在教育界、文化界、媒體和政治圈皆有重大影響力。「新歷史教科書製造會」會長西尾幹二，以及《台灣論》作者小林善紀等人，都曾經到台灣，尋找日軍徵用的台灣慰安婦是「自願」的證言。果然，透過幾位獨派大老的證言，西尾幹二得到他的教科書材料，而小林善紀的漫畫裡，也出現台灣女性排隊爭當慰安婦的圖像。

日本「修正主義史觀」在日本政界的代表人物之一，是田母神俊雄。他曾任日本航空自衛隊幕僚長，去年競選東京都知事，主張：「我們必須走出強加在我們身上的歷史，必須找回我們引以爲榮的眞歷史」，而拿到六十萬票，得票率第四。他的支持者多半爲廿歲到卅歲的年輕人，他贏得此一年齡層近四分之一選票。

在田母神口中的「眞歷史」裡，日本不是侵略者，而是解放者，對現代化程度落後於日本的中國和朝鮮而言，眞正的威脅並不是日本，而是俄國和歐美列強。日軍「進出」中國和朝鮮，只是爲了把白人帝國主義者趕出亞洲！李登輝說：二戰時台灣人是爲「日本祖國而戰」，便是在呼應日本右翼「修正主義」者的這種政治主張，可以稱之爲「台獨修正主義史觀」。

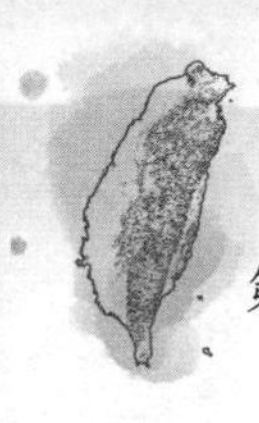

太平洋戰爭逆轉

我相信：李登輝的「日本祖國論」是他的「本音」（眞心話）。可是，這種說法是台籍「志願兵」普遍的經驗嗎？二次大戰之初，台灣人並沒有資格當「日本兵」，只能當「軍屬」或「軍伕」，到中國大陸替「日本兵」擔任後勤補給工作。日本殖民政府在台灣開始徵「志願兵」，是太平洋戰爭爆發後之事。

一九四一年十二月七日清晨，在海軍大將山本五十六的策畫之下，南雲忠中將指揮的聯合鑑隊偷襲珍珠港。在一小時四十五分鐘之內，擊毀美機一百八十八架，並重創各式戰艦十八艘，取得了重大戰果，同時也造成美國輿論譁然，羅斯福總統立即對美國宣戰。

這時候，日軍在中國戰區的進展已經呈現出膠著狀態。日本一百五十萬大軍散佈在中國廣大的土地而陷入進退維谷的困境，唯有號稱「馬來之虎」的山下奉文部隊，在控制華南、海南和香港之後，又攻佔越南和馬來西亞。此後三個月內，山本五十六率領的聯合鑑隊攻下菲律賓群島，又佔領西里亞斯、婆羅洲和爪哇，使日本在太平洋戰場上的聲勢達到最高峰。

但美國的參戰立刻扭轉了太平洋戰場的局勢。一九四二年四月二十八月，杜立德將軍（Dolittle）率領的十六架B-25轟炸機，從距離日本島七百英里的航空母艦上起飛，轟炸東京，使東京市區陷入一片火海，連天皇居住的皇宮都受到威脅。兩個月後，六月五日的中途島爭奪戰，尼米茲將軍（Nimitz）指揮的美國海軍擊沉了青龍、蒼龍、加賀和赤城號四艘航空母艦，在美軍強力攻擊下，日本損失三百二十二架飛機，三千五百名日軍喪生。

被迫從軍的「志願兵」

由於太平洋戰爭逆轉，到了一九四二年四月，日本才在台灣開徵「陸軍志願兵役」；又因爲船艦在台灣沿海經常被美軍擊沉，在兵源極度缺乏的壓力之下，又於一九四四年實施「海軍特別志願兵制」。「日本兵」和「志願兵」的最大差別在於：日本人被召集者，在職服務單位要付本俸給其家族作生活費。台灣人是「志願兵」，不是義務兵役，所以服務單位不必給付家族生活費！

有些獨派作家在宣揚日據時期「皇民化運動」的成果時，特別強調：總督府在台灣首度招募一千名志願兵，竟然有四十二萬六千人搶報名，他們是「志願」爲「日本祖國而戰」。眞的是如此嗎？

周婉窈主編的《台籍日本兵座談會記錄》收錄一篇「櫻特攻隊」的訪問稿。

一九四三年日本在南洋節節失利時，受訪者盧永發正在台灣北部礦區一所小學任教，配合動員協助軍醫辦理志願兵身體檢查工作。午息時，有位海軍軍官問他：「當老師的教學生忠君愛國、為國犧牲，你是不是跟今天受體檢的人一樣，也有志願從軍的勇氣？」身為獨子的盧永發只好簽上志願書，離開待養的母親，成為第三期志願兵，於一九四四年八月入營受訓六個月。

入營第一天，部隊長就說：「現在起你們的社會地位、學歷、經歷，什麼都沒有了，你們的生命價值只有一角五分錢（明信片一張），『為國戰死』，一句話便結案。」

「日本兵」入營後，原服務單位要付本俸給其家族作生活費，但盧永發是「志願兵」，所以他原來服務的小學也不必付生活費給他母親。不僅如此，「志願兵」和「日本兵」在軍中的職務也不同。

「神風特攻隊」的活喪禮

盧永發結業後被分發到宜蘭的「櫻特攻隊基地」擔任「整備兵」。當時，台灣四周的空、海已經完全由美軍控制，幾十架零式戰鬥機分散隱蔽在機場周圍。整備兵隊就在竹籔欉下搭帳起居。機場另一端是「神風特攻隊」隊員居住的地方。他們是預科練習生，十七、八歲單純的小男生，經過飛機駕駛訓練後，一心一意準備爲天皇犧牲性命，希望達成「一機對一艦」的使命。

神風特攻隊員的黃泉之路是由抽籤定順序的。出發前三天，他們被招待到宜蘭市區的海軍招待所「吾妻」料亭，「日本妓女、朝鮮P、台灣查某豔裝相待，吃喝玩樂隨你便。體會一下大男人該有的全部享受，讓你死而無憾。」

「出發前一晚要舉行活喪禮。這一群小男生身穿白色襦袢（和式內衣），跪坐在神桌台上，供著水果，白陶皿杯盛滿清酒，如同供神。由神社的神主（神和尚）誦讀祭詞，驅逐惡邪及開導黃泉路後，飲盡清酒而結束喪禮。」禮成後就往寢室，享受人間的最後一夜。

這時整備兵須趕回停機場準備。大約清晨四時，零式戰鬥機升空後環繞兩圈便往海上消失了。約十分鐘後，水平線上升起的微紅火光，就成爲晨報的頭條新聞戰果，實現了「預科練」少年的玉碎夢，這些少年就如櫻花般凋落了。

一九四五年八月十五日日軍投降時，許多日本軍人從收音機聽到天皇「玉音」的投降宣告，個個痛不欲生，抱怨失去獻軀機會而放聲大哭。盧永發他們這群整備兵卻「莫名其妙，是憂？是喜？一時失去了綁身的枷鎖，卻像也失去重心的感覺。不得不佩服日本忠君愛國教育的成功。」

「神風特攻隊」的「預科練」是眞正的「日本兵」。台籍「志願兵」在軍隊裡扮演的是「整備兵」的「軍夫」角色。盧永發的歷史回憶說明了台籍「志願兵」和「日本兵」心態根本不同。

四、台籍「志願兵」的雙重認同

有些台灣的「皇民派作家」指出：「日治時代的台灣人，可說是二等、甚至三等國民」，當時台灣籍志願兵「決心將生命奉獻日本，爲的只是表現台灣人也有資格與日本人平起平坐，成爲一等國民，根本沒有要侵犯中國或他國的意圖」。

這些論點代表了「台獨修正主義史觀」。日本在台灣徵「志願兵」，是在一九四二年太平洋戰爭情勢逆轉之後。在當時的國際情勢下，當「志願兵」眞的可以不參加「侵犯中國」嗎？他們後來的遭遇又是如何？

「皇軍」或「清國奴」

周婉窈主編的《台籍日本兵座談會記錄並相關資料》收錄了一篇〈台灣人派遣海南

島之始末〉，作者胡先德於一九四二年考入日本海軍陸戰隊，擔任通譯（日本海軍稱「通弁」，陸軍稱通譯），被派到海南島北黎戰區黃流附近的新街分遣隊。

當時日軍無法控制海南島全局。在共產黨和國民黨游擊隊出沒的地區，一個村莊通常有三個村長，分別應付三方人馬。通弁的工作是協助日軍，蒐集軍事情報、翻譯、審問戰俘、定期核發「良民證」。作戰時除擔任嚮導外，諸如開闢道路，構築兵舍，三餐應用，徵用人工或徵收物件，都由通弁透過村長向居民徵購，「價錢比市價便宜甚多，象徵性而已」。因此戰後，有許多通弁被當地居民打死或重傷。

有一次，北黎戰區內的四更村附近，有共軍出沒。一名日本軍官帶隊前往掃蕩。因爲戰術判斷錯誤，二、三十名共軍全部安全脫逃，無一受傷或被俘。該帶隊軍官惱羞成怒，命令士兵逐戶搜索，將村內男女老幼集中於村中空地，架起機關槍，擺出射殺姿勢。村民見狀驚惶哭叫，日軍所派村長抱住胡先德的大腿，哀求「救命」。胡先德向軍官求情：「村民無武力，無論皇軍或共軍來，只有服從，請嚴予命令今後多與皇軍合作，」該軍官嚴詞責問他：「你是皇軍或清國奴？」最後雖然沒有殺害村民，胡先德已經感受到日本軍官不信任台籍軍屬的潛在意識。

兔死狗烹

皇民化之台籍軍屬尚且被日軍視爲戰爭工具，戰時當地居民投靠日軍，擔任維持會會長，或自衛隊長等，其下場比台籍軍屬更慘。北黎戰區有一重鎭，叫做黃流，設有自衛隊，其隊長二十七、八歲。八月十五日，日本無條件投降，日軍將此消息秘而不宣。其後第一或第二天，胡先德看見很多戰友往海軍病院走，也隨著走到病院。發現該黃流自衛隊長被綁在鐵製病床上，正活生生被解剖，其慘狀無法形容。他問戰友：「誰下的命令？」答說：「副官下的。」胡先德不忍心看下去，趕快離開。九月下旬國軍接收時，這位副官高崎上尉被國軍逮捕，送往廣州軍法審判。一九四九年國軍撤離廣州時，據說該副官從獄中逃脫，潛回日本，爲報社寫文章。

還有一位新街維持會副會長鐘某，日本戰敗數月前某日中午，被人持槍侵入辦公室暗殺，送往北黎海軍病院急救，不治死亡。當時傳說係共黨派人暗殺，亦有人說：「海軍病院故意拖延急救致死。」傳說不一，也沒人查究眞相。

戰爭結束後，日本軍民即於戰敗之年年底，全部平安回抵日本。他們將台籍軍屬棄於戰地，任其自生自滅，不管他們是否會被當地居民打死。胡先德因而感嘆：「船過水無痕」，作爲侵略者的工具，下場總是「飛鳥盡，良弓藏，狡兔死，走狗烹」！

五、台籍「志願兵」的罪與罰

根據日本厚生省的記載，從一九三七到一九四五年間，台灣總督府總共招募了軍屬、軍伕十二萬，軍人八萬，總共二十萬；其中三萬多人陣亡。軍屬、軍伕和「志願兵」的最大差別是：到中國大陸的軍屬和軍伕沒有武裝；到南洋各地的「志願兵」則可以帶武器。

凌虐戰俘的「監視員」

在台灣「志願兵」中，有一些人被派到南洋去當「盟軍戰俘營監視員」。他們所受的「基本軍訓」之一，就是學習如何打耳光。兩排新兵面對面站立，互打耳光，打得重，打得準，才算及格。到了南洋之後，他們「穿著英挺的日軍制服，背著上了刺刀的步槍，在俘虜營前站衛兵」，命令被日軍俘虜的盟軍士兵「挑砂石、挖地洞、採銅礦、建機場，在最飢餓的狀態下做苦役」。在必要時候，他們也會在日本軍官的指揮之下，凌虐戰俘。

戰後的記錄顯示：盟軍在日軍俘虜營中總共有三十五萬人，每一百名俘虜中有二十七名死亡，是盟軍在德國和義大利戰俘營中死亡率的七倍。在戰後的審判中，有一百七十三個台籍「日本兵」被起訴，其中二十六人被判死刑。另外七個人因為「於北婆羅洲的美里及其附近，射殺及刺殺四十六名俘虜」，一審被判死刑，一個月後再審改判十年徒刑。

二〇〇九年二月，龍應台循線在彰化縣和美鎮找到七人之一的柯景星，並對他進行訪談。這時柯景星已經是九十多歲的老人。

龍：你跟我說一下那四十六個人是怎麼回事？

柯：隊長杉田鶴雄就命令我們殺人，那把軍刀上還有天皇的菊花。不服從命令，我們就要被殺。

龍：你們殺俘虜的時候，俘虜站在哪裡，你在哪裡，長官在哪裡？

柯：四、五十個俘虜，我們把他們圍起來。杉田鶴雄就喊說，「上子彈！」然後就通通用刺刀刺死；之前有教我們刺槍術。教我們刺槍術的教練是在日本天皇前面表演第一名的。

龍：四五十個俘虜被圍起來，有多少個台灣監視員在那裡？

柯：十幾個人。

龍：你是說，你們殺這四、五十個俘虜，不是開槍，全用刺刀？

柯：開槍危險，開槍怕打到自己人。都用刺的，一個一個刺死，我站在比較遠的旁邊，有一個印度兵逃來我的腳邊，我跟他說，「這是天要殺你，不是我要殺你。」「我就刺了他一刀。還有一個在喊救命，是個英國兵。一個清水人叫我殺他，我說你比較高，你怎麼不殺他，你比較高才刺得到啊。」

「志願兵」的罪與罰

戰後審判時，這群台灣兵坐在椅子上，軍事法庭安排澳洲俘虜出庭指證，「一個耳光換五年」。柯景星當場被判死刑。他的感覺是「我眞的要死了嗎？死了還沒人哭啊。」「第二天改判十年，很高興」。他被關七年半之後，因爲英皇登基才被特赦，回到台灣。

我想請教李登輝的是：上一代的台籍「志願兵」眞的是「日本兵」嗎？他們有罪嗎？他們應當受到這樣的懲罰嗎？李登輝在他的新書中說：「在軍隊裡，有時被反覆摑掌，或被迫洗丁字布，但我並不記得有什麼特別嚴苛的待遇」。當時負責訓練的日本軍士官經常嘲笑台灣兵「人の嫌がる軍隊を志願して來る馬鹿も居る」（人人嫌避的軍

隊，竟然有人志願進來當「馬鹿」）。李登輝願意以「馬鹿」自居（馬鹿も居る），台灣人爲什麼非得學他當「馬鹿」不可？我感到大惑不解的是：即使台獨派想搞獨立，也要在「文化中國」的土壤上，當一個堂堂正正的台灣人。爲什麼要附和日本右翼的「修正主義」史觀，當日本殖民地的「次等國民」？這種精神上的「自我殖民」，哪裡還有什麼「台灣主體性」可言？

六、中國文化中的「報恩」與「報仇」

龍應台描述柯景星的記憶在時光的沖洗下「像曝光過度的照片，這裡一條線，那裡一道光，時隱時現」，但在事隔六十年之後，他和另一位受訪的台籍「日本兵」蔡新宗，都還記得一個特別的俘虜，中國人「卓領事」，被日軍關進俘虜營，和英國軍官一起做奴工。柯景星並沒有見過「卓領事」，但他卻清晰地記得卓領事的年輕妻子，帶著一個四歲的女兒和一個四個月大的男嬰，和丈夫分開來關。因爲彼此語言溝通無礙，台籍監視員都很同情領事一家，經常施予援手。有一天，領事夫人問他：「我的孩子養不大怎麼辦？」

領事夫人的謝恩

柯景星就拿他配給的菸草拿去商店，換了三、四十個雞蛋送給她。「領事夫人哭著要跪我，我告訴她，我才二十幾歲還沒娶某，你不能跪，不然我雞蛋不給你！」

蔡新宗則是記得日本兵在背後議論「卓領事」時所表現的敬意。這位來歷不明的「卓領事」因爲精通日語，學識淵博，日本人承諾，只要他答應爲汪政府效力，日本人就可以送他到南京，妻、子也可以獲得自由，但卓領事卻始終不爲所動，而贏得「日本兵」的讚佩。

經過鍥而不捨的追蹤，龍應台發現卓領事名叫「卓還來」，燕京大學畢業，曾經到歐洲留學，取得巴黎大學政治學博士學位。抗日戰爭爆發後，他和許多留學生一樣熱血澎湃回到中國，投入抗戰洪流。太平洋戰爭爆發時，他是中華民國外交部駐英屬婆羅洲山打根的總領事。一九四二年二月，日軍登陸婆羅洲，卓還來在領事館裡指揮同仁銷毀文件，以免機密落進敵人手中。砲火轟隆聲中，不及撤退，一家人在刺刀下被送進俘虜營。

二次大戰末期，日軍逐漸露出敗相，俘虜營守備跟著鬆弛。當地華僑想營救卓還來，但卓還來認爲，他獨自脫身，可能引起日軍報復。他身繫十萬僑胞安危，因此拒絕

營救計畫。不料，日軍竟不顧殺害外交官的惡名，殘殺卓還來。

他的妻子趙世平則帶著兩個子女回到中國，後來又輾轉到美國，在聯合國任職，一直未曾忘記柯景星的恩情。

卓還來的弟弟卓眖於一九四九年來台，在台大外文系任教。趙世平曾抄下柯景星在台灣的地址，託他尋找恩人，但光復後台灣地名重編，卓眖到彰化查訪，始終無功而返。二〇〇九年卓眖逝世，他定居在休士頓的女兒卓以定看到《大江大海一九四九》之後，非常興奮，聯絡另一位採訪過台籍戰俘監視員的報導文學作家李展平，一起陪同驅車到彰化縣和美鎮鄉下，不斷合掌向柯景星道謝。另外一名曾經當過台籍監視員的周慶豐，也趕來相會。兩位老人看著卓還來一家的照片，不勝唏噓。卓以定說，她的伯母趙世平高齡九十六歲，全身癱瘓無法行動，目前定居洛杉磯，得知找到幫助他的「台灣兵」，相當高興。

國軍戰俘的報仇

在《大江大海一九四九》裡，龍應台提到了一個故事：隸屬美國十四航空隊的飛行員陳炳靖在轟炸越南海防時被擊落逮捕，輾轉送進了南京集中營。他親眼目睹日軍凌虐國軍戰俘的狀況。有一次，他看到一批四十餘人的國軍戰俘被送到集中營，每個人棉服胸前均有刺刀穿孔，而且沾滿血跡。打聽之後，才知道這批戰俘在戰場上原先有數百人，日軍要他們全部都趴在地上，每個人用刺刀猛刺兩刀，沒有當場被刺死的，才押送到集中營。

在南京戰俘營的「獄卒」中，有十五位台籍「日本兵」。其中有兩個人對國軍戰俘特別殘暴。陳炳靖聽說，戰後，這兩個福爾摩沙兵在台灣南部被殺。因爲當年受害的國軍踏破鐵鞋，終於找到了他們。

然而，陳炳靖自己卻一直在找另一個台灣籍日本兵。一九四四年，陳炳靖在飽受凌虐之後，發高燒，躺在床上，日軍完全置之不理，他也自忖必死無疑。有一天，十五個台籍監視員中，有一位學醫藥出身的，知道陳炳靖的病情後，從日軍處把藥偷出來，交給國軍俘虜中的一位護理兵，要他幫陳炳靖注射。同時吩咐，絕不可外洩，否則身爲監視員的台灣兵一定會被日軍槍斃。

死裡逃生的陳炳靖終其一生都在找尋這位救了他性命的台灣人。

「以德報怨」

中國人是講究「恩怨分明」的民族。在《論語．憲問篇》有記載：有人問孔子對「以德報怨」的看法。孔子的回答是：「何以報德？以直報怨，以德報德」。「以德報

怨」的說法，出自《老子・道德經・六十三章》，是道家所推崇的道德修養，當時是和儒家針鋒相對的主張。

第二次世界大戰日本天皇宣佈無條件投降的一九四五年八月十五日，蔣介石立即發表〈抗戰勝利告全國軍民及世界人士書〉，宣佈對日本採取「以德報怨」的政策，內容包括維護日本天皇制度、反對分割日本、迅速遣返日俘等等。後來的史家認為：當時他正面臨「國共鬥爭」、「蘇聯軍隊進駐東北」、「美國強勢推動和談」等等國內外壓力的挑戰，而日本在戰前就是以反共為國策，為了要「借力使力」，所以對日本採取寬大政策。至於一九五二年四月國民政府與日本簽訂「中日合約」時，主動放棄戰爭索賠，則是因為主客觀情勢逆轉，「不得不耳」。

「以直報怨」

戰後日本一度很感謝蔣介石的這項政策，民間團體曾經在千葉縣岬町建立「以德報怨」碑，以為紀念。時過境遷，到了今天，日本的「修正主義史觀」卻認為：二次大戰日本是敗於美國的兩顆原子彈，並不是敗於中國。

在日本政府因為釣魚台問題而頻頻與中國發生摩擦的近日，我跟大陸學術界人士談到日本聯美抗中的策略時，經常提到：日本的武士道只臣服於曾經打敗過自己的對手，卻鄙視被自己打敗的對手；既不懂儒家的「以直報怨」，更別談什麼「以德報德」。

大陸學術界人士聽到這種說法，最常見的反應是：「日本一定要挨原子彈，才肯承認戰敗；今天的中國一定可以讓它輸得服服貼貼」，「對任何一個國家使用原子武器，中國都會有所顧忌；祇有對一個國家，我們絕不手軟」；「祇要日本敢在釣魚台開第一槍，我們絕不會讓它有機會開第二槍」！

我最難以理解的是：對第二次大戰稍有瞭解的人都知道：中日戰爭期間，中國人對於日本的國仇家恨，是永世難消的。鼓吹「台獨修正主義史觀」的人，為什麼非要跟著日本軍國主義份子搖旗吶喊不可？難道是想讓台灣惹火上身，萬劫不復嗎？

第十章

「反課綱微調」中的「台灣意識」

二〇一五年十月十八月民進黨總統參選人蔡英文在全國競選總部成立大會上宣佈：「民進黨不等於台灣，國民黨也不等於中華民國，如果台灣在我們這一代人的手上失去了決定自己未來的權利，如果中華民國在我們這一群人的手上失去了民主自由的生活方式，那即使這兩個黨都被掃進歷史的灰燼，台灣人也不會覺得可惜，這才是眞正的民主。」

一、兩種意識形態的對立

這段冠冕堂皇的說辭立刻讓我想起：五四時期，陳獨秀在〈本誌罪案之答辯書〉上的一段名言：「本誌同人本來無罪，只因爲擁護那德莫克拉西（democracy）和賽因斯（science）兩位先生，才犯了幾條滔天的大罪。」他堅定表示：「若因爲擁護這兩位先生，一切政府的壓迫，社會的政策，就是斷頭流血，都不推辭。」

「真正的民主」？

陳、蔡兩人的差別，在於陳獨秀爲了「德、賽兩位先生」，「斷頭流血，都不推

辭」；蔡英文則是越俎代庖，替「台灣人」發聲，認爲：爲了「眞正的民主」，「即使這兩個政黨都被帶進歷史的灰燼，台灣人也不會覺得可惜」。

令人疑惑的是，在蔡英文心裡，比「兩黨政治」還有更高價值的「眞正的民主」究竟是什麼？大家都還記得，二〇一五年七月反課綱團體動員國、高中學生包圍夜宿教育部，部分學生帶梯子爬過圍牆，闖進大樓，占領部長室；在警方驅趕逮捕時，學生不斷高喊：「退回洗腦課綱，捍衛教育尊嚴」。

當時民進黨主席蔡英文及十三位綠營執政縣市長立刻發表聯合聲明，呼籲教育部應宣布立即撤回爭議課綱，繼續沿用現行課綱教材，如果馬政府仍舊執迷不悟，那麼改正爭議課綱、讓教育擺脫政治的干擾，將會是下一任政府的責任，「我們誓言要扛下這個責任，絕不逃避！」

我們切不可忘記，教育部長吳思華對「反課綱爭議」的解決方案是「新舊課綱並用」。請問：「新舊課綱並用」和「撤回爭議課綱，沿用現行課綱」，哪種方式比較符合「民主自由的生活方式」？民進黨不惜使「兩個政黨都被帶進歷史的灰燼」，也要灌輸給下一代的意識形態是什麼？

意識形態之爭

任何人都不難看出：這次的「反課綱微調」，其實是「台灣國」和「中華民國」兩種意識形態之爭：從一九九四年教改啓動之後，一九九七年李登輝主導國中歷史課程的「認識台灣」，將自己執政的中華民國貶抑爲「外來政權」，便已經開始進行一場台獨建國的文化意識革命。二〇〇〇年，陳水扁執政，更進一步在教育與文化系統中、深化歷史文化記憶的「去中國化」，例如課文中不准稱「日據」或「日本殖民統治」，只能稱「日治」或「日本統治」；不准稱「臺灣光復」，只能稱「國民政府接收臺灣」，不准稱「我國的詩人李白」，只能稱「中國人的詩人李白」；不准稱「國畫」，只能稱「中國的水墨畫」；不准稱「明鄭」，只能稱「鄭氏政權」。二次政黨輪替，馬英九執政後，又一心想當「全民總統」，因循苟且，畏縮妥協，拖到執政最後一年，「九合一選舉」國民黨大敗之後，才想要以中華民國憲政體制爲基礎，來修改課綱，結果竟招徠如火如荼的「反課綱微調」抗爭！

民進黨總統候選人蔡英文一方面宣稱：她要遵循中華民國憲政體制，一方面又反對合憲的課綱微調，這兩項政治主張看起來自我矛盾，其實她心裡非常瞭解：經過二十多年來的教育改革，「台獨已經是台灣年輕人的天然成分」，只要靠著體制教育的洗腦工

程和意識鬥爭，經由公民投票的民主程序，就可以達到推翻中華民國的目的！

「公投台獨黨綱」

民進黨黨綱很清楚地寫著：「建立主權獨立自主的台灣共和國…以及制定新憲法的主張，應交由臺灣全體住民以公民投票方式選擇決定。」所以一九九九年一月二十一日，陳水扁接受《聯合報》專訪時說：「民進黨沒有台獨黨綱，只有『公投台獨黨綱』。」公投是民進黨臺獨建國的必要過程，透過國家教育體制，改造年輕國民的認同意識，就成爲必要手段。

經過二十多年的教育改革，綠營深信：他們已經成功地把「臺灣意識」和「中國意識」對立起來，並汙名化「中國」稱號，把兩蔣時期的「反共意識」引導成「反中意識」。去年太陽花事件現場，就有中學老師帶著學生高舉「推翻中華民國殖民體制，終結四百年外來政權」的標語。今年的「反課綱微調」抗爭中，他們更動員高中生，對相關學者進行媒體霸凌、學術圍剿、扭曲汙衊、顚倒是非等清算鬥爭，最後甚至進行包圍教育部的全方位攻防戰。

蔡英文是國民黨執政李登輝擔任總統時「兩國論」的起草者，她曾經說過：「中華民國是流亡政府」，意圖切斷中華民國和台灣的臍帶連結，上次總統大選，蔡英文也曾高喊：「把台灣贏回來」，硬生生切割國民黨與台灣的關係，把台灣視爲民進黨的私產。當時她的文宣結語是：「我是台灣人，我是蔡英文」，這根本是把「台灣人」當作是民進黨的專利標籤，企圖分化族群，以從選舉獲取漁利。

如今她再度參選總統，竟然在競選總部成立大會上喊出「民進黨不等於台灣，國民黨不等於中華民國」，分明是準備民進黨如果全面執政，掛「中華民國」的羊頭，賣「心靈台獨」的狗肉。如果她無法區辨「台灣意識」和「台灣精神」的差別，民進黨再度執政之後，仍然以玩弄「台灣意識」爲能事，台灣恐怕會有不測之禍。

二、「台灣意識」與「台灣精神」

在西洋哲學史上，最先探討「意識」和「精神」之關係的哲學家，是十九世紀集德國觀念論之大成的黑格爾。他主張：主體意識的「即自存在」（正），能夠通過自我否定的「對自存在」（反），然後揚棄二者，形成更高層次的綜合型態（合）。通過「即自」與「對自」的內在辯證，「自我意識」可以發展成爲「理性」，再發展成爲包含人倫、教養，和道德在內的「精神」。

黑格爾的學說，看起來有點「玄」，如果以「反課綱」事件來說明，便很容易理解。今年七月，反課綱學生帶梯子爬過教育部圍牆，闖進大樓，占領部長室遭到警方驅捕後，在八月一日課綱實施上路的大限前，二十歲的反課綱微調北區高校聯盟發言人林冠華，留下了一句話，「我們的教育，死了。」並選擇用燒炭自殺的方式，試圖阻擋他心中的「違法課綱」，引起全台灣震撼。

其實，林冠華在六月初的LINE群組，早向戰友宣布要在七月三十日生日當天「讓媒體與論瘋狂燃燒」，只是當時沒人確定，他眞的會去做。

七月二十六日，林冠華和伙伴們占領教育部長辦公室被捕，在輿論壓力下，台北地檢署決定不起訴林冠華。沒想到他卻選擇了燒炭自殺的方式，結束自己的生命。

「反課綱」學生的「台灣意識」

林冠華的死引發各界震撼，教育部長吳思華至林家慰問，遭逢喪子之痛的林母跟吳思華說了很多話，包括孩子的自殺與課綱無直接相關，但她也當場向吳思華表示：「我們不要社會動盪，但希望部長成全冠華的訴求，撤回課綱。」

接著，吳部長接受林媽媽的邀請，在林冠華家裡開了記者會。結束後遇到反課綱的學生大叫「部長殺人！」「撤回課綱！」，他有點忍受不住，回了一句：「爲什麼你說的我們就一定得接受？」

當天晚間，反課綱的學生們先是衝進立法院靜坐，又轉移陣地到教育部外弔唁林冠華，並獲得泛綠立委召開臨時會的承諾。凌晨，學生與抗議民眾強行拆除拒馬，占領教育部廣場。隔日下午，吳思華首度在學生面前現身。面對學生的三個問題：是否退回課綱、願不願意道歉、是否下台負政治責任，他仍然堅持新舊課綱併行的訴求，抗議學生譏笑他：「只會做申論題，不會做是非題」，因爲被噓聲逼到無法言語，吳思華只好轉身進入教育部。

一群少不更事的中學生，當面斥責主張「新舊課綱並用」的教育部長「只會做申論題，不會做是非題」，這就是蔡英文不惜把「國、民兩黨帶進歷史的灰燼」，也要培養出的下一代！回想當年中共在大陸搞「文化大革命」時期，紅衛兵豪氣干雲地「破四舊，立四新」，眞是令人不寒而慄！

「為台灣的未來努力」

在林冠華燒炭自殺當日，重返教育部抗議的學生示威現場，發生了一幕令人觸目驚心的人倫爭執。深夜兩點，一對夫妻在現場找到參與抗爭的兒子，勸他回家；父親抱住兒子，卻被兒子一把推開，說「離我遠一點」。拉扯之中，這名學生以手臂將父親的頭

壓制在腋下，呼喝道：「我在為台灣的未來努力，你做了什麼貢獻？」他反手推開母親，說：「你走開！」事後證實，這對夫妻就是癌童周大觀的父母；那名抗爭學生，就是周大觀去世次年誕生的弟弟，今年才十七歲。

周天觀要父母「走開」，抗議人士在旁幫腔說周天觀是為了未來奮鬥，郭盈蘭怒聲回嗆：「你們在誘惑孩子犯罪！他還沒滿十八歲！」

事後周天觀在臉書上表示，雖然他未成年，但這場革命他必須參與其中，這是他「一生最光榮的時刻，不容任何人破壞，就算是家人也一樣」。他已經「和政府革命，不介意在家裡再來一次，反正已經動手打爸爸了。」

事後，周天觀由父母陪同召開記者會，他在會上表示：「吃台灣米，喝台灣水，為什麼不能講台灣獨立？」父母親無奈地表示：他們尊重孩子所表達的意願。

「台灣意識」和「台灣精神」對立

從上述幾則故事中，我們可以很清楚地看出：「台灣意識」和「台灣精神」之間的差別。每個人都可能根據自己所擁有某些特質，來形塑其「自我意識」，而形成所謂的「性別意識」、「族群意識」、「階級意識」、或「地位意識」。這些特質有些是與生俱來的，像個人的性別、種族、膚色等等，反映出個人被「賦予的地位」（ascribed status）；有些是個人運用其理論理性或實踐理性，而努力爭取到的，稱爲「獲致的地位」（achieved status）。個人被「賦予的地位」，並不能反映出他的「精神」。

然而，當個人精益求精，不斷地以其理論理性或實踐理性追求更高的成就時，他追求「獲致地位」的行動，則會彰顯出他個人的精神。不論周天觀或林冠華是不是外省移民的第二代，當他們自覺地說：「我吃台灣米，我喝台灣水，我是台灣人」時，這是「台灣意識」。「台灣意識」的作用，在於區辨「我群/他群」的不同。它源自於個人的「既自存在」，本質上是一種「賦予的地位」，當它因爲各種因素，而被「對自存在」喚醒之後，個人只能用辯證的思維來超克它，但卻很難改變他的本質。

「台灣精神」則不然。它是擁有「台灣意識」的人，在覺知其「既自存在」之後，通過其理性的反思與辯證，從事某種倫理或道德行動，爲社會大衆所認可，而獲致的地位。周天觀的父母在其長子逝世後，成立「周大觀文教基金會」，長期鼓舞癌症病患，挑戰病痛，不管他是不是外來移民，或是外來移民的後代，他們在台灣社會中所作的工作，都是在鼓舞「台灣精神」。當周天觀把父親的頭壓在腋下，問他父親：「我在爲台灣的未來努力，你做了什麼貢獻？」則反映出：高漲的「台灣意識」可以抹殺任何「台灣精神」。

「即自存在」的壓力

令人遺憾的是，今天綠營的政治人物完全不清楚「台灣精神」對於台灣社會的重要意義，反倒刻意要利用「台灣意識」以謀取政治利益。在周天觀和父母發生衝突的第二天，父母親陪他召開記者會，周天觀倔強地表示：「吃台灣米，喝台灣水，爲什麼不能講台灣獨立？」父母親也只能無奈地表示：他們尊重孩子所表達的意願。這是身爲父母的人因爲親情而屈從於自己的「即自存在」。林冠華的母親在兒子自殺後，也有類似反應。她連續在臉書PO文懷念愛兒。她跟林冠華的同學深入交談，瞭解眞相後，重新認識到自己的這個孩子，「他完全不盲目，他忠於自己意志，並且有追隨者。」

三、「眞正的人」：賽德克・巴萊

而林冠華的戰友們則透過網路，四處傳送「林冠華語錄」：

「如果有人逼迫你忘記不該忘的東西，你應該反抗、你應該戰鬥，你不該讓自己變成被豢養的野獸！因爲我們都是驕傲的賽德克．巴萊，眞正的人！」

「寧鳴而死，不默而生；鞠躬盡瘁，死而後已。」

「他們眞的知道自己在反什麼嗎？他們知道自己在反可能教出你這種垃圾的課綱。全劇終。」

「你這種垃圾」是指父母那一代。「教出你這種垃圾的課綱」應當就是指「微調課綱」。「賽德克．巴萊」是魏德聖主導拍攝的電影長片。在賽德克語裡，賽德克是「人」的意思，巴萊則是「眞正」的意思。「賽德克．巴萊」的意思就是「眞正的人」。這部電影的內容是在描述「霧社事件」中原住民抗日的故事，但以獨派所主張的「台獨史觀」來看，卻有完全不同的解讀。他們認爲：原住民才是台灣「眞正的主人」，其他的漢人、荷蘭人、日本人、以及國民政府，都是「外來殖民政權」，都是「台灣人民」反抗的對象。「微調課綱」是以「漢人爲中心的史觀」，是「大漢沙文主義」，找不到原住民的歷史，所以必須挺身反抗到底，才算是「眞正的人」。

然而，「原住民的歷史」是什麼呢？

「人種展示」與原住民研究

東華大學的潘繙教授在〈毋忘先民眞正的台灣史〉中提到：他於一九九一年前往日本留學後，曾經看過日本國家放送電視台（NHK）製作一部紀錄片，描述一九〇〇年倫敦世界博覽會期間，日本在會場展示台灣原住民。當時的殖民主義者，一方面藉由「人種展示」來炫耀帝國的權威，一方面宣稱：他們的殖民是促進世界文明發展的進程。

潘教授提到的「人種展示」，其實是日本人研究原住民的開端。昭和元年（一九二六年），畢業於哈佛大學的移川子之藏來到台大前身的台北帝國大學，設置「土俗人種學講座」，從事「人種學」研究。兩年後，東京帝大出身的飯詔龍遠教授及力丸慈圓副教授也連袂來台，在台北帝大創設「心理學研究講座」。當時日本非常崇拜德國在科學研究方面的成就，「心理學研究室」向德國購買了一百三十多件實驗儀器，可是卻沒有用它們作過任何學術實驗。

一九三〇年，霧社事件爆發，日軍參謀和知鷹二鑑於原住民對日本軍警作戰英勇，以寡擊衆，因此建議：若能徵召原住民替日本作戰，應能對日本有所貢獻。爲了配合當時日本政府的「南進政策」，當時台北帝大的主要研究方向，是調查台灣山地原住民的智力、形狀知覺、色彩偏好、民族習性行與懲罰制度等，準備到南洋作戰。

日本古代的武士精神？

根據某些獨派作者的說法：「高砂族本來就具有日本古代的『武士精神』，加上受過日本教育，『日本國民』的意識非常強烈」。當年台灣總督府招募「志願從軍高砂青年」，公告一出，竟在山地部落掀起「不志願非男人」的從軍熱潮。「第一批應徵者高達五千人。他們拿著祖先傳承的番刀應徵。其中不少人提出『血書』，爭先恐後，志願從軍」。

一九四二年三月，第一批「高砂族挺身報國隊」五百人赴菲律賓參戰，五月七日擊退巴丹半島美軍而聲名大噪，後來，日軍又陸續送了七批「高砂義勇軍」到南洋作戰。「他們盡忠盡職，茂密的叢林好像是自己的家園，視、聽覺及方向感像野獸一般敏銳，狩獵所養成的神槍手更比比皆是」。日本軍官普遍認爲：「高砂隊員英勇、服從、爲長官效命及犧牲奉獻的精神」，連日軍也難望塵莫及。然而，在那個時候，美軍已經在太平洋戰場展開反攻，日軍在台灣上空也已經失掉制空權，許多裝載台籍「志願兵」赴南洋作戰的艦隊，還沒開出港口就已經被美機炸沉，因此，犧牲也特別慘烈。高砂隊員總數約四千人，估計有超過三千以上的人戰死。其中取名「薰空挺身隊」的傘兵部隊，乘坐飛機以機腹迫降雷伊特島的機場，試圖奪回機場，結果是全軍覆沒，無人生還。

即使「高砂義勇軍」眞的是有心協助「日軍把白人帝國主義者趕出亞洲」，日本政府對他們的回報又是什麼？

大學教授的學術良知

台灣原住民李光輝（日名中村輝夫），是陸軍一等兵。終戰後，仍躲藏在印尼的摩洛泰島山區，獨自生活近三十年。一九七四年被發現後才被送回他的故鄉，台灣台東。當時日本政府發給李光輝日幣六萬八千元。但是同一時期在關島山洞被救出的二位日本兵，橫井庄一領了一千萬日幣，小野田寬郎是少尉軍官，所以領二千萬。台灣人領六萬八千元，日本人卻領一、二千萬元，非常的不公平！明治大學宮崎繁樹教授因此發動組成「台灣人元日本兵士補償問題思考會」，並組成八人的律師團，邀請台灣人鄧盛等十三人當原告，義務爲此一問題進行代理訴訟，向日本政府及國會要求賠償包括貯金、未給付薪俸其他等等。

一九八二年東京地方法院的審判長牧山市治，針對這一案件的判決是：「台灣人的告訴非常值得同情，但是沒有法律上的依據。」因爲台灣人不是日本人，所以不是敗訴，而是「棄卻」（駁回）。當時告訴團團長鄧盛在法庭上大發雷霆說：「這種天理難容的判決，是不是日本已沒有正義、人道？日本人是沒血沒淚的嗎？」

一九八七年九月二日，日本國會終於通過「台灣住民元日本兵、軍人、軍屬、戰死者等之慰問金法律案」，決定戰死者慰問金每人二百萬元。

宮崎繁樹教授和家永三郎一樣，兩位都是有學術良知的君子（日語稱爲「人格者」）。日本政府始終是把台灣的原住民當作「戰爭工具」，而台北帝大的教授們則是日本軍國主義的幫兇！今天台灣教育界的當務之急，就是每一個人都要堅持自己的學術良知，建立獨立於政治之外的自主學術傳統。如果台灣的教授們不能保持清冷的批判意識，甘於作爲政黨或金錢的工具，甚至不惜以學生作爲犧牲，台灣社會必然永無寧日，台灣前途不問可知！

第十一章

「脫古改新」的世代

二〇一五年七月二十二日李登輝在日本國會議員會館，以「台灣的典範轉移」爲題，對文部科學大臣下村博文、衆議員案信夫等人發表演講，蔡英文的「小英文教基金會」立刻將這篇講稿掛在其「想想論壇」之上，海內外獨派學者也紛紛撰文呼應。

李登輝安排這次演講，正是綠營「反課綱運動」鬧得如火如荼的時候。如果我們把這次演講放置在當前台灣的時空脈絡中來看，他刻意安排這次演講的用意，很明顯是要給蔡英文下「指導棋」，對於民進黨未來政治走向有重要的指標作用。

中國式的「託古改制」

在這篇演講裡，李登輝自誇：他在總統任內，使「台灣成爲亞洲民主國家成功轉型的代表，這是我一生的榮耀與驕傲」，但是他認爲：「第一次民主改革的成果已經遭遇瓶頸」，所以台灣有必要進行「第二次民主改革」。他說，他現年九十二歲，能爲台灣做事的時間最多只剩五年。「他決定要把餘生獻給台灣」。他很清楚的表明：台灣要想建立主體性，應該推動的「第二次民主改革」，所謂「典範轉移」就是從中國式的「託古改制」到台灣式的「脫古改新」。

什麼是中國式的「託古改制」呢？李登輝說：

中國的五千年歷史，都是在一定空間和時間之中，一個朝代與一個朝代的連結體，就算是新朝代，也只是上一代歷史的延長而已。歷代皇帝大多忙於鞏固權位、開疆拓土和掠奪財富，很少爲政治改革而努力，這就是所謂的亞洲價值（Asia Value）。

中國歷史上雖然也有幾次政治改革，可惜都失敗了。就整個帝王統治過程來看，每個朝代無疑都在玩「託古改制」的把戲。所謂的「託古改制」，其實應該說「託古『不』改制」比較貼近事實。

爲了要批評由「亞洲價值」所支撐的「託古改制」說，李登輝引述五四時期名作家魯迅的論點。他說：

面對這種五千年的封閉帝王政體，魯迅曾有如下看法：「這是被囚禁在幽靈圍牆中，循環演出的戲劇；亦是在古國之中，螺旋前進的無聊表演」。「中國人不只『爭亂不爲首謀』、『禍患不爲元兇』，而且還是『幸福不爲先達』。所以，所有事情都沒有辦法進行改革，沒有人願意扮演先驅者與開創者角色」，我認爲魯迅的觀察相當精闢。

一、「五四意識型態」

魯迅的論點反映出五四時期盛行於中國學術界的意識型態。中國自中英鴉片戰爭（一八三九－一八四二）之後，便陷入一連串的內憂外患之中，開啓了長達百年的「羞辱的世紀」（century of humiliation）。在一八九四年的中日甲午戰爭，中國敗於明治維新後的日本，更使得中國知識份子信心全失，認爲自己一切不如人。此後動盪不安的社會條件，使中國的知識社群根本無法定下心來，細心吸納西方文明，反倒凝鑄出影響久遠的「五四意識型態」。

自從嚴復將赫胥利的著作"*Evolution and Ethics*"翻譯成《天演論》之後，物競天擇、適者生存、優勝劣敗的思想深入人心，許多知識份子紛紛主張向歐美學習他們所想像的救國之道。一九〇五年，清廷宣布廢止科舉。一九一二年中華民國成立，廢止讀經，儒教失去了官方思想的地位。民國初年，軍閥割據，政治動亂，康有爲認爲：「自共和以來，教化衰息，紀綱掃蕩，道揆淩夷，法守敗壞，禮俗變易，蓋自羲軒堯舜禹湯文武周孔之道，一旦而盡，人心風俗之害，五千年未有斯極。」因此發起孔教運動，成

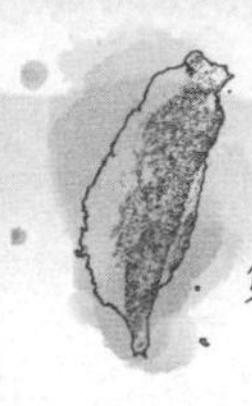

立孔教會，呼籲將孔教定爲「國教」，倡導儒教和國家官僚組織分離，按基督教模式，允許人人祭天，人人祭孔，並得到大總統袁世凱的支持。

「中西文化對立」論

然而，他的主張卻引起反對帝制人士的強烈批判。陳獨秀呼應梁啓超的「儒教非教說」，公開宣稱：「吾國非宗教國，吾國人非印度、猶太人，宗教信仰心，由來薄弱」。

袁世凱稱帝失敗，在新文化運動時期，陳獨秀爲了徹底否定清末以來的「中體西用」論，刻意提出他獨樹一幟的「中西文化對立」論：「歐洲輸入之文化與吾華固有之文化，其根本性質極端相反」，「吾人倘以新輸入之歐化爲是，則不得不以舊有之孔教爲非：倘以舊有之禮教爲非，則不得不以新輸入之歐化爲是，新舊之間絕無調和兩存之餘地。」

全盤西化論

民國八年，五四運動發生之後，在社會各界群情激憤的情況下，他進一步發表了慷慨激昂的〈本誌罪案之答辯書〉：「追本溯源，本誌同人本來無罪，只因爲擁護那德莫克拉西（democracy）和賽因斯（science）兩位先生，才犯了幾條滔天的大罪。要擁護那德先生，便不得不反對孔教、禮法、貞節、舊倫理、舊政治；要擁護那賽先生，便不得不反對舊藝術、舊宗教；要擁護德先生又要擁護賽先生，便不得不反對國粹和舊文學。」「我們現在認定：只有這兩位先生，可以救中國政治上、道德上、學術上、思想上一切的黑暗。」他非常堅定地表示：「若因爲擁護這兩位先生，一切政府的壓迫，社會的政策，就是斷頭流血，都不推辭」！

以「二元對立」方式思考中、西文化，很快成爲五四時期「全盤西化論」的主流。甚至連剛在美國通過博士學位考試的青年胡適也認爲：一言以蔽之，中國傳統文化就是這些「獨有的寶貝」：「八股、小腳、太監、姨太太、五世同居的大家庭、貞節牌坊、地獄活現的監獄以及板子夾棍的法院」。在〈科學發展所需要的社會改革〉一文中，胡適更大言不慚地用同樣的思維方式，指責東方文明毫無「精神性」（spirituality）可言，西方的科學成就則是「精神性」的代表。當時胡適讚美西方的科學：「這樣充分運用人的聰明智慧，來尋求眞理，來控制自然，來變化物質，以供人用，來使人身體免除不必要辛勞痛苦，來把人的力量增加幾千倍幾十萬倍，來使人的精神從愚昧、迷信裡解放出來，來革新再造人類的種種制度以謀最大多數的最大幸福，這樣的文明是高度理想

主義的文明，是眞正精神的文明。」陳獨秀和胡適之的論點，代表了五四時期盛行於中國知識界的三種意識型態：「社會達爾文主義」、「科學主義」和「反傳統主義」。

二、「亞洲式發展」論

在日據時期之前，台灣原本就是以漢人族群居多數所組成的移民社會。日據時期，日本人在政策上是把台灣人當作殖民地的「次等國民」，而不讓台灣人有平等受教育的機會。一九四五年，第二次世界大戰結束，在台灣各級學校任教的日籍教師都被遣返回國。一九四九年，追隨國民政府撤守台灣的外省籍菁英，迅速塡補了日籍教師所留下的眞空。他們也同時帶來了五四時期新文化運動所帶來的意識形態。

韋伯的「中國模型」

李登輝一九二三年出生在台灣北部的淡水小鎭。在這次演講中，他說他自己接受過「完整的日本教育」，從少年時代到高中時代，「有機會廣泛接觸各國古今先哲的典籍和言論」。後來到京都大學求學，「光復後回到台灣，成爲一介研究農業經濟的學者」，這樣的教育背景限縮了他對社會科學知識的探索，反倒深受當時盛行於學術界的五四時期意識型態的影響。他所提倡的「託古改新」也充滿了「反傳統主義」的色彩：

戰後統治台灣的國民黨中華民國，也是外來政權，而且，中華民國和中華人民共和國，都是中國歷史從皇帝以降的夏、商、周到明、清一脈相承的帝國體制。這個體系被稱為「法統」，是正當繼承政權之意。這個法統之外，就是化外之民、夷狄之邦。五千年歷史的中國就是「一個中國」的歷史。

而且，這些帝國都一樣必須修正託「古」制度這種「託古改制」的思想。現在的中華民國、中華人民共和國，都是中國五千年歷史的延伸，在我們看來，中國只是進步與退步的不重複的政體。所以，德國社會學家馬克思・韋伯以中國為模型提出「亞洲式發展停滯」的理論，並非沒有道理。

李登輝提到的德國社會學大師韋伯（Max Weber, 1864-1920）和涂爾幹（Emile Durkheim, 1858-1917）、馬克思（Karl Max, 1818-1883）並稱為古典社會學三大家，他一生治學的主要旨趣，在於探討：「近代資本主義興起」的原因，並試圖用近代歐洲基督新教倫理和理性主義興起的辯證性關係，來回答這個問題。在其名著《基督新教倫理與資本主義精神》中（Weber, 1930/1992），韋伯認為：基督新教對於合理性的追求是

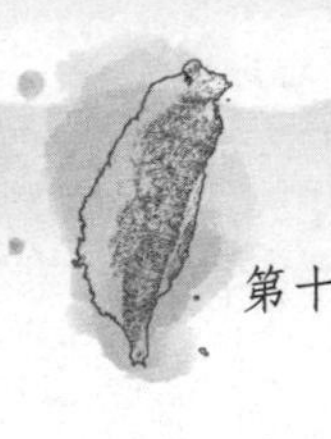

產生資本主義的文化因素。爲了支持這樣的論點，他又從比較宗教社會學的觀點，發表了一系列的著作，包括《儒教與道教》，《印度教與佛教》以及《古猶太教》，他認爲其他宗教的「經濟倫理」不像基督新教那樣與資本主義相契合，所以無法產生近代西方理性的資本主義。他原本還計畫討論回教，但宏圖未成，即已去世。

宗教理性化的判準

韋伯在其宗教社會學的研究中，將宗教區分爲三大類：救贖宗教（salvation religion）、文化宗教（cultural religion）和世界宗教（world religion）。韋伯認爲：並不是每種救贖宗教都可以轉變成爲世界宗教，而文化宗教即使沒有「救贖」的概念，也可能轉變成爲世界宗教。然而，他最在意的卻是「救贖宗教」。

在他看來，每一種宗教都會有巫術的成份。但救贖宗教卻蘊涵有排除「巫術」的潛力，能夠在宗教上促進「世界的除魅」（disenchantment of the world），並成爲宗教理性化的一種驅力。韋伯依此提出宗教理性化（religions rationalization）的兩個判準：

「我們可以用兩個在許多方面彼此關聯的基本尺度，判斷一個宗教所代表的理性化程度。第一是這個宗教本身拒斥巫術的程度；第二是它有系統地聯結上帝與世界的關係及其自身與世界之倫理關係的程度」（Weber, 1964：226）。

依照韋伯的觀點，儒教是一種非常精緻的社會及個人倫理，它對理性的生活行動有十分深遠的影響，因而多少可以滿足第二個尺度；但它卻不能滿足第一個「去巫術化」的尺度。依照韋伯的觀點，儒家雖然不提倡巫術，但也沒有積極剷除它，而是採取「存而不論」的態度與之共存，所以儒教並不是「救贖的宗教」。用韋伯的分類系統來看，儒教可以說是一種主張「適應世界之理性主義」（rationalism of world adjustment）的「文化宗教」。在《中國的宗教》一書中，韋伯雖然認爲：儒教是「世界宗教」（world religion）之一，但他卻認爲：「宗教」一詞是否適用於儒教，仍然很有問題。

中國意索

在《中國的宗教》中，韋伯刻意挑選了中國社會的貨幣制度、宗族組織、城市與行會、國家組織、和法律等幾個層面，分別分析它們對資本主義發展的正、負面影響。在分析中國社會爲什麼不產生資本主義的原因時，他同時也注意到：十九世紀末期，中國已經具備若干有利於資本主義萌芽的因素。在滿清王朝（一六六四－一九一一）前期，中國有一段相當長的太平歲月。由於治河有方，洪水氾濫的情形已經大爲減少。

農業方法的改良，使中國人口由十五世紀晚期的六千萬增加到十八世紀初期的一億二千萬。其他像私人財富的增加、人民可以自由遷徙、自由選擇職業、土地可以自由買賣等等，都有利於資本主義的發展。然而，這些有利因素畢竟無法克服前述由宗族制度及家產制國家結構所造成的障礙。這些結構性的障礙又是源自中國人在儒家倫理下所培養出來的一種特殊心態，他稱之爲「中國意索」（Chinese ethos）。韋伯因此判定：儒家倫理有礙於工業資本主義的發展。

韋伯不懂中文。他無法閱讀第一手的中文材料。他引用的資料，有些來自歐洲漢學家的譯著，有些則是出自於懷有意識型態偏見的傳教士。他所舉的例子，有些是錯的，有些並不恰當。

歐洲中心主義的謬誤

韋伯將基督新教視爲一種「文化系統」，建構出其「理念型」（ideal type），再以之作爲參考架構，用「文化對比」的方法，研究儒家倫理，犯了「歐洲中心主義」的謬誤。更重要的是：韋伯在描述中國的社會結構時，也採用「理念型」的研究方法，打破時間的限制，隨意引用不同時代的材料，來描述帝制中國社會的「理念型態」。問題是：儒教的歷史比基督教長得多，而且在歷史上也有明顯的轉變，他把儒家倫理在中國不同歷史階段中的展現混為一談，已經犯了方法學上「熔接的謬誤」（fallacy of conflation），可是，韋伯卻認為：一九一一年滿清王朝覆亡之前，中國社會結構的主要面相大致保持穩定，因此，他可以採用這種「理念型的研究方法」來研究中國社會。

儘管韋伯的中國研究有這樣或那樣的缺點，由於韋伯的「歐洲研究」為他帶來了極大的聲譽，也塑造出他無與倫比的學術聲譽，他對儒教的分析因而對西方漢學家的中國研究產生了巨大的影響。受他影響的西方漢學家甚至形成所謂的「韋伯學派」，同時也深刻地影響了中國學術界。二十世紀初期，許多中國知識份子親身體驗過舊文化和舊傳統的壓力，他們的學養不足以讓他們以理性的態度對儒家思想作客觀的分析，因而跟著國際「學術主流」隨聲附和，造成「聚蚊成雷」的效果，甚至影響了中國歷史的走向。

二、重估「亞洲價值」

早在一九八〇年代，亞洲四條小龍創造出「東亞經濟奇蹟」時，世界各國已經有許多社會科學家從不同角度批判韋伯學說。我最近更出版了一本《盡己與天良：破解韋伯的迷陣》，以三十七萬字的篇幅，全面批判韋伯學說的謬誤。

「託古改新」？

在這本書中，我先建構出普世性的「自我」和「關係」理論，再用以分析先秦儒家的「文化型態學」，以及秦漢以後的「文化衍生學」，如此一來，我們便可以很清楚地看出韋伯學說的侷限，以及中國文化未來發展的走向。令人遺憾的是：李登輝不僅無視於「中國崛起」的客觀現實，對於韋伯學說的理論錯誤也一無所知，反倒引用他落伍過時的「亞洲發展停滯」說，認為：中國法統的「託古改制」，「顯然已經不被近代民主化潮流所接受」。所以他要提出「託古改新」的新思維，作為台灣未來改革的方向。李登輝所謂的「託古改新」，究竟是指什麼？

「託古改新」目的在切斷「託古改制」餘毒的亞洲價值，擺脫「一個中國」、「中國法統」約束，開拓台灣成為具有主體性的民主國家。

然而，李登輝所要切斷的所謂「託古改制」餘毒的「亞洲價值」真的是一無是處嗎？李登輝晚年，刻意跑去向他的「日本祖國」交心時，口口聲聲誇耀他受過「完整的日本教育」，感謝「日本教育重視教養的良好遺產」。這樣的「良好遺產」沒有儒家文化的成份嗎？李登輝提倡「脫古改新」所要清除的「亞洲價值」到底是什麼呢？

《盡己與天良：破解韋伯的迷陣》在討論「儒家文化衍生學」時，其中第十五章

『陽明學在日本：武士刀與算盤』提到，一六五〇年，明儒朱舜水東渡日本，將陽明學傳授給日本人。當時提倡陽明學的主要人物之一，是被奉爲「泰山北斗」的佐藤一齋（一七七二－一八五九）。

陽明學在日本

佐籐一齋的高徒佐久間象山（一八一一－一八六四），原名啓之助，因爲崇拜陸象山，改名象山。他從一八三九年起，在江戶開設「象山書院」。門下有兩位高徒，一位是輔佐幕府，後來在倒幕軍圍攻江戶時，同意「無血開城」的勝海舟（一八二三－一八九九）。另一位吉田松陰（一八三〇－一八五九），二十二歲時，拜在佐久間象山門下。兩年後的一八五四年，培里率領美艦，再次來到日本。吉田和金子重輔兩人違反幕府禁令，登上美艦，希望能夠前往美國，汲取西學。培里將兩人送回岸上，他們立即向幕府自首。

吉田被押返原籍，關押在囚禁武士的野山監獄。他在獄中寫下《幽囚錄》，成爲日後日本發展軍國主義的藍圖。同時又向同囚的十一個人講授《孟子》，宣揚他「尊王攘夷，開國倒幕」的主張。一八五五年，吉田獲准出獄，開設「松下村塾」，大量講授中國經典，也培養出高杉晉作、木戶孝允、山縣友朋、伊藤博文等一大批倒幕維新的志

士。

安政五年（一九五八），幕府大老井伊直弼未經天皇批准，締結「日米修好通商條約」，國內輿論沸騰，井伊派老中間部詮勝入京都逮捕倒幕派志士。吉田企圖說服長州藩主政者，刺殺間部，結果長州藩反倒將他逮捕。他對幕府坦白招供自己的暗殺計畫，以及「尊王討幕」的主張。江戶奉行本來要判他流放外島，他卻認為：判「死罪」比較妥當。安政六年十月二十七日，吉田被處斬刑。臨刑前，留下辭世詩「留魂錄」：「縱使身朽武藏野，生生不息大和魂」，時年二十九歲。他的學生繼承了他的遺志，奮鬥不懈，最後終於達成他「倒幕維新」的心願。

王陽明思想傳入日本之後，廣泛流傳，形成了積蘊深厚的日本陽明學統，並成為武士道精神、大和魂的重要部份。很多學者都指出，日本近代以來能「立國維新」，建立一個強大的現代國家，主要就是因為陽明學所提供的精神支柱。

日本資本主義精神

研究儒家思想在日本的「文化衍生學」，除了明治維新之外，更值得注意的是它跟日本企業精神之間的關聯。這方面的代表人物是號稱「日本企業之父」的澀澤榮一（一八四〇－一九三一）。榮一的父親除種植稻米之外，兼做雜貨生意。他擅長經營，頭腦靈活，是村子裏數一數二的富戶。五、六歲時，父親開始教他誦讀漢書，以《三字經》啓蒙。十歲時，已經讀完《四書》、《孝經》、《十八史略》等中國典籍，而且讀過《日本外史》，兼以練習劍道和書法。十四歲那年，父親時常帶他出去收購藍葉，作爲製做染料的原料。不久他已經可以自己出外，獨當一面做生意。

日本的領主封建制度，與中國的大一統王朝差別極大。有大名、武士、平民的等級區分，卻沒有科舉制度，使社會階層難以上下流通。澀澤在家裏挑大梁，在村裏面對人們欽羨的眼光，在社會上卻受到令他難以忍受的階級歧視。

澀澤榮一青年時期，日本正面臨著一場空前的歷史變革。在西方列強勢力侵入之下，幕府難以抗拒。統治者分裂爲以德川幕府爲核心的開國通商派，和以薩摩、長洲諸強藩爲核心的鎖國攘夷派。澀澤原先加入攘夷倒幕運動，準備以武力殺光外國人。一八六三年，行動失敗後，由友人介紹進京都守備一橋慶喜的家門，成爲封建幕府要員家的武士。後來，一橋成爲德川幕府的最後一位將軍，改名爲德川慶喜，而澀澤則成爲德川的家臣。

萬國博覽會

德川慶喜是主張效倣歐美的改革派，一八六七年，他派弟弟昭武去歐洲考察，澀澤

則被選爲昭武的隨從，參觀巴黎萬國博覽會。一八六〇年代的歐洲，正是工業資本主義飛躍前進的時代，法國的萬國博覽會成爲西方各國展示經濟成就的櫥窗，各國競相展示世界先進的工業產品，使考察團大開眼界。

爲了深入瞭解西方工業世界，澀澤一行人一起請了法語老師，把握時間學習法語，不久他已經可以用法語進行日常的對話和交流。接著澀澤又追隨昭武，在歐洲各國展開爲期二年的參訪，刻意訪問政府及工商界的領袖，向他們請教經濟方面的問題，認眞聽他們講解有關銀行、鐵路、股份公司企業及公債等知識，並參觀有價證券交易所，深刻研究股份公司制度在近代經濟生活和工業化過程中發揮的巨大作用。同時又參觀各種不同的工廠，包括紡織廠、鐘錶廠、汽車製造廠、鋼鐵廠、造幣廠、軍工兵器廠等等，特別注意日本沒有的社會機構，包括銀行、報社、博物館、以及近代軍營等等。

一九六八年回國時，幕府時代已經結束。次年，他受明治新政府之聘，在大藏省任職，參與新政府幾乎所有重大政策的籌劃和制定，包括貨幣制度改革、廢藩置縣、發行公債等等。

經濟倫理的變革

一八七三年，三十三歲的澀澤榮一已經成爲主管國家預算的大藏少輔。明治六年

（一八七四），他因為與其他政府部門理念不合，隨同大藏省大臣井上馨一同辭官，投身實業界。創辦了日本第一家股份制銀行「第一國立銀行」，從此開始自己的企業家生涯，先後設立相關企業五百多種，成為日本明治、大正時期財經界的領導者。

他很敏銳地看出：日本迫切需要經濟倫理思想的變革，由傳統的農本主義、「貴穀賤金」、權力主義、「重義輕利」等價值倫理，轉向有利於資本主義經濟發展的工商立國、「以金錢為貴」、「以營利為善」的價值倫理。

他認為：人們對孔子「義利觀」最嚴重的誤解，是把「利」與「義」完全對立起來，「把被統治階級的農工商階層置於道德的規範之外，農工商階級也覺得自己沒有受道義約束的必要」，「從事生產事業的實業家們，幾乎都變成了利己主義者。在他們的心目中，既沒有仁義，也沒有道德，甚至想盡辦法，鑽法律漏洞，以達到賺錢的目的」。這種利己主義會把國家送上不歸路，正如《大學》所說：「一人貪戾，一國作亂。」

在他看來，當時的中國，就陷入了這樣的困境。「我讀史籍而尊敬的中國，主要在唐虞三代之末的商、周時代。當時是中國文化最發達、最燦爛的時代」。但是，「當我初踏中國之地，實地觀察風俗民情時，我才發現事實完全不是那麼一回事」。他很清楚的指出「中國人的個人主義、利己主義很發達，國家觀念很缺乏，毫無憂國憂民之心。

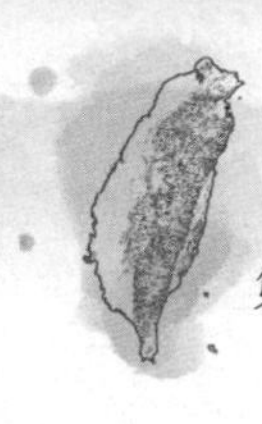

一國之中，中流社會這個階層既不存在，全體國民也缺乏國家觀念，這兩點可以說是當今中國的兩大缺點」。

宋代因爲陷入仁義道德的空論而亡國，元朝又因過份強調利己主義而危及自身。這情形不僅在中國歷史上一再重演，其他國家也莫不如此。因此，唯有謀利和重視仁義道德並行不悖，才能使國家健全發展。他從日本的歷史經驗中，也看到了這一點。在日本歷史上，最善於作戰又巧於處世的，首推德川家康。正因爲他善於處世，所以能夠威服許多英雄豪傑，開拓十五代兩百餘年的霸業。

義利合一

澀澤曾把《神君遺訓》與《論語》相互對照，驚人地發現它的大部份內容都出自《論語》。「人的一生如負重致遠，不可急躁。」正與《論語》中曾子所說的「士不可不弘毅，任重而道遠。」相互對應。因此，他認爲，「縮小《論語》與算盤間的距離，是今天最緊要的任務」。因爲不追求物質的進步和利益，人民、國家和社會都不會富庶；要想致富卻必須依據「仁義道德」和「正確的道理」，才能確保其財富能夠持續。澀澤在《論語》中找到許多證據說明「求利」其實並不違背「至聖先師」的古訓，例如，孔子說：「富而可求也，雖執鞭之士，吾亦爲之；如不可求，從無所好」，「不義而富且貴，於我如浮雲」，人們一定要有一種強烈的謀利欲望，才可能使一件事物有進步，否則絕對不會有所進展。他認為自己的使命就是要通過《論語》來提高商人的道德，使商人明瞭「君子愛財，取之有道」的道理；只要不違背道德，盡可以放手追求「陽光下的利益」。因此，他主張：一手論語，一手算盤，「算盤要靠《論語》來撥動；同時《論語》也要靠算盤，才能從事眞正的致富活動」，「義利合一」，才是做人處事與企業經營的最高準則！

他以自己經營企業的經驗，來說明《論語》與「算盤」可以並行不悖，明確主張把《論語》作為商業上的「經典」。他的工作「就是極力採取依靠仁義道德來推進生產，務必確立義利合一的信念」（黃俊傑，2005）。基於此，他提出了「士魂商才」的理念。一個人既要有「士」的操守、道德和理想，又要有「商」的才幹與務實。「唯有《論語》才是培養士魂的根基」，「如果偏於士魂而沒有商才，經濟上就無法自立。因此，有士魂，還須有商才」。「所謂商才，也要以道德作為根基。離開道德的商才，即不道德、欺瞞、浮華、輕佻的商才，只是所謂小聰明，決不是眞正的商才」。

昭和三年（一九二八年）初，他出版《論語與算盤》，以通俗淺顯的講話方式，表達意味深長的內容。發行後，風行一時，他也因此而被日本人尊稱為「日本企業之父」、「日本近代企業的精神指導」。

四、李登輝的「脫古改新」與「典範轉移」

五四時期鼓吹新文化運動的知識份子，根本沒有能力區分傳統文化與其中「專制思想」的界限，反倒將所有的傳統文化都當成批判和打倒的對象。魯迅小說《狂人日記》所代表的那一聲「吶喊」，無非是要揭穿「中國數千年專制的歷史是吃人的歷史」。以魯迅爲首的作家所創造的其他文學作品，目的雖在「揭出病苦，引起療效」，他們除了「民主」和「科學」兩個空洞口號之外，根本開不出任何一張藥方。可是，這種偏頗的意識型態卻爲日後大陸的「文化大革命」作了鋪路奠基的工作，也成爲台灣「四一九教育改革」的思想基礎。結果「文化大革命」在大陸演變成爲「十年浩劫」。李登輝雖然喜歡吹噓他高中前受過「完整的日本教育」，其實他對「亞洲價值」、文化和歷史的認識都極爲膚淺。他在一九九四年掌權後，發動一班「自由派」知識份子所推動的「教育改革」，已經把台灣的教育搞得千瘡百孔。如今台灣的中、小學教育不僅已經變成「缺德的教育」，台灣的大學教育更是面臨「崩盤的危機」。李登輝對於這樣的歷史教訓毫無任何反省的能力，反倒洋洋自得地跑到他的「日本祖國」去吹噓他「第一次民主改革」的成就，還想用他的餘生推動「台灣的典範轉移」，他究竟想把台灣推向什麼樣的境地？

日本傳統倫理教學

二〇一五年底，華爾街日報報導：日本政府正推動一項教育計畫，準備在學校重新引進日本傳統倫理教學，日皇明治十九世紀頒布的教育詔書則是這項倫理教育的基礎。第二次世界大戰結束後，美國占領當局廢除明治教育詔書與倫理道德教育，認爲它們是日本人不假思索的服從和道德肯定的根源，從而助長日本的軍國主義。但有些保守人士認爲，目前的學校教育過度注重日本戰時侵略，以致日本人，特別是年輕人，並不尊重日本的國家和歷史。

因此，安倍政府今年制定教育方針，鼓勵愛國以及熱愛日本歷史、傳統、獨特的文化，包括古老的神道教，以及強調規則、善良和自制的重要性。日皇明治教育詔書和二戰前的倫理教育成爲新教育方針的基礎。目前出版商正將倫理內容編成教科書。經過公聽期和政府批准後，教科書將在二〇一八年於中、小學新倫理課中啓用。

但也有人擔心新倫理課的實施，「日本教職員組合」即提出反對，認爲以傳統倫理道德評價學生，是將一些價值觀強加在學生身上。他們認爲，與其教導學生愛國，政府

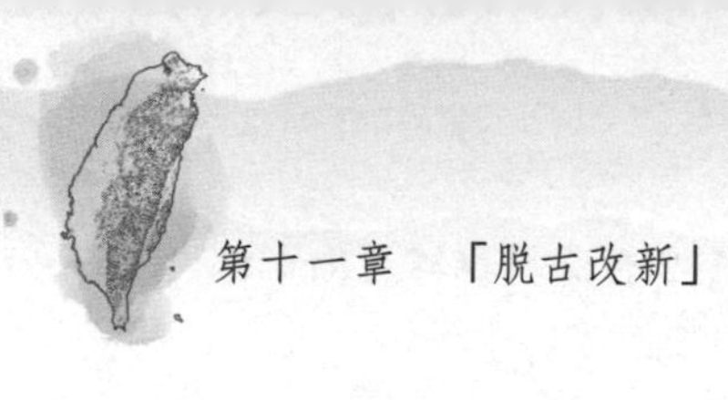

更應集中心力讓日本成為值得愛的國家。

許多日本人歡迎安倍的倫理教育計畫，認為它可導正強調個人自由的西方價值以及與之連結的道德敗壞。這些人認為道德敗壞正戕害日本年輕人，導致霸凌、青少年犯罪、教室脫序事件層出不窮。數個民調結果顯示，大多數人支持讓學生接受一般倫理教育，認為有助減少年輕人暴力以及培養他們的同理心。

儒家傳統與亞洲價值

看到這則消息，口口聲聲希望台灣「脫古改新」，剷除亞洲價值的李登輝，不知作何感想？日本戰前的傳統文化是一種神道教和儒家倫理的混和體，一八九〇年日皇明治教育詔書內容包括：

> 孝順父母，友愛兄弟，夫妻和睦，朋友互信，恭儉持己，博愛大眾，修學習業，求取知識，啓發智能，修心養性，促進公益，遵憲守法，義勇奉公。

對「亞洲價值」稍有常識的人都不難看出：「明治天皇教育詔書」所要闡揚的核心價值，絕大多數出自儒家文化傳統。一九九四年附合李登輝推動「教改」的所謂「自由派」學者，硬是用各種藉口，把當時的「公民道德教育」廢除掉了，從此之後，台灣的中、小學教育變成了「缺德的教育」，大學教育也陷入雙重「自我殖民」的困境，一方面毫無反省地全盤移植西方的理論，一方面又有人提倡「殖民進步論」，肯定日本對台灣的殖民統治。我想請教李登輝的是：你所反對的「亞洲價値」到底是指什麼？你想「脫古改新」的「新」又是什麼？

日皇的痛心

去年十二月二十三日，日本天皇明仁八十二歲的生日，他在記者會上發表感言，內容有將近一半是在回想第二次世界大戰，以及戰爭與和平。

明仁回憶他的童年說，「戰爭世代」，也就是有那場血腥經驗而能傳下教訓的世代，已日漸凋零。年過一年，不曾經歷那次戰爭的日本人愈來愈多。可是，他認爲，透徹了解上次戰爭，並且深刻思考其事，「對日本的未來極爲重要」。

他說：二〇一五是二次大戰結束七十周年。他經常想到那次戰爭，以及當時的軍民。如果當時有和平，他們本來都能在社會上各行各業過自己有意義的人生。想到當時生靈塗炭，他「至爲心痛」。

日本天皇或皇室對政治的發言，一向沒什麼分量，但是在宗教或文化上卻有極重要

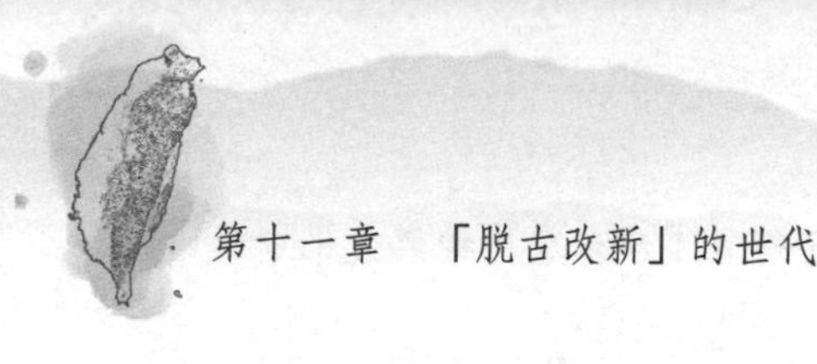

的地位。近代最有名的，是明治天皇反對發動甲午戰爭和日俄戰爭。但是，如衆所知，那兩場戰爭日本都打了，而且都打贏了。

去年九月日本宮內廳公開《昭和天皇實錄》其中，昭和天皇一貫強調「戰爭開戰，非我之意」，還說「爲了沒能阻止開戰，直到戰後都持續苦惱。」昭和天皇在各式公開場合與歷史紀錄中，持續主張自己反對二戰，也曾言明自己因爲A級戰犯的合祀，而不再參拜靖國神社。並不是因爲日本戰敗之故。

儘管日本天皇的言論對政治人物決策的影響相當有限，但我相信：明仁的談話出自於眞心，是他的「本音」。

「戰爭世代」凋零

二〇一五年，明仁天皇的元旦發言便主動提到：「在二戰結束七十周年之際，日本應該藉此機會好好學習以滿州事變（九一八事變）爲起點的那場戰爭的歷史，思考日本今後應有的走向。」

當年二月廿三日，皇太子德仁在五十五歲的生日記者會中，也強調戰後「和平憲法」的重要性，他認爲：「在戰爭記憶逐漸淡去的今天，謙虛地回顧過去，向對戰爭沒有直接認識的下一代，正確傳遞悲慘經歷和日本走過的歷史道路，十分重要。」

政治人物的大多數決策出自於厲害的計算，日本皇室的這一系列發言，則是要彰顯「亞洲價值」的核心，儒家的「仁」，亦即「明仁」或「德仁」名號中的「仁」。他們之所以會發表這一系列談話，是因爲伴隨著「戰爭世代」的消逝，日本有愈來愈多的年輕世代已經淡忘掉先人參戰的感受，而相信日本右翼政客的「修正主義」史觀。這些修正主義者主張，日本沒有侵略鄰國，只是在「朝鮮、台灣和滿洲投資」，日軍強徵慰安婦也是南韓政府編造的故事。在親眼目睹日軍罪行的「戰爭世代」凋零後，有愈來愈多日本年輕人相信這些說法，修正主義史觀也逐漸成爲主流。

「脫古改新」？

這種「修正主義史觀」在台灣最有力的代言人是前總統李登輝。他在去年發表的新書《新．台灣的主張》中，形容自己是「接受日本統治時代教育，並且成爲志願士兵的台灣青年」。當年與哥哥志願成爲日本兵，「一心懷抱著爲國家挺身作戰、光榮赴死的理想」。

不久之後，當全世界都在紀念並反省二次大戰結束七十周年，李登輝又投書日本右翼媒體，以他和其兄李登欽自願加入陸軍和海軍爲例，說七十年前台灣和日本「同屬一國」，稱當時的台灣人「身爲日本人，爲了祖國而戰」；他同時指控，馬英九總統紀念

抗戰，只是爲了「騷擾日本」、「討好中共」。

李登輝今年九十三歲，是明仁天皇所說的「戰爭世代」。然而，他對二戰的「歷史記憶」卻和明仁完全不同。身爲台灣的前國家領導人，他的「歷史詮釋」卻是選擇和日本右翼的「修正主義」史觀一鼻孔出氣！明仁對戰時日本的生靈塗炭「至感痛心」，李登輝對軍國主義的「日本祖國」卻是「眞情難忘」。他對社會科學本土化的進展一無所知，卻引用一百年前問世的韋伯學說，呼籲台灣人民和他一起「脫古改新」！安倍政府搬出明治天皇的教育詔書，著手重建日本的倫理教育；他卻大張旗鼓，批判「亞洲價值」，認爲這樣才能造成台灣的「典範轉移」！

五、「媚日反中」的教改世代

我們必須正視的嚴峻事實是：在一票主張「全盤美化」的「自由派」學者推波助瀾之下，李登輝已經成功的教育出「價值空洞、思想錯亂」卻盲目「親日反中」的教改世代。在「反課綱微調」過程中綠營電視節目主持人鄭弘儀多次邀請學生上節目，在他的節目中調侃台灣當局還在「紀念抗戰七十週年」，他說，他的父親讀日本小學，當日本海軍，彼時算是日本人；中國軍隊抗戰，打的是包括台灣在內的日本，「與我的爸爸為敵」，如今要慶祝勝利，「那你覺得我爸爸的心情怎麼樣？」

在「反課綱」學生進佔教育部廣場期間，「閃靈樂團」是學生們最重要的晚間節目。閃靈有一首題為「皇軍」的歌，唱遍台灣南北，其歌詞台語、日語夾雜，高聲頌揚當年的「台灣人日本兵」：

海鷗（かもめ）展翅高迴遠飛
直直召喚阮綴伊遠洋
赤日一逝一逝的光芒
放送出　男兒志氣萬丈

穿過軍衫　穿過皮肉
染血軍徽安佇靈魂頂
伴白雲　戴青天
戰旗高掛
大港起風湧

堂堂男兒欲出征
氣勢撼動高雄（Taka-o）
齊開向你我前程

唱到「赤日」的時候，銀幕上出現的就是戰時日本皇軍的「太陽旗」！我要指出的是，在「反課綱」的同時，其實另有一套「課綱」正在台灣這個島嶼上，教育我們的下一代，希望把他們訓練成「台灣人日本兵」，變成台灣內部知識界、文化圈、媒體、政團的組成部分！

一九四一年，太平洋戰爭爆發時，許多台灣人被日本殖民政府徵調，送往南洋，男的當兵，女的成爲性奴隸，大好青春甚至送命、葬送在叢林荒野裡。然而，當時不管是台灣人「志願兵」或是「慰安婦」，畢竟都還要經過洗腦交心或強行拉伕的過程，每個壯丁的背後，都有一個破碎的家庭；每一位少女的背後，都有一段淒涼的身世。如今卻有一群人自願充當日本派駐台灣的先鋒部隊，爲日本人搶奪釣魚台主權，嘲笑要求日本政府道歉賠償的慰安婦，改寫日本侵華據台的歷史，主張教科書去中國化，甚至手持武士刀，威脅台灣內部的「親中」團體或個人！透過這些人，所謂的「日本精神」在台灣生根茁壯，四處擴散。這就是現代的「台灣人日本兵」，而且是心甘情願，站上前線！

簡大獅的氣節

一百二十年前乙未割台，台灣民主國覆亡後，在北路帶領義兵抗日的簡大獅，事敗後逃回福建漳州，但在日方壓力下被捕，在廈門廳留下供詞：「我簡大獅，係台灣清國之民。皇上不得已以台地割畀日人，日人無禮，屢次至某家尋釁，且被姦淫妻女；我妻死之、我妹死之、我嫂與母死之，一家十餘口僅存子侄數人，又被殺死。因念此仇不共戴天，曾聚衆萬餘以與日人爲難。然仇者皆係日人，並未毒及清人；故日人雖目我爲土匪，而清人則應目我爲義民。況自台灣歸日，大小官員內渡一空，無人敢出首創義；惟我一介小民，猶能聚衆萬餘，血戰百次，自謂無負於清。去年大勢既敗，逃竄至漳，猶是歸化清朝，願爲子民。漳州道、府既爲清朝官員，理應保護清朝百姓。然今事已至此，空言無補！惟望開恩，將予杖斃，生爲大清之民，死作大清之鬼，猶感大德！千萬勿交日人，死亦不能瞑目。」

可是，當時清廷卻將他交給日人，受盡酷刑，一九〇〇年三月二十九日在台北監獄絞殺。簡犧牲後，當時舉國震怒。進士錢振煌悲憤賦詩：「痛絕英雄灑血時，海潮山擁泣蛟螭，他年國史傳忠義，莫忘台灣簡大獅。」上海《申報》發表評論盛讚簡大獅：「台灣義民簡大獅爲中國爭氣，爲全台爭氣，此中國最有志氣之人。」十一年後，辛亥

革命爆發，清廷覆亡。

「時代力量」的新科立委

當時任何人做夢都想不到：一百年後，日本在二次大戰失敗，已經把台灣交還中國的今天，竟然有台灣的年輕世代在所謂「公民運動」的場域裡，高舉標語，模倣日本當年日本的「殖民主」，辱罵「清國奴」，「支那人滾回去」，「支那賤畜，外來種滾」！

「閃靈樂團」主唱，在二〇一六年大選中代表「時代力量」當選立委的林昶佐曾經大言不慚地說：「當初轟炸台灣的中華民國政府來統治台灣，如今在台灣落地生根七十年了，還不願意將心比心去了解台灣人的故事，卻要求台灣人去接受你們『可歌可泣的抗日故事』！」

這位「新科立委」林昶佐不知道：二次大戰期間轟炸台灣的是美軍B-29重轟炸機，不是中華民國，這就是「教改世代」所接受的歷史教育！

他甚至說：「台灣的祖國是日本，但卻不像眞正的日本，但台灣是日本的領土，這是一個歷史事實。」在他看來，聽慰安婦訴說戰爭的悲慘，一點也不「可歌可泣」，上一代的痛苦到了他這一代，早已冷血無情，寧願去當日本人！

第十二章

「台灣精神」與「文化中國」

李登輝為了達到「公投台獨」的目的，千方百計地提倡「脫古改新」，典範轉移，希望培養下一代年青人的「台灣意識」。他完全不瞭解：在未來的國際情勢下，「台灣意識」只會使台灣社會陷溺在「內耗」的泥淖中。唯有重振「台灣精神」，才有可能引領「文化中國」的發展。這個說法必須從歷史的宏觀角度，作進一步的細緻申論。

一、中華文化傳統的現代命運

德國哲學家雅斯培在他所著的《歷史的根源和目標》一書中指出：在紀元前八百年至二百年之間的六百年，是人類文明發展的「軸樞時期」。在這段期間，世界上幾乎是彼此互相隔絕的地區，分別出現了許多思想家，由四位偉大的聖哲分別將其整合成獨立而且完整的思想體系，他們是：蘇格拉底、耶穌、孔子和佛陀。

三教合一的東亞文明

佛教在漢明帝（西元二十八－七十五年）時代傳入中國之後，和中華文化傳統互相結合，塑造出「儒、釋、道」三教合一的東亞文明。儒家文化最大的特點，便是擅長於

吸納外來文化。「遼以釋廢，金以儒亡」，許多外來文化進入中國之後，都因爲接受業已融爲一體的「儒、釋、道」三家思想，而被儒家文化消化掉。

在公元一千年之前，信仰基督教的歐洲處於「黑暗時期」（dark age），和同一時期的非洲並沒有太大差異。到了十一世紀，十字軍東征前後八次（一〇九六－一二九一），將希臘傳統帶回到基督教世界，兩者互相結合，導致後來十四世紀歐洲的文藝復興運動。十七世紀啓蒙運動發生之後，歐洲科學快速發展，歐洲國家開始對外殖民；十八世紀發生工業革命，到了十九世紀，資本主義興起，西方國家紛紛採取帝國主義的策略，往外擴張，尋找市場，掠奪資源，並將許多非西方國家納爲殖民地。

中國自中英鴉片戰爭（一八三九－一八四二）之後，便陷入一連串的內憂外患之中，開啓了長達百年的「羞辱的世紀」（century of humiliation）。在一八九四年的中日甲午戰爭，中國敗於明治維新後的日本，不得不割讓台灣，接著日本又在中國的領土上和俄國大戰，並擊敗俄國，使得中國知識份子信心全失，認爲自己一切不如人。此後動盪不安的社會條件，使中國的知識社群根本無法定下心來，細心吸納西方文明。

「反傳統主義」

在救亡圖存的時代要求下，五四之後的中國知識界普遍盛行著三種意識形態：社會達爾文主義、科學主義和反傳統主義。自從嚴復將赫胥利的著作Evolution and Ethics翻譯成《天演論》之後，物競天擇、適者生存、優勝劣敗的思想深入人心，許多知識份子紛紛主張向歐美學習他們所想像的救國之道。譬如，陳獨秀（一九一五）先在他主持的《新青年》上，對科學作這樣的界定：「科學者何？吾人對於事物之概念，綜合客觀之現象，訴諸主觀之理性而不矛盾之謂也。」然後主張用他心目中的「科學」來代替宗教，以「開拓吾人眞實之信仰」：「余之信仰人類將來之信解行證，必以科學爲正軌。一切宗教，皆在廢棄之利。」「蓋宇宙間之法則有二：一曰自然法，一曰人爲法。自然法者，普遍的永久的必然的也，科學屬之。人爲法者，部分的一時的當然的也，宗教道德法律皆屬之。」「人類將來之進化，應隨今日方始萌芽之科學，日漸發達，改正一切人爲法則，使與自然法則有同等之效力，然後宇宙人生，眞正契合。此非吾人最大最終之目的乎？」

陳獨秀這種觀點受到各界的抨擊，陳獨秀（一九一八）乾脆將至中西文化對立起來，而徹底否定清末以來的「中體西用」論：「歐洲輸入之文化與吾華固有之文化，其根本性質極端相反」，「吾人倘以新輸入之歐化爲是，則不得不以舊有之孔教爲非：倘以舊有之禮教爲非，則不得不以新輸入之歐化爲是，新舊之間絕無調和兩存之餘地。」

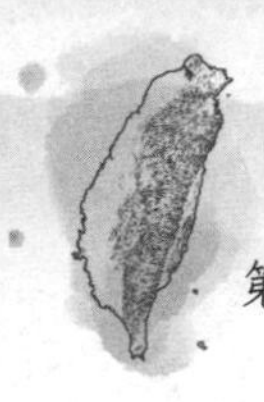

二、「文化中國」在台灣

在國共內戰時期，親國民黨的知識分子主張學習英、美的議會政治；親共產黨的知識分子主張學習十月革命後的蘇聯。然而，他們對於這三種意識形態的堅持卻沒有兩樣。這也可以說明，抗日戰爭勝利後，國共之間立即爆發了慘烈的內戰。中共在一九四九年獲取政權，國內情勢底定之後，旋即發起「三反」、「五反」等一系列的社會改造運動，最後演變成「文化大革命」的十年浩劫。而李登輝在一九九四年掌握國民黨內的實權之後，不久即唆使一批所謂「自由派」的學者，啓動「教育改革」，徹底毀壞當年台灣作爲「亞洲四小龍」之一的社會根基。

《一九四九禮讚》

清華大學教授楊儒賓最近出版了一本《一九四九禮讚》。他認爲，一九四九年所帶來的二二八與白色恐怖固然血跡斑斑，但從大歷史角度看，台灣因緣際會，卻成爲華族文化最近一次「南渡」的終點。永嘉、靖康、南明，無不是分崩離析的時代，但北方氏族庶民大舉南遷，帶來族群交匯，文化重整，終使得南方文明精彩紛呈，以致凌駕北方。

對於台灣的歷史發展而言，民國三十八年（一九四九）是十分重要的一年。那一年，跟隨國民政府撤守到台灣的兩百萬人中，不僅包括六十萬大軍，而且還有一群當時全中國的文化菁英，這些人在各種因素的因緣際會之下，「十方風雨會瀛洲」，被歷史洪流陸陸續續送到了台灣。台灣原本是以漢人爲主組成的移民社會。一九四五年，第二次世界大戰結束，在台灣各級學校任教的日籍教師都被遣返回國。一九四九年，追隨國民政府撤守台灣的外省籍菁英，迅速塡補了日籍教師所留下的眞空。他們和當地民衆共同努力，把台灣社會逐步形塑成「文化中國」。

「納中華入台灣」的意義

台灣在非常時期，承擔了不可能的任務：不但接納了北方的軍民，也吸收了各種知識、文化資源。自由主義的民主思考，儒家的禮樂憧憬，還有殖民地時期的摩登文化在此相互激盪。即使在白色恐怖的年代裡，有識之士不分本土外來，持續他們的理念與堅持，多少年後，才有了今天衆聲喧嘩的局面。楊儒賓因此反問，如果沒有了一九四九，沒有了台灣，今天以共產黨統領的「中國」文化，還剩下了什麼？

楊儒賓的一九四九論述提醒我們：當年跨海而來的不只有冷冰冰的政權，還有豐富的文化資源。彼時大陸馬列主義當道，胡適、殷海光等自由派學者，徐復觀、唐君毅、牟宗三等新儒家學者，如果沒有在台灣堅持他們的理想，不能發展出日後的民主花果。其他文人學者從張大千、林語堂、溥心畬、台靜農以降，莫不攜來中西資源，結合在地民情風土，才能有了兼容並蓄的台灣文化。

從本文的論述脈絡來看，他們在台灣的任何學術或文化成就，都可以看作是某種「台灣精神」的發揮。舉例言之，今天台灣人文及社會科學界在國際上擁有一席之地的，唯有新儒家而已。大陸學術界要想研究儒家思想，也很難繞過「港台新儒家」。如果他們當年不來台灣，他們會有這樣的成就嗎？他們在學術上的成就，難道不能說是「台灣精神」的發揮嗎？

也正是在這點上，楊儒賓突出了一九四九作爲接軌永嘉、靖康「南渡」文化的意義。楊儒賓所更關心的是台灣文化如何能夠「納中華入台灣」，獨樹一幟，在世變之後開出新局。

「文化中國」

「文化中國」（cultural China）是哈佛大學教授杜維明在一九八〇年代提出的一個

概念，原本是指離散於大陸之外的華人文化區。我曾經指導一位來自廣州中山大學的碩士生，完成了一篇碩士論文，題為〈三「國」演義：來台陸生的多元「中國」認同〉。文中指出：目前海峽兩岸其實存有三個「中國」：「政治中國」的中樞在北京；在東亞四條小龍騰飛的時代，難以計數的台灣商人發揮了強韌的「台灣精神」，塑造出當年台灣的經濟奇蹟。在那個時代，「經濟中國」的中樞原本在台灣，但隨著大陸經濟的發展，目前已逐漸移轉到大陸各地。然而，「文化中國」的中樞依舊是在台灣。

從人類文明發展的角度來看，今天的台灣社會是三大文化系統的交匯之處：教育系統裡傳授的是以「個人主義」作為預設的西方社會科學理論。經過「全盤美化」的一九九四年「教改」以及政治勢力有計劃的「去中國化」打壓之後，儒家文化傳統逐步被排除在教育系統之外，它在台灣不僅是「花果凋零」，而且是氣若游絲。今天我們在充分吸納西方科學哲學之後，可以很清楚地辨認出支撐華人生活世界的「先驗性形式結構」（transcendental formal structure），仍然是儒家的倫理與道德。相信「緣起性空」、「借假修真」的「人間佛教」團體，不僅已經把台灣打造成為「文化中國」的中心，而且成為在民間社會支撐儒家倫理的最重要的力量。

「人間佛教」的實踐

「人間佛教」原本叫做「人生佛教」。其最早提倡者太虛大師（一八九〇－一九四七），因爲當時主張「全盤西化」的知識分子對中國文化傳統展開無情的打擊，而型塑出他「人生佛教」的理想，並於一九一七到一九三七的二十年之間，致力於推廣「人生佛教」。一九三七年抗日戰爭爆發，太虛大師在《宇宙風》上發表一篇文章題爲〈我的佛教革命失敗史〉，承認他過去二十多年來在推廣「人生佛教」運動上的努力，因爲自己「理論有餘而實行不足」，又找不到「實行和統率力充足」的人，實踐他「人間佛教」的理想，悲願完全落空，並在一九四七年抱憾過世。

太虛大師大概作夢都不會想到：「人間佛教」的理想竟然在他身後會在台灣大放異彩。台灣佛教的主要宗派雖然都在提倡人間佛教，而且各擅勝場，其中最爲傳奇的人物是佛光山的星雲大師和慈濟功德會的證嚴法師。

證嚴法師是台中清水人，自幼過繼給叔父家當長女。二十一歲時，繼父因腦溢血過世，而開始思索人生的道路。二十五歲自行落髮，並到台北，在慧日講堂購買《太虛大師全集》時，請求印順法師爲其依止師，並到臨濟護國禪寺報名受比丘尼具足戒，而得到「證嚴」的戒名。

一九六六年，二十九歲的釋證嚴在花蓮鳳林鎮一家私人醫院看到地上有「一灘血」，又受三位修女的激勵，決心在花蓮普明寺跟幾位信徒一起做手工，發放救濟品，從事慈善工作。功德會創立後，在當地會員的協助下，發行慈濟月刊，建立「慈濟委員」、「慈誠」制度，並設立「慈濟醫院」。如今以「千手千眼觀音」作爲意象的「慈濟功德會」遍佈國內外各地。世界任何地區一旦有災難發生，慈濟功德會的醫療團隊立刻就趕赴現場，從事「聞聲救苦」的工作。

佛光山大放異彩

星雲是揚州人，十歲時發生蘆溝橋事變，抗日戰爭開始。他與家人跟隨難民潮向蘇北方向逃亡，在槍林彈雨之中穿梭求生，父親卻在日軍攻打南京的煙硝裡「人間蒸發」了。父親失蹤後，家中生活陷入困境，他祇好在十二歲時到棲霞山寺出家。

「徐蚌會戰」發生時，二十五歲的星雲因爲參加「僧侶救護隊」，想到台灣受訓，而於一九四九年春天，來到了台灣。一甲子之後，他不僅在台灣南部開創了佛光山，他培養出來的上千名從眾更組織戒律嚴謹的教團，在全球各地建立了三百多個道場，到世界各地弘法，最近並在台灣成立中華傳統宗教總會，整合本土及外來宗教。

在眾多因素因緣際會之下，結合中國文化傳統的「人間佛教」其實已經塑造出中國

歷史上前所未有的宗教和文化現象，將台灣打造成現代的「文化中國」。目前正在以台灣作為中心，向世界各地輻射。

三、「新儒家」的「道統」

不論是證嚴、星雲或是任何其他人，只要他在台灣的土地上，運用台灣的各種資源，因緣和合，成就任何的事業、功業或德業，都可以說是在發揮「台灣精神」。牟宗三亦復如是。從二次大戰結束，國民政府撤守台灣以來，港台地區研究中華文化用心致力最深者，莫過於牟宗三（一九〇九—一九九五）。如果說胡適是「五四時期」、「全盤西化論」的代表，牟宗三可以說是國民政府撤退到台灣後，「後五四時期」中國知識分子的代表。

儒學發展的三個時代

牟氏是山東棲霞人，天資聰穎，自青年時期，即潛心精研中、西哲學，二十七歲出版《從周易方面研究中國之玄學與道德哲學》，此後即著述不斷，他先獨立將康德的三大批判書譯成中文，又整理儒家思想的統緒，寫成三巨冊的《心體與性體》，累積下極為豐富的哲學寶藏。臨終時自謂：「一生著述，古今無兩」，堪稱現代新儒家的靈魂人物。

在〈儒家學術之發展及其使命〉中，牟宗三（一九八二）將儒學哲學的關係分為三個大時代（three epochs）：

(1)先秦儒學：以孔、孟、荀為代表；
(2)宋明理學：以周、張、程、朱、陸、王為代表；
(3)當代新儒家：由熊十力先生開出，以唐（君毅）、牟（宗三）、徐（復觀）為代表。

普遍的精神實體

牟宗三（一九八八）在他所著的《歷史哲學》中指出：

就個人言，在實踐中，個人的生命就是一個精神的生命，精神的生命函著一個「精神的實體」。此實體就是個人生命的一個「本」。就民族言，在實踐中，一個民族的生命就是一個普遍的精神生命，此中涵著一個普遍的精神實體。此普遍的精神實體，在民

族生命的集團實踐中，抒發出有觀念內容的理想，以指導它的實踐，引生它的實踐。觀念就是他實踐的方向與態度。（頁1-2）

牟宗三認爲：「實踐」是精神生命表現其理想（尤其是道德理想）的活動，脫離了精神生命及其理想，便無「歷史」可言。每一個民族都有其「普遍的精神實體」，歷史即是「普遍的精神實體」在實踐中表現其觀念的過程。然而，因爲人類有動物性，故精神實體本身只能在動物性的限制下表現其觀念，在這兩種力量的拉扯之下，決定了各民族有不同的文化系統與觀念形態。

三統並建

牟宗三畢生研究中國文化，其目的在於重建中國文化，開出中國文化的新型態。他認爲：唯有道統、學統、政統三統並建，儒家式人文主義徹底透出，才能開出中國文化的新型態。他說：

道統之肯定，此即肯定道德宗教之價值，護住孔子所開闢之人生宇宙之本源。學統之開出，此即轉出「知性主體」以融納希臘傳統，開出學術之獨立性。政統之繼續，此即由認識正體之發展而肯定民主政治爲必然。

道德是道德宗教，學統核心是科學，政統就是民主政治。牟宗三認爲：道統是一種比科學知識更具綱維性的聖賢之學，是立國之本、是文化創造的源泉，是政統和學統的生命和價值之源，政統和學統是道德的客觀實現，失去了道統，政統和學統就會步步下降，日趨墮落；而失去政統與學統，道統也會日益枯萎和退縮。他以爲，三統之建立，就是「儒家式人文主義」的眞正完成，也就是儒家眞正轉進第三期之發展。

牟宗三認爲：他在學術研究上畢生所作的努力，就是要梳理「儒家人文主義」的統緒，肯定孔子所開創的儒家文化的「道統」。值得強調的是：以牟宗三爲首的「港台新儒家」，畢竟是學院派的人物，他們可以長篇累牘、著作等身以「肯定」儒家文化的道統，但卻無法在華人社會中「宏揚」此一道統。至於「容納希臘傳統，轉出『知性主體』」，以開出「自主的學術傳統」更是一事無成。爲什麼呢？

四、「自主學術傳統」的建立

在《歷史哲學》一書中，牟宗三認爲：中國文化的特長在於「綜合的盡理精神」，是一種「理性的運用表現」。相對地，西方文化則擅長「分解的盡理之精神」，以「理

性的架構表現」，通過一種「主、客對立」的「對待關係」，形成一種「對列之局」（co-ordination），從而撐出一個整體的架構。

「全盤西化」的社會科學

目前台灣人的生活世界其實存有人間佛教、儒家文化和西方個人主義三套不同的文化體系。然而，由於儒家和佛教本質上是一種追求「內在超越」的「爲己之學」，和追求「外在超越」的西方文明有其的差異；從儒家文化傳統中很難發展出西方式的科學。西方的科學哲學必然要討論本體論、知識論和方法論；台灣研究生的養成教育則只談「方法論」，他們傾向於把西方理論當做是「眞理」，卻不懂得如何將自己的文化傳統建構成客觀的知識體系，因此台灣的社會科學界傳授的大多是源自於西方學術傳統的理論，他們在從事社會科學研究的時候，也大多是在套用西方的研究典範，用華人社會的材料，檢驗西方的理論。

西方的社會科學理論大多是建構在「個人主義」的預設之上，華人的生活世界卻是依「關係主義」的法則而運作的。儘管到台灣旅遊的陸客總會覺得「台灣保存的中華文化素質比大陸多」，但因爲社會科學界的「全盤西化」，再加上偏綠學者刻意要切斷台灣漢人與大陸原鄉在歷史文化上的心理連結，在政治人物的操作之下，年輕一代學子跟自己的文化傳統愈來愈疏遠，結果乃有今日的「反課綱微調運動」！

中、西文明的整合

從「後實證主義」的科學哲學來看，有好的問題，才有可能找到好的答案。沒有問題，必然不可能找到任何答案。在我看來，當年中國知識菁英南渡，所謂「納中華入台灣」的最重要意義，便是把儒家學術史上未能解決的重大問題以及中華文化和西方交匯時所產生的重大學術和文化問題，帶到台灣來，讓下一代的台灣知識菁英有機會運用他們從台灣獲得的文化資源，發揮「台灣精神」，解答這些問題，並把台灣打造成爲「文化中國」的中心。

從這個角度來看，當前華人學術社群最重要的使命，就是以「儒、釋、道」三家文明作爲基底，吸納西方文明的優長，建構「含攝文化的理論」，以建立華人自主社會科學的學術傳統。

《社會科學的理路》

基於這樣的考量，我花了十幾年的時間，針對發展本土社會科學的需要，撰寫一本

《社會科學的理路》。我雖然不是出身自哲學專業，多年來推廣本土心理學的經驗，卻使我深刻瞭解國內的年輕學者需要些什麼。因此，這本書分為兩大部分，前半部所討論的「科學哲學」，主要是側重於「自然科學的哲學」，尤其強調由「實證主義」到「後實證主義」的轉變；後半部則在論述「社會科學的哲學」，包括結構主義、詮釋學和批判理論。由於包括心理學在內的許多門社會學科，都同時兼具「自然科學」和「社會科學」的雙重性格，一個年輕學者如果想要在自己的研究領域上有所創發，非得要先瞭解這兩種「科學」的哲學基礎不可。

這裡必須強調的是：我寫這本《社會科學的理路》，目的是為了要吸納西方文明之優長，再利用它來克服本土心理學發展上的難題，建立「儒家人文主義」的自主學術傳統。而不是為了要「如實地」反映西方科學哲學的「全貌」。因此，這本書的寫法跟西方一般科學哲學的教科書，也有明顯的不同。西方學術界所謂的科學哲學，通常是指「自然科學」的哲學，我治學的終極關懷，卻是要建立本土社會科學學術傳統，整合自然及社會科學，所以必須介紹「詮釋學」和「批判理論」。「結構主義」是人類學家發明的方法，西方科學哲學的教科書幾乎不談；我的興趣在於探討文化的深層結構，所以用「結構主義」作為結合自然與社會科學的樞鈕。

跨學門的整合

西方學術傳統將有關「人」之研究切割成心理學、社會學和人類學三大塊。心理學的發展經歷過三次大的典範轉移：第一波的行爲主義，其哲學基礎是「實證主義」；第二波認知心理學是「後實證主義」；第三波則是本土心理學。台灣地區的本土心理學經過三十幾年的發展，已經清楚認識到：在全球化時代，發展本土心理學的目的，是要依照文化心理學「一種心智，多種心態」的原則，運用「多重哲學典範」，整合西方三大學術傳統常用的哲學典範，包括「後實證主義」（心理學）、「詮釋學」和「批判理論」（社會學）、以及「結構主義」（人類學），建構既能說明人類普世心智，又能說明特定文化中之心態之「含攝文化的理論」，克服現代心理學之父Wilhelm Wundt（1832-1920）未能以科學方法研究文化的難題，並整合Vygotsky（1896-1934）所主張的「意圖心理學」和「科學心理學」。

以西方的科學哲學爲基礎，研究中華文化傳統，建構包含有許多「含攝文化之理論」的「科學微世界」，不僅只是解決了本土心理學的難題，而且也解決了西方心理學、社會學和人類學三大學科「能分而不能合」的難題。更清楚地說，這種研究取向，不只是代表這三門學科之間的「科際整合」，而且是三者間建立在其哲學基礎之上的

「跨學門整合」。

社會心理學的「三大斷裂」

台灣推進「社會科學本土化運動」所累積下的經驗，對於大陸以及國際心理學和社會科學的發展，具有十分重要的積極意義。二〇一二年三月十六、十七月，世新大學社會心理學系舉辦「第五屆《社會學與心理學的對話》國際研討會」，南京大學社會學院心理學系的翟學偉教授發表的一篇論文〈從本土視角看社會學與心理學的融合〉，將中國社會心理學的發展分成三個不同的三十年。第一個三十年是少數學成歸來的中國心理學家將西方心理學帶入中國學界，並從事實證研究的過程。第二個三十年大約從一九四九年至一九七八年，社會心理學在內地相對處於停滯狀態。從一九七八至今的第三個三十年，則呈現出三大斷裂的格局：

首先，「今天發展起來的社會心理學同初創時期的三十年幾乎沒有關係。」「一些當年留美的學者已經故去或進入髦耋之年，他們經歷了從西方引進知識，重學蘇聯與再回到自我否定的起點」，「這點很容易導致中國社會心理學沒有傳統，沒有發展線索，沒有傳幫帶，甚至沒有帶頭人。而從頭起步的研究者缺少積累，往往是個人只顧做個人的研究，外加個人興趣也在不停地轉移，持續性的研究則更少。」

「研究興趣乃至專業的不停變動，帶來的最大問題就是研究上的泛泛而談，或東一榔頭西一棒，照搬西方概念與方法與不斷跟隨社會特點，是中國內地社會心理學的基本特徵。」「三十年的斷裂期導致了一種研究學統的喪失，如果不重建良好的學統，這樣的情況還會繼續下去。」

「第二種斷裂來自於社會心理學中產生的兩種研究方向。無論在西方，還是在中國，無論是過去，還是現在，社會心理學的歸屬一直是一個問題。有的認爲它屬於心理學的一個分支，有的認爲它屬於社會學的一個分支。這個問題在中國社會心理學的恢復期顯得更加嚴重。」

「正因爲這種認同一下子找不到，自然造成的局面就是各自爲政，乃至老死不相往來。所以且不說社會心理學本身就研究『社會認同』，其自身發展也一直存在著一種認同的問題。」

第三種斷裂發生在台港社會心理學家與大陸社會心理學的研究興趣上。大陸社會心理學復甦於中國改革開放年代，由於太長時間沒有同西方接觸，有志於社會心理學研究的學者開始大規模地編寫和翻譯教材。或許是因爲處在恢復期，由中國學者自己編寫的上乘教材也不多見，大多數教材也是抄來抄去，其實質就是大量照搬和移植西方的概念和理論。過多的學習與模仿導致許多大陸學者傾向認爲，社會心理學的理論、概念與方

法只有一個體系，它就在西方，尤其在美國。中國學者能做的工作，是用它的理論與方法來研究中國實際，至於其中不可否認的文化差異，可以通過修訂量表來解決。

儒家人文主義的自主學統

他認爲：進入上世紀八〇年代後，在一批跨學科學者的支持下，台灣社會心理學界開始了「社會與行爲科學本土化」進程。但由於大陸社會心理學界並未形成本土化研究的氣候，也少有實質性的研究成果問世，至少在一些有苗頭的領域缺乏積累與跟進。

社會心理學的情形如此，社會科學其他各領域的情況又何獨不然？我跟大陸學術界的朋友談到這個問題，大家都同意：大陸社會科學界對當前的社會發展，確實是感到「實踐很偉大，理論很蒼白」。由於社會科學的理論大多是「抄來抄去」，「大量照搬和移植西方的概念和理論」，中國社會科學界的研究人員一方面是感到「知識論的困惑」，不知道這樣的「知道」對自己的母社會是不是有用？能不能幫助自己的社會解決問題，抑或是製造更多的問題？也正因爲如此，大陸學術界又普遍存在著「本體論的焦慮」，不知道自己文化的特色是什麼？也不知道這樣的文化特色能不能支持社會的持續發展？

針對這樣的困局，正是兩岸學術界攜手合作，促進中華文化復興的良機。如眾所知，任何一個學術運動，一旦找到了自己的哲學基礎，便是找到了自己的「道」，這個學術運動便已邁向成熟階段，而逐漸脫離其「運動」的性格，除非有人能找出更強而有力的哲學來取代它。華人心理學本土化運動邁向成熟之後，下一個目標就是總結其成功經驗，繼續推展社會科學本土化運動，其最終目標則是以儒家文化作為基底，吸納西方近代文明的菁華，「中學為體，西學為用」，擺脫西方學術的宰制，建立「儒家人文主義」的自主學術傳統。

三大文化區

建立「儒家人文主義」的自主學術傳統不僅有助於兩岸學術及文化發展，對於人類文明的未來也有其重要意義。我們可以從一個比較宏觀的角度來思考這個問題。

一九七〇年代有許多主張「現代化論」的學者認為：非西方國家的現代化可分為三個層次：⑴器物層次的現代化；⑵制度層次的現代化；⑶思想行為層次的現代化。其中以「器物層次」的現代化最容易，「思想行為層次」的現代化最艱難，在許多情況下，它甚至會引發許多價值衝突。

然而，不論是從理論或是從實徵研究的發現來看，所謂的「現代化論」其實是受到「西方中心主義」的影響，以為非西方國家經過「現代化」之後，都會變得跟西方國家

十分類似。從雅斯培的觀點來看，世界上構成「四大文明」的完整文化體系，其實只有四個。從文化實在論的角度來看，這種完整的文化體系各有其文化型態學，它們在歷史上的變化，也有其文化衍生學，是耐久而不會消亡的。

Inglehart和Baker（2000）曾經在六十五個國家作了三波的「世界價值觀調查」（World Values Survey），結果顯示：在控制經濟發展的效果之後，在歷史上屬於基督教、伊斯蘭教和儒教的三大文化區，顯現出截然不同的價值系統。這些社會在「傳統／世俗-理性」和「生存／自我表現」的價值向度上有所不同。雖然大多數社會（包括西方）都朝向「世俗-理性」及「自我表現」（即現代與後現代）的方向變動，但其速度並不相同，而且各文化區之間仍然保有其差異性。

他們的研究顯示：如果將經濟發展的因素加以控制，則世界各國可以區分成基督教（包括新教、天主教、東正教）、儒教和伊斯蘭教三大文化區。因此他們懷疑：「在可預見的未來，所謂現代化的力量是否會產生一種同質的世界文化」。

東亞文明的再崛起

更清楚地說：雅思培所說的人類在軸樞時期所形成的四大文明，經過兩千年的交流與整合，已經形成「三大文化區」。在西方資本主義國家的宰制之下，以石油作為主要收入來源的中東國家長期陷入高失業率、貧富懸殊、政治腐化、集權統治等等的困境。二〇一四年十二月中旬，北非突尼西亞一位大學畢業的事業青年，因爲無照擺水果攤遭警察取締，憤而自焚，引發群衆暴動。一個月後，總統班阿里被迫流亡海外，這場「茉莉花革命」迅速蔓延到其它中東國家。當時西方媒體大多給予正面報導，認爲這是西方式「民主」的勝利。不料許多中東國家在舊有的政治秩序解組之後，並沒有建立所謂「民主」的制度，反倒是四分五裂，陷入不同教派之爭的族群衝突，大量難民向西方國家流竄。橫跨敘利亞與伊拉克的「伊斯蘭國」（Islamic State, IS）趁機崛起，並在世界各地（尤其是西方國家）展開恐怖攻擊。

伊斯蘭國的占領區，包含油源豐富的城市，如摩蘇里，也包含文明古城，如麥亞丁，領土較許多現存的國家還大。他們精心規畫中小學教育，爲極端思想扎根在他們管轄的伊拉克，增加了「聖戰」學科。教科書處處可見聖戰的畫面。敘利亞的學科則分爲絕對一神論、阿拉伯語、數學、理化、自然科學、英語等，教師奉命要履行「臣服儀式」才得任教職。

「自由」、「民主」的夢魘

「絕對一神論」是在教導十八世紀宗教改革家穆罕默德．艾卜杜．瓦赫卜的思想。

瓦赫卜派認爲穆斯林應遵循《古蘭經》經文與聖訓，他們是唯一能倖免於火獄的穆斯林，主張淨化所有儀式，譬如將穆罕默德妻子卡迪加千餘年的墳墓搗毀，以符合穆斯林死後不興建墳塚的規定。他們因此毀去許多穆罕默德門徒及早期伊斯蘭的遺跡，影響深遠。現在除了伊斯蘭國之外，尚有許多極端組織和看似溫和的伊斯蘭國家，在遵循瓦赫卜的理念。

中東情勢爲什麼搞得如此嚴峻？回顧阿拉伯現代史，二十世紀以來，強權打著爲阿拉伯國家實踐民主、自由的口號，任意畫分各國國界，入侵各國、推翻當地政權或支持各國的反對勢力，造成今日無法收拾的中東政治局面。

文明的衝突

西方強權講人權、自由，但他們的全球化策略，卻在經濟上造成大財團的壟斷，剝奪多數人生存的資源與權利，釀成各地的暴亂。最令人感到諷刺的是，他們同時爲此設立許多慈善機構與救援組織，凸顯弱勢者的「卑微」與強權的「尊貴」。

倘若西方國家眞正了解「人權」的眞諦，絕不至於在世界各地複製一個類似中世紀的「奴隸制度」，讓「貧窮」限制了多數人貢獻世界的機會，讓弱勢者失去尊嚴。他們的憤怒讓人想起阿拉伯詩人達爾維什的詩：「好好記住！我是阿拉伯人…我的特質是：

頭上有頭箍，就在頭巾上頭。我的手掌堅硬如岩石，能抓傷想碰觸它的人。」

倘若西方霸權能尊重當地人的文化，也不致讓「民主」成爲恐怖主義的溫床，讓恐怖分子肆無忌憚地用全球無辜百姓的血，來重新畫分中東疆域，甚至可能畫分世界疆域。

東亞文明的再崛起

有人認爲：這是西方自西元第十一世紀起宗教戰爭的延續，應驗了Huntington（一九九八）的「文敏衝突」之說；有人認爲：第三次世界大戰已經爆發，但這是西方實體國家和IS虛擬國家之間的戰爭。在這樣的態勢下，東亞國家，尤其是中國，能夠保持政治穩定、經濟成長與社會和諧，更顯得難能可貴。這象徵著「儒、釋、道」三教合一「東亞文明」的再崛起（Re-rise），而不僅只是「中國崛起」而已。

從東亞文明再崛起的角度來看，對華人社會而言，發展「儒家人文主義」的自主學術傳統，讓華人能夠瞭解自己，就成爲十分必要之事。更清楚地說，儒家文化傳統在經過「文化大革命」（Cultural Revolution）的破壞之後，華人社會科學家必須要有高度的文化自覺，願意投身社會科學本土化運動，致力於從事「文化復健」（Cultural Rehabilitation）的工作，中華文化才可能眞正走向「文化復興」（Cultural Renaissance）

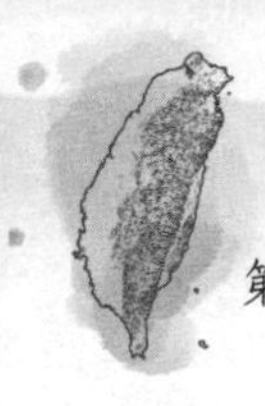

之路，這是兩岸學術及文化界攜手合作的最佳良機。

「民主」與「文化中國」

五四時期主張「新文化運動」的知識分子認為：「民主」和「科學」是可以救中國的兩尊「洋菩薩」，根本是一場嚴重的誤會。

二千五百年前的希臘，是西方民主政治的發源地。目前希臘經濟陷入困境，但希臘人民仍然享有充分的「民主」。不久前，希臘才舉行九個月內的第三次大選，有二十個政黨參加競選，但希臘人民對選舉結果並不抱期望，因為「誰上台都一樣」，都無法挽救希臘的危機。

早就看破西方「民主」的侷限，對「文化中國」有堅強信心的，是不久前逝世的新加坡前總理李光耀。在一九七八年底，鄧小平訪問新加坡。當時新加坡的經濟發展已經很上軌道，城市面貌像今天一樣的整齊有序。當時任新加坡總理的李光耀告訴鄧小平，新加坡人是中國「沒文化的南方農民」後代，「有文化的人」都留在中國，新加坡能做到，中國更能做到。

鄧小平返回中國之後，多次提到「向新加坡學習」。鄧小平之後的江澤民、朱鎔基、胡錦濤、溫家寶等領導人，也都提到過。在新加坡最近一次的選舉之前，中共政治局常委王岐山會見外賓時，首次提出「執政合法性」的問題。他說：「中國共產黨的合法性源於歷史，是人心向背決定的，是人民的選擇。」

王岐山這段話就是說，當一九四九年中共革命成功，建立中華人民共和國之後，人民已經認可，一切已經決定。中共不會也不需要再透過選舉來取得西方政治學概念中的所謂「合法性」。換句話說，中共在這方面是不會「向新加坡學習」的。

台灣是中華文化現代化最好的實驗室，而民主選舉則是一條不歸路。台灣既已經走上了這條道路，不管誰當總統，他都必須全心全力來向世人證明民主實踐在台灣實踐的優越性。否則，我們還能用拿什麼來和對岸的中共競爭？

令人遺憾的是，台灣的許多政客完全看不清這樣的世界局勢。他們想在軍事上依賴美國，在精神上追隨日本，卻完全不瞭解日本文化的特色，結果是左支右絀，陷入雙重「自我殖民」的理論困境，而難以脫身。這種政客的精神領袖，就是李登輝。

第十三章

李登輝的《餘生》·蔡英文的抉擇

二〇一六年大選結束後的元月十九日，民進黨秘書長兼駐美代表吳釗燮在華府作「國民黨之後的台灣：解讀二〇一六年選舉」演講，他指出「將國民黨在此次選舉中的失敗解讀爲也是『中國的失敗』是不準確的，必須注意的是，兩岸問題不是競選中的突出問題，也不是決定選舉結果的問題。他表示，在整個競選過程中，蔡英文和民進黨團隊都沒有在言辭或標語上針對對岸。北京似乎也對蔡的勝利和民進黨重新執政做好準備。中方官員在兩岸問題上的立場表態相對保留克制，以避免對台灣選舉過程產生消極影響。」他說：「我們注意到競選期間，中方的表態和行動都有所保留克制。民進黨覺得這是積極的向前一步，這也給我們更多機會釋放善意，希望中方以對等的態度做出回應。這樣兩岸關係就能推進，兩岸才能逐步建立互信。」

一、民進黨向美國表態

如衆所知，在美、中對弈的西太平洋戰略棋局裡，台灣不過是其中一個旗子，所以吳釗燮在台灣大選過後，必須先向美國表態。對於外界關注的民進黨會否承認『九二共識』，吳釗燮重申了蔡英文最近的表態：「民進黨從沒否認一九九二年兩岸對話的事

實，也承認雙方那時有共同意願透過加強互相理解來推進兩岸關係。至於具體的『九二共識』這個詞組，蔡英文提倡回到作為一九九二年兩岸會談基礎的『求同存異』精神。未來我們會盡最大努力發現台灣和大陸雙方都能接受的互動模式，那是一種能避免對抗和防止意外的模式。」

在台獨黨綱的部分他說：「民進黨的立場已在逐漸演化中，一九九九年台灣前途決議文等於是承認現狀，這個立場也體現於二〇一四年民進黨中常委采納的『中國政策評估』中，民進黨的較新立場不是基於一九九一年黨綱，對岸也是知道的。」對南海問題的立場是：「台灣的主張不只是基於占領太平島，國際法庭作出的裁決也應當是主張的基礎。台灣有當年中華民國十一段線主張的檔案，應當有助於決定台灣是否還擁有十一段線的主張。不過任何南海主權主張都要基於國際法和聯合國海洋法公約。至於檔案的公開，需要與各方磋商後，謹慎做出決定，但不排除公開的可能性。」

依照本書的分析，「台灣和大陸雙方都能接受的模式」，「能避免對抗和防止意外的模式」，唯有「一中兩憲」而已。民進黨的這個努力方向，和蔡英文在選舉之前反覆強調的「『台獨』是年輕人天然成分」，「『台獨』黨綱不能改」，「只要民進黨選贏，中國就會自己靠過來，中國最怕押錯寶」，眞是判若雲泥。吳釗燮的說法，究竟是民進黨為了安撫美國的「權宜之計」，亦或是蔡英文的想法已經有所調整，要回答這個問題，必須對蔡英文在選舉後的言行作更密切的觀察。

「兩國論」入法？

總統當選人蔡英文將與五二〇就職，外界最關注的是她的兩岸政策。立法院將於二〇一六年二月十九日開議，「兩岸協議監督條例」如何立法，成爲朝野攻防重點。民進黨團在上屆立院提出「兩國論」版本草案，引發質疑。

民進黨團總召柯建銘對媒體表示，民進黨立院黨團將與立院開議後重提「兩岸協議監督條例」新版草案，修改過去的「兩國論」內容，改爲符合「中華民國憲政體制」的版本。他強調，外界對兩國論版本的質疑已不是問題。

媒體追問，選前蔡英文主張「在中華民國憲政體制下推動兩岸關係」，未來提出的「兩岸協議監督條例」草案是否也會遵循這個原則？柯建銘回答，「會以中華民國憲政體制作爲依據」。

民進黨團在上屆立院提出「台灣與中國締結協議處理條例草案」，第一條就寫著「爲台灣與中國締結協議（以下簡稱兩國協議）之相關事宜，特制定本條例」，因此被認爲是「兩國論」版本。

同一時間，台聯黨團及立委姚文智、鄭麗君也提出「台灣與中國締結協議處理條例

草案」，都是「兩國論」版本。但國民黨立委江啓臣等人所提爲「台灣與大陸地區協議簽署監督條例草案」，採用憲法及兩岸人民關係條例的用語。

大選之後，媒體詢問蔡英文：立法院優先法案是否包括「兩岸協議監督條例」，她表示：「有有有！我們正在把現在所有法案跟將來陸續要提出的法案做總整理中，這個過程也會跟黨團一起作業討論」。

二、李登輝向日本交心

二〇一六年二月中旬，李登輝發表新書《餘生》指出，台灣現在的認同已經發展出「台灣中華民國」的意識，中華民國已經不是以往的中華民國，而是第二共和國。他主張，只要繼續保全中華民國的主權和地位，並修改憲法，讓中華民國成爲新共和國，也就沒宣告台灣獨立的必要，只要把中華民國「台灣化」就好。

這本書提出了「兩國論」的整體戰略。李登輝在書中表示，兩岸的戰爭應到此結束，應該更進一步正式承認中華人民共和國，一旦承認了中共，對岸就是「新的國家」，這邊就成了「舊的國家」，兩岸應該是「兩個國家」的想法才是正確的。

他說，中華人民共和國是一九四九年從中華民國分裂出來的，所以不論以前還是以後，中華民國都會一直存在，在中國大陸的則是分離出來的新國家；中華民國一九四九年來到台灣後，就以軍事占領了這個島，國民黨政府有效控制了台灣，依「舊金山合約」，日本明確放棄台灣，雖沒有明言將台灣歸給誰，但從國際法觀點來看，台灣的確是中華民國的領土。

李登輝指出，只要繼續保全中華民國主權和地位，並修改憲法內容，讓中華民國成爲新共和國，也就沒宣告台獨的必要。但他說，台灣還欠缺一樣東西，就是尚未對國內外明白宣告「台灣是一個國家」，雖然有「中華民國在台灣」的說法，但還沒有「台灣是主權國家」的主張，這是必須檢討並改正的問題。

這個戰略是非常清楚的：他希望主張獨立的綠營「稍安勿躁」，不要急著搞「法理台獨」，先搞「心理台獨」。等到大多數人已經發展出「台灣中華民國」的新的國家認同，再來「修改憲法內容」，對國內外明白宣告「台灣是一個國家」，「兩國論」就水到渠成，可以具體落實。

從這個角度來看，民進黨再度執政之後，必然要進一步清洗人們心中的「中國意識」，在文化的層面上樹立「台灣的主體性」，把大陸塑造成絕對的「他者」。然而，從文化實在論（cultural realism）的角度來看，文化的切割卻比歷史的切割更爲困難，

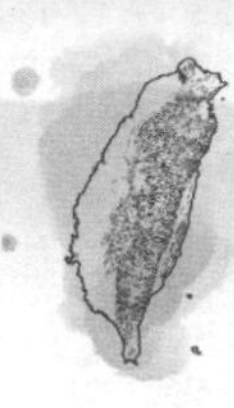

爲了要切割台灣跟大陸之間的「文化臍帶」，台灣必須要付出的代價必然更大。蔡英文有這樣的能耐嗎？

「愚蠢」的行政院長

在這本《餘生》中，李登輝還提到：二〇〇〇年民進黨取得政權後，第三任行政院長游錫堃把釣魚台列嶼列入他出生地宜蘭縣中的頭城鎮，「再也沒有比這更愚蠢的事了，不只是中國，連台灣的政府要員都在欺騙人民。」

游錫堃立刻在臉書上發表聲明指出，他最早知道「釣魚台是中華民國領土」是聽李登輝說的，當時他擔任省議員，李登輝擔任台灣省政府主席。

游錫堃發佈新聞的時候，心中一定覺得很惱火：當年明明是聽「李主席」的說法，照「李主席」的指示辦事。事隔二十餘年，作爲中華民國退職總統的李登輝，怎麼會突然舊事重提，而且是出爾反爾，拿他出來公開羞辱一番？

游錫堃不要覺得奇怪。當年李登輝之所以會說「釣魚台是中華民國領土」，只是爲了讓蔣經國相信：他具有日本人「不說謊、不阿諛奉承」的特質。今天他在新書中指出，「釣魚台列嶼不歸屬台灣，這是毋庸置疑的事實」，這才是他的「本音」。至於他當年是否昧著良心「說謊」，根本是無關緊要之事。因爲他早就拿日本哲學家西田幾多郎的名言：「我是不是我的我」，當作他的擋箭牌，練就一身「鐵布衫，金鐘罩」的本事，刀槍不入，百毒不侵。任何人用什麼話罵他。他都無動於衷，所以發揮不了作用。

李登輝在國民黨內掌權之後的一貫作風，是一面挖國民黨的牆角，一面培植民進黨。他一向是把民進黨當「小弟」看，今天「老大」有需要，拿「小弟」出來教訓一番。難道你不服氣嗎？

今天李登輝以釣魚台歸屬問題爲例，痛罵「台灣的政府要員都在欺負人民」，游錫堃也不必覺得委屈。因爲「項莊舞劍，意在沛公」，李登輝罵游錫堃「愚蠢」的時候，心中根本沒有游錫堃，他念茲在茲的其實是蔡英文。

打李登輝的「臉」？

如衆所知，蔡英文說她在四十歲以前，根本是政治的門外漢。一九九八年八月，時任總統的李登輝徵召他入國安會擔任諮詢委員，替李登輝規劃「特殊國與國關係」的「兩國論」之後，才展開她的政治生涯。去年總統大選之前，李登輝看到蔡英文聲勢看漲，便難掩興奮之情，一面跑去向他的「日本祖國」交心，一面回台灣給蔡英文下「指導棋」。這本《餘生》，原名《李登輝送給日本的信》，二〇一四年以日文出版，向「日本祖國」交待他的「生命之旅」；等到蔡英文當選總統之後，才出中文版，告訴她

如何走出「台灣民主之路」，這擺明了是把台灣的總統當選人當「小妹」看。

然而，在《餘生》新書發表當天，蔡英文便明白表示：「釣魚台是屬於台灣的」。看起來，李登輝的「指導」對她並沒有發生作用。不僅如此，在太陽花學運時，民進黨一再以「兩國論版」的「兩岸協議監督條例」號召群衆，在勝選後卻態度大轉彎，不斷釋放消息，表態要修掉條例中的「兩國」措辭，回到「兩岸」，乃至中華民國憲法所揭示的「一國兩區」。

有人認爲：這些做法是在「給李登輝打臉」，民進黨是「坐上駕駛座就轉彎」，「換了屁股就換了腦袋」，其實不然。用李登輝在《餘生》一書所訂下的「兩國論」整體戰略來看，儘管他的「文化理論」思緒錯亂、漏洞百出，以蔡英文的性格來看，她很可能先是「心理台獨」的路，等到時機成熟，再修改憲法，搞「法理台獨」。這才是李登輝所指示的「台灣民主之路」！

三、民進黨的「學術自由空間」

果不其然，新政府還沒正式上台，民進黨立委已經發動準備大肆清洗與改寫歷史。

綠委高志鵬提出「廢國父遺像」的主張，要修法廢除《中華民國國旗國徽法》等三法中有關「國父遺像」的規定。高志鵬說，因為我國沒有法律定義「國父是誰」，因此「不必繼續洗腦下一代」。同時，該黨立委王定宇提案修改《紀念日與節日實施條例》，要將鄭南榕自焚日列為「法定紀念日」。此案並已付一讀。最令學術界人士感到毛骨悚然的是，綠委陳其邁提案，要在《二二八事件處理及賠償條例》中增訂處罰條款，凡是扭曲或粉飾二二八歷史真相，羞辱受難者及其家屬者，將處五年以下有期徒刑！

辯證與民主

「真理愈辯愈明」，二二八本來是應當由歷史學者從不同角度不斷蒐證、反覆辯證，以求逼進真相的一個歷史事件；陳其邁的提案一旦通過，任何人談論二二八，必須符合民進黨欽定之版本，否則即可入罪處刑。如此獨斷的思維，不僅剝奪人民的言論自由，更把政黨的歷史認知當作是不可違逆的聖旨，這根本是法西斯再世，和當年納粹黨的作風如出一轍！

德國哲學家雅斯培在他所著的《四大聖哲》一書中指出：人類文明發展的「軸樞時期」，世界上幾乎是彼此互相隔絕的地區，分別出現了四位偉大的聖哲：蘇格拉底、耶穌、孔子和佛陀。其中蘇格拉底是開啓西方文明的關鍵人物。他沒有建立任何團體，不

宣傳或辯護自己的學說，沒有設置學校或任何機構，沒有設計一些改革國家的計劃，沒有建立系統的學問，也不對群眾演說。他像許多雅典人一樣，大部份時間都在街上、市場、體育館或酒宴上和藝術家、政治家、工匠、詭辯者、娼妓等各種人物對話。

「對話」或「問答」是蘇格拉底生命中最重要的事情，他緊迫逼人的發問，毫不留情的揭露人們思想中陰暗的角落。把它當做是喚醒、激動、或驅迫人們內心靈魂的哲學方法。他相信：在眞與善的知識追尋中，人是單獨存在的，唯有在人與人的對話和問答中，藉由不斷思考和問答的澈底思考，眞理才能夠對個人開放，才能把握眞正的自我。他建立了希臘文明中「辯證」的傳統，西方式的「民主」與「科學」即由此開展出來。「有在野經驗的民進黨」，一旦掌權，馬上就要立法卡死言論自由，台灣要如何走出「民主之路」？

「政治追殺」？

去年十二月三十一日，蔡英文出席「海內外學術界蔡、陳後援會」，會上保證：蔡英文的政府「給學術最自由的獨立空間」「給政府做最嚴厲的監督與指教，也不用怕政治追殺」。許多學術界的朋友當時都覺得納悶：都什麼時代了，怎麼還要大家「不用怕政治追殺」？看到民進黨掌權後的作爲，大家才恍然大悟：原來蔡英文是「不打自招」，她在給御用學者保證：「順我者生，逆我者死」！

新政府還沒上台，就先祭出這項「緊箍咒」，請問：這是給「學術最自由的獨立空間」嗎？

四、王毅「憲法說」的整體戰略思維

二〇一六年二月二十五日，中共外交部長王毅在美國智庫「戰略與國際研究中心」（CSIS）的演說，提到了台灣問題，卻未提「九二共識」，引起台灣各界的高度關注。

首先，王毅表示北京當局、對台灣的「政權交替」不感到意外，北京不關心台灣誰掌權，而是執政者如何處理兩岸關係，能否繼續承諾「兩岸同屬一個中國」。

其次，新執政者「既然是按照目前他們的憲政所選舉出來的，就不能違反她的憲法規定，也就是大陸和台灣是一個國家。」

最後，他希望到五二〇時，台灣新執政者會「以她自己的方式，來表明她願意繼續推動兩岸關係的和平發展，願意接受他們自己的憲法所規定的大陸和台灣同屬一個中國。」

「憲法一中」？

王毅這場公開演講的時間是在台灣總統大選之後，大陸召開人大政協兩會之前，地點是在美國華府的國際場合，直播談論的內容則是「他們自己的憲法」。

由於過去中共一向認為：「中華民國」自一九四九年之後，便已經被「中華人民共和國」所取代，他們在提到台灣的政治體制時，最先是說「台灣現有的規定和文件」，二〇一三年之後，改稱「兩岸各自的法律、體制」，現在中共外長在國際場合公開提出「他們自己的憲法」，當然引起高度重視。

國民黨副書記長江啓臣在立法院質詢時則質疑，這個意思是說，「未來兩岸關係不是九二共識，而是憲法一中？」江啓臣的質疑是希望馬政府釐清：陸方對兩岸關係的立場是不是已經從馬政府一貫堅持的「九二共識」，轉向謝長廷主張的「憲法一中」？

陸委會主委夏立言說，我方一向堅持一中各表的九二共識，主要核心就是中華民國存在的事實。今天大陸能面對中華民國憲法，「我們是樂觀其成」。換言之，他是代表馬政府認可陸方的轉向。美國在台協會台北辦事處前處長包道格也認為：王毅的談話，「至少是默認了蔡英文過去這段時間的兩岸論述」。

「一中兩憲」？

然而，如果民進黨始終堅持「憲法一中」，而不打算跟大陸展開政治談判，則兩岸關係將滑入「兩國論」，也就是時代力量所謂的「華獨」。其結果可能是「更糟」，而不是「更好」。相反的，如果蔡英文眞的想要「與大陸維持非常良好的關係」，她所提出的方案應當是「一中兩憲」，而不能僅止於「憲法一中」。

所謂「一中兩憲」是指：自從一九四九年國民政府撤退到台灣之後，海峽兩岸便分別各有一部憲法，也各有一個「中華民國政府」及「中華人民共和國政府」，兩個政府間並沒有簽訂任何的和平協定。

在五二〇之前，蔡英文必須思考的嚴肅問題是：妳要「盡最大力量維持」的「現狀」是不是「一中兩憲」？

「一中兩憲」和目前香港所實施的「一國兩制」並不相同。「一國兩制」是在「中華人民共和國」的憲政體制之下，再訂一個「特別行政區基本法」。相反的，如果台灣堅持「一中兩憲」的立場，雙方便可以「對等的政治實體」的地位，展開「平等的協商和談判」，進而簽訂兩岸和平協議。

「國家球體論」

王毅演講之後，大陸官媒的相關報導均未見「憲法」字眼，標題僅寫「王毅：希望台灣當局新執政者接受一個中國」。大陸國台辦旗下的「中國台灣網」上對王毅談話則「一字未見」，這到底是怎麼回事？難道大陸國台辦與外交部不同調？

美國在台協會台北辦事處前處長包道格認為，王毅說法是大陸默認蔡英文的兩岸政策；廈門大學台灣研究所所長劉國深表示，蔡英文的兩岸主張都還不清楚，「那要默認什麼呢？」

劉所長是「國家球體論」的創始人。所謂「國家球體」論和我所主張的「一中兩憲」，可以說是異曲同工。我在二〇〇五年出版的《一中兩憲：兩岸和平的起點》書中指出：國際上承認中華人民共和國的國家有一百七十二個，承認中華民國的國家有廿二個。對於承認中華民國的國家而言，台灣是名符其實的主權獨立的國家。

然而，國際上還有更多國家承認中華人民共和國，卻不承認台灣。自從國民政府撤退到台灣之後，海峽兩岸便在其有效統治領域之內分別各自實施一部「憲法」，也各有一個「中華民國政府」及「中華人民共和國政府」，兩個政府之間並沒有簽訂任何的和平協定。台灣在國際公法上的地位，是一個「處於內戰局面的既定事實的政府」，是一個有限制地位的政府，並不是一個正常的「國家」。

儘管「中華人民共和國」已在一九七一年取代「中華民國」聯合國席位，並得到大多數國家的承認；從國家「主權」這個嚴謹的定義來看，「中華人民共和國」也不是一個正常的國家。

「背對背」的關係

海峽兩岸的現狀，我稱之爲「一中兩憲」，劉所長稱之爲「一體兩面」。只要兩岸政府都承認「一中兩憲」的政治現實，雙方便可以「對等政治實體」的立場，簽訂和平協議。劉所長認爲：在和平協議簽訂後，世界上絕大多數「國家球體」只有一個政權代表這個國家，而中國這一「國家球體」的球面是由「中華人民共和國」和「中華民國」兩個競爭中的政權構成，她們分別在「背靠背的空間和場合」代表著中國，雙方形成了事實上的「一體兩面」的關係。

目前兩岸主要是「面對面」處理「人民事務」，就是兩岸人民交流交往過程的各種問題。和平協議簽訂後，兩岸共同事務合作將擴及「背對背」類型，例如在雙方各自「邦交國」全面保護兩岸人民利益問題。將來雙方甚至有必要主動作爲「肩並肩」類型的共同事務，如釣魚台和南海問題等採取積極行動。

正因為王毅演講談的是「背對背」的「政權事務」，所以劉國深表示，王毅說的是遵循「你們那邊的憲法」，不能說大陸接受了中華民國憲法或憲政，而是中華民國憲法是台灣人民追求最高的法理精神，就是「兩岸同屬一個國家」。

蔡英文的膽識

王毅「憲法說」出檯後，民進黨智庫密集開會解讀。八日國台辦主任張志軍指出，不承認「九二共識」、不認同「兩岸同屬一中」，就是「改變兩岸關係和平發展和台海和平穩定現狀」。

民進黨贏得大選以來，張志軍的說法是大陸官方首度明確表態。而且沒有人再提起王毅的「憲法說」。民進黨擔心的是：如果蔡英文接受「九二共識」，並說出「一中憲法」，中共是否會只認「一中」，不認「憲法」？

這個問題的解答，在於蔡英文敢不敢旗幟鮮明的主張：兩岸政治的現實就是「一中兩憲」？二次政黨輪替後，「民主行動聯盟」人馬曾和大陸涉台學者舉辦過四次會談。第一次會談，我提出「一中兩憲」的主張，大陸學者卻疑慮會不會變成「兩國論」？到了第四次，北京大學國際關係學院國際政治系主任李義虎表示：以「一中兩憲」描述兩岸關係的政治現實，「是沒有問題的」。「一中兩憲」既不是聯邦，也不是邦聯，且國際也有先例，像坦尚尼亞聯合共和國和尚吉巴之間的關係，便是「一國兩憲」。

「只能做，不能說」

二〇一一年二月《中國評論》有一篇〈聯合共和國：坦尚尼亞模式與兩岸統一模式初探〉，一開始便說，二〇〇九年二月大陸國家主席胡錦濤訪問坦尚尼亞，與坦國總統基克維特會談，同一天他又會見了尚吉巴總統卡魯姆，「令人不可思議，一個國家怎麼會有兩個總統呢？而且在國事活動中都得到外國元首的正式會見。其實，坦尚尼亞聯合共和國是由坦噶尼喀（大陸）和尚吉巴（島）兩部分聯合而來的，以前是各自獨立的國家，作爲聯合共和國一部分的尚吉巴，目前仍有自己的憲法與總統。」

我曾問李義虎教授：「大陸領導人同一天內見兩位總統，這件事有沒有政治意涵？」他告訴我：「我們國家領導人公開做任何一件事，都有政治意涵」，「這種政治意涵是不可能明講的」。果然，二〇一三年三月習近平訪非首站與坦尚尼亞總統基克維特會談，接著又會見尚吉巴總統謝因，並允諾參與連結坦尚尼亞和尚吉巴的坦尚鐵路改造和運營。

正因爲「一中兩憲」對中共是屬於「只能做，不能說」的範疇，所以要提出「一中兩憲」的主張和中共進行政治談判，需要高度的膽識和智慧。蔡英文號稱「溝通談判專

家」，她有沒有這樣的膽識和智慧？

中共復交示警

三月十七日，中國大陸與甘比亞宣布復交。甘比亞本為台灣邦交國，二〇一三年台甘斷交後，中共因為考慮兩岸關係的和諧而未與之建交，如今驟然宣布復交，自然引起台灣震撼。大家擔心的問題是：中共與甘比亞復交後，是否會與更多台灣的邦交國謀求建交或復交？

大陸外交部新聞發言人陸慷並未正面回答這項提問，僅在外交部官網的「答記者問」中重申許久未談的「一中三段論」：「世界上只有一個中國，大陸和台灣同屬一個中國，中國的主權和領土完整不可分割」。

民進黨立委在立法院質詢：蔡英文五二〇的就職演說，是否可以她先前受訪時說的「一九九二年兩岸會談的歷史事實」，取代馬總統過去的「九二共識」？中共會如何反應？國安局長楊國強表示，對於中共的反應，我方感受「不像以前理解這麼平和，顯得激烈」，但國安局還抓不出中共表現出敵意，需要進一步蒐整。

國安局如果「抓不清中共的反應」，我建議關心此一議題的人士參考今年三月份出版的《中國評論》，刊有一篇中國人民大學政治學系教授王英津所撰寫的〈論兩岸關係中的「中華民國憲法」問題〉。

在此之前，王教授還在該刊出版過一篇長文，題爲：〈論兩岸政治關係定位中的「中華民國」問題〉。該刊編者加了一段按語：「如何正確面對和處理『中華民國』問題，一直是兩岸關係政治定位中最複雜和棘手的問題。王英津教授不畏艱難，潛心鑽研，做了深入的探討，從理論和現實的角度系統地梳理、研究了有關此問題的各種論述由來，從理論和實踐的角度進行深入分析並得出自己的結論，爲未來兩岸協商談判政治議題，預做理論上的準備」。並將該文分上下兩篇發表。

整體戰略思維

王教授對五二〇之後，雙方可能採取的各種不同對策作了十分周延的分析，可以看出中共的整體戰略思維，很值得民進黨智庫仔細研判。

比方說，王毅「憲法說」出檯之後，大陸各級官員談判兩岸關係，都只強調「兩岸同屬一中」，而不再提「憲法說」。王英津教授的詮釋是：

因爲「中華民國憲法」有助於維護「一個中國」框架，是「兩岸展開政治談判」的重要基礎之一。因此，鑑於「中華民國憲法」的階段性價值，大陸對其既未承認，也未

否認，而是採取了沉默的態度。大陸對「中華民國憲法」保持沉默，所體現出來的意思僅僅是「認知」或「體諒」，並不表明大陸承認或接受「中華民國憲法」，因而無須承擔相應的法律後果。

王教授講得很清楚，因爲「中華民國憲法」對大陸具有「反獨」的「階段性價値」，所以大陸不會給予「整體」上的「默示承認」或「事實承認」。至於對其含有「一中」價値的「部分」內容，是否會由「沉默」上升到「默示承認」或「事實承認」，則取決於未來兩岸關係發展的程度和水平。

換句話說，蔡英文在就職演說中如果回應「九二共識」，或是提出一個「含有一中內涵的新共識」，兩岸關係便有可能「維持現狀」。台灣也可以經由堅持我多年來主張的「一中兩憲」，和大陸展開對等談判，進而舉行「蔡習會」，或甚至簽訂和平協定。

「台灣特別自治區憲法」

相反的，如果蔡英文就職演說的說法不能爲北京所接受，一旦發生「斷交海嘯」，台灣的「邦交國」降爲零，台灣在壓力下，不得不展開談判。王英津對中共當局所提的對策是：「憲法」的名稱必須要改變，至少要改造，不能直接稱爲「中華民國憲法」，而考慮稱為「台灣特別自治區憲法」。根據王教授的解釋，「區域性憲法」並不是「台灣基本法」。對中共而言，「台灣基本法」是全國性根本法律，而區域性憲法是台灣地區的「小憲法」。「台灣基本法」由全國人民代表大會制定，而區域性憲法由台灣民意機關制定。「區域性憲法」帶有聯邦制國家裡「州憲」的性質，承認其為「區域性憲法」，「並不意味著承認其為主權國家」。正如聯邦制國家的州有自己的憲法，「但並不影響聯邦國家的統一和完整」。

「知己知彼，百戰不殆」。蔡英文號稱溝通談判專家，在準備「五二〇就職演說」的時候，民進黨智庫的兩岸小組一定要仔細研讀王英津的這篇長文，摸清楚中共對於「中華民國憲法」的整體戰略思維，千萬不要「高估自己，低估對手」，對大陸產生不切實際的期待！

「拖」不下去的局面

三月七日，王毅昨出席大陸十二屆全國人大浙江團聽取意見，離開會場時，媒體問到「憲法說」，他首度作出澄清與解釋。王毅提到當時在美國談兩岸關係的情況，「台灣問題是中國的內政問題，不是外交事務，問到我了，我當然要表示一下我們的立場」；他說，「毫無疑義，我們的立場是堅持九二共識，而九二共識的核心是非常清楚

的，就是大陸和台灣同屬一個中國，這點沒有任何變化。」

對於這一點，民進黨發言人王閔生回應指出，兩岸政策上，蔡英文主張維持現狀，就是維持台灣民主自由、台海和平的現狀，這個主張有利於區域穩定，同時也是絕大多數台灣人民的主張。

不過，台北論壇董事長蘇起表示，台北論壇上月訪問北京涉台人士與大陸智庫顯示，蔡英文五二〇就職演說將是重大關鍵。蘇起曾經在馬政府擔任國家安全會議祕書長，他是「一個中國，各自表述」的創始人。他認爲：「九二共識」是兩岸四十餘年達成的第一個政治妥協，它所針對的正是兩岸間最核心、最關鍵、也最棘手的「一個中國」問題。時至今日，兩岸關係已經進入了「深水區」，其複雜程度絕非「九二共識」所能解決。

國民黨九合一選舉慘敗之後，蘇起公開表示，過去六年，馬政府在兩岸政策方面講讓利，每次都「只講經濟利益，不談政治問題，不妥善解釋安全紅利、政治紅利、國際紅利」，這是馬政府「非常愚蠢、非常失敗的地方」。因爲賺錢的永遠是少數，賺到錢的人還不一定會出來講話，這就是馬政府「愚蠢的失職」。

蔡英文當選總統後，蘇起指出，兩岸已經沒有「拖」的選項，不是「和」、就是「鬥」，對方明確表示「已經拖不下去了」，關鍵就在蔡英文的就職演說，一定要說出兩岸同屬一個中國，或是接受九二共識；否則，大陸不可能一切照舊，將是一個截然不同的局面。

蘇起對兩岸前景感到非常悲觀，因爲大陸要蔡英文說的，蔡英文應該「說不出來」，而大陸也已經「縮不回去」。王毅沒有「表錯情」，希望民進黨不要「會錯意」。如果蔡英文在五二〇就職演講中不談「兩岸同屬一個中國」或仍然在這一點上「故作模糊」，那恐怕會是「一翻兩瞪眼」，「挑戰大於機遇」！

五、台灣歷史中的「小桃阿嬤」

在準備五二〇就職演說的講稿時，蔡英文敢不敢以「一中兩憲」來回應中共的挑戰，除了面對世界上最強勢政權之一的中共之外，還必須面對台灣「史上最弱勢的一位女性」，就是「小桃阿嬤」。爲什麼呢？要回答這個問題，必須從台灣課綱爭議的慰安婦問題談起。

二〇一五年十二月二十八日，日本外相岸田文雄與南韓外長尹炳世在首爾針對慰安婦問題達成歷史性協議。在雙方聯合舉辦的記者會上，岸田表示，在當時的日本軍方

干預下，慰安婦問題嚴重損害到許多婦女的名譽和尊嚴，日本政府深感有責任。日相安倍晉三將以首相身分，重新表達由衷的致歉與反省之意。他說，南韓政府將設一個基金會，由日本政府以預算一次撥款約十億日圓資金，以恢復所有前慰安婦的名譽和尊嚴。

日本政府的兩種態度

岸田又說，這次是慰安婦問題「最終解決」且不再重提，將來兩國不應在國際社會上爲此互相譴責批評。岸田在聯合記者會後表示，這項協議，奠定了日韓、日美韓的安全保障合作向前推進的基礎。

尹炳世確認慰安婦問題是「最終解決」且不再重提。針對日本要求撤除首爾的日本大使館前慰安婦少女銅像一事，尹炳世表示，南韓政府將與相關團體協商，努力做適當處理。

雙方外長共同宣布這項消息後，日相安倍與南韓總統朴槿惠通電話確認此事。安倍隨後在首相官邸表示，今年是二次大戰結束七十周年，就如他在八月十四日發表的談話一樣，他承襲歷代首相的立場，對慰安婦表達反省及道歉之意，這點今後也不會改變。安倍說，當時他也說過「不應讓後代背負著持續謝罪的宿命」，所以希望這個問題獲得最終解決，今後日韓將邁向攜手合作的新時代。

在日韓外長宣布協議之後，朴槿惠在總統府接見岸田文雄。朴槿惠說，透過這次協議，要讓受害的阿嬤恢復名譽與尊嚴，希望日方迅速且確實履行協議內容，以此成為日韓關係的新出發點。

日韓針對慰安婦道歉與賠償達成協議，台日雙方就此議題卻未有進展。消息傳來，馬英九總統命令人在台灣休假的駐日代表沈斯淳立即返日交涉，要求日方對他國慰安婦的正面作為，均應及於台籍慰安婦。

但日本政府發言人內閣官房長官菅義偉隨即在電視新聞節目上公開表示：「與韓國所達成的協議，是最終且不可逆的解決」，「很難適用於其他地區」，而且「不會與台灣設立新的協商平台」。連談都別想談。

韓國慰安婦的志氣

有關慰安婦賠償問題，日本政府一向主張已在一九六五年的《日韓請求權協定》中解決。但一九九三年南韓前慰安婦提告，要求日本政府正式謝罪、賠償而受到矚目。一九九五年，日本曾基於人道立場設立「亞洲女性基金」，由海內外民間募款將近六億日圓，共有二百八十五名台、韓、菲律賓受害者申請賠償，各領到二百萬日圓及日本首相的道歉信函。

但韓方認爲這並不是日本的「國家賠償」，堅持要求日本政府負起責任。南韓支援慰安婦團體二〇一一年在日本大使館前設立象徵慰安婦的少女銅像，南韓國會也於二〇一二年九月三日通過要求日本道歉的決議案，一再大動作訴諸國際社會，才有了今天的和解。

但前南韓慰安婦對這樣的「和解」並不領情。現年八十八歲的前南韓慰安婦阿嬤金容秀（譯音）表示，「我們要的是『法律上的賠償』，並不是『金錢補償』，韓日政府一點也沒替慰安婦受害阿嬤們著想。」

對於日相安倍發表的道歉聲明，金容秀說，日方「自說自話說什麼『謝罪』、『慰安婦將接受賠償』等，我們可沒有同意任何協議，也不認定他們是在道歉謝罪。」

「日本祖國論」的「自我殖民」

「補償金」跟「法律的賠償」有什麼不同呢？在二次大戰之前，日本認爲其殖民地的土地爲日本國的一部分，但人民則有區別。日本稱其人民爲「國民」或「內地人」適用日本的「內地法」；殖民地的人民爲「臣民」必須遵守總督的行政命令，亦即管控殖民地的「外地法」；在人民的權利與義務方面都有差別的規定。日本政府之所以堅持：他們對類似案件只能發給「補償金」或「慰問金」，而不能給予「法律的賠償」或「國家賠償」，便是因為：他們從來沒有把殖民地的人民當作「日本國民」。

李登輝說，哥哥是日本海軍陸戰隊員，一九四四年在馬尼拉之役負責斷後，「不幸為國犧牲」。這是往自己臉上貼金。他說，二〇〇七年六月七日，哥哥陣亡後的六十二年，他終於在靖國神社見到哥哥，「我由衷感激日本人將哥哥奉祀在靖國神社」。這更是拿自己的熱臉去貼日本人的冷屁股。李登輝要是不服氣，不妨挺身出來，看看他以台灣前總統的身分，替台灣的慰安婦受害者爭取到的是「法律的賠償金」，還是「補償金」？

李登輝當然不可能出面做這種事，因為他已經說過：「台灣慰安婦問題已經解決了。」更早之前，還有獨派大老公開宣稱：「慰安婦是志願的。」這是「日本祖國論」者的「自我殖民」。

「自由派」學者的「自我殖民」

慰安婦問題是台灣「反課綱微調」的爭議焦點之一。在一〇一高中歷史課綱中，僅使用「慰安婦」三個字，教育部不久前進行課綱微調（即一〇三課綱），改成「婦女被強迫做慰安婦」，以強調婦女去做慰安婦絕對不是出於自願，但卻遭反課綱者抨擊。二〇一五年八月時，台北市中崙高中學生林致宇批評微調課綱中「婦女被強迫做慰安婦」

的「被強迫」是硬加上去的，並質疑「如何證明慰安婦全部都是被迫的？」

事後，教育部為化解課綱爭議，成立「歷史課綱專家諮詢小組」，希望釐清相關問題。小組成員之一的中研院近史所研究員林滿紅透露，他們已達成共識，微調課綱中的「婦女被強迫做慰安婦」將改為原先一〇一課綱使用的「慰安婦」，因為如果問女性的反應，沒有人認為慰安婦是自願的，因此「重點不是在被強迫」，只用「慰安婦」三個字，更有利於多元瞭解歷史。

「價值中立」、「多元觀點」是所謂「自由派」學者以「西方普世價值論」的「自我殖民」。在這雙重「自我殖民」的夾殺之下，有誰能替台灣的慰安婦討回公道？民進黨一向強調自己是「台灣人的政黨」，強調台灣主體性，又經常誇耀「台灣人的驕傲」，台籍慰安婦都是台灣人，且是台灣人的祖先，她們的恥辱難道不是台灣人的恥辱？但民進黨曾經為他們遊行抗議日本過嗎？蔡英文當選後如何面對慰安婦問題呢？

小桃阿嬤的願望

在慰安婦問題吵得紛紛擾擾的時候，二〇一六年元月十一日，前慰安婦「小桃阿嬤」等不到日本的道歉，以九十四歲的高齡，因肺病去世。

小桃阿嬤從小立志當老師，七十多年前，她十九歲就讀於台南二高女，在上學途中，被日本警察強押到高雄碼頭，搭上一艘軍艦，開往印尼安達曼群島；原以爲是要前往當地擔任護士助手，沒想到竟被迫成爲提供日軍性服務的「慰安婦」。

小桃阿嬤曾多次喝消毒水企圖自殺未遂，好不容易回到台灣，叔叔卻以一句「我們陳家沒有你這種臭賤女人」將她逐出家門。她到處流浪，替人幫傭養活自己，經歷兩次婚姻，後來落腳屏東，在市場以賣椰子維生。

坎坷命運磨練出小桃阿嬤堅強的性格。她多次參與「慰安婦」人權運動，代表台灣「慰安婦」前往日本打跨海官司，並出席各種國際會議，親自證言。瘦弱卻堅強的小桃阿嬤生前曾表示，「我要的不是錢，而是日本政府一句正式的道歉，才會眞正原諒。」

二〇〇四年二月九日，台灣「慰安婦」受害者代表在東京高等法院二審敗訴後，於東京街頭抗議遊行。身爲當時九位「慰安婦」受害代表之一，小桃阿嬤眼中含著淚水，勇敢地說「官司輸了，可是我的心沒有輸！」

在婦援會出品的台籍「慰安婦」紀錄片「蘆葦之歌」中，小桃阿嬤悠悠唱起最愛的台語歌謠「望春風」，臉上如少女般害羞的神情，感動了許多觀衆。堅強形象讓小桃阿嬤成爲台灣「慰安婦」倖存者中的代表人物。

小桃阿嬤生前有兩個願望，一是日本道歉，一是完成學業；道歉，她等了一輩子仍然落空；學業，則在她過世前四天，終於獲得台南女中頒給她榮譽畢業證書，稍爲塡補

遺憾。

正視小桃阿嬷

我認爲，在台灣每一個良知未泯的人，都必須要有勇氣政是小桃阿嬷的一生，尤其是李登輝和蔡英文。

李登輝思想的矛盾和混亂，是衆所皆知的事。李登輝發表新書的前一天，對媒體公開表示「做日本人的奴隸，其實很悲哀」，不久前他接受日媒專訪時強調：二戰時期台灣與日本「同屬一國」，台灣人當時「身爲日本人，是爲祖國而戰」；許多人都會困惑：到底他的「本音」是什麼？

一九九四年，李登輝接受日本作家司馬遼太郎訪問時表示：他幼兒時期的生活經驗，使他產生了「台灣人的自我意識」。然而，因爲他「自幼接受正統的日本教育」，使他完成了「徹底的自我覺醒」。他因爲認爲自己「二十二歲以前是日本人」，在光復後才成爲「中國人」，而形成他極爲獨特的「雙重認同」。

爲了調和他的「雙重認同」，他借用日本京都學派哲學家西田幾多郎「絕對無」的概念，創出了一句拗口的格言「我是不是我的我」。當面對台灣媒體時，李登輝可以大談「台灣人的悲哀」；面對日本媒體時，李登輝立即「自我否定」，變成了「不是我的我」，而能夠以「岩里政男」的自我認同，誇耀二戰期間他的大哥「岩里武則」在菲律賓「爲日本祖國」戰死，感謝日本將其靈位奉祀在靖國神社。

蔡英文的抉擇

李登輝一直是蔡英文背後的「影武者」。蔡英文是李登輝「兩國論」的擬稿人，她曾經說過：「中華民國是流亡政府」。在陳水扁主政時期，她又問：「中華民國是啥米碗糕？」蔡英文表示要參加二〇一五年的雙十國慶，李登輝立即發表「狗去豬來論」，強調要彰顯「台灣人的主體意識」，替她對深綠群眾打「預防針」。

任何人都不難看出，李登輝在日薄西山之年，仍然如此賣命演出，主要是爲了替蔡英文助選。看到他們兩人這樣的「輪番上陣」，許多人難免感到困惑：到底蔡英文的「本音」是什麼？

去年總統競選期間，在「余陳月瑛女士紀念策展」上，星雲大師讚嘆蔡英文一定可以當總統，也是位「媽祖婆」。事後，他立刻投書媒體，表示：「一個有信仰的人，信佛的人，他心中有佛；信觀音的人，他心中有觀音」。大家最好奇的是：蔡英文心中信仰的是什麼？是「千處祈求千處應，苦海常做渡人舟」的「媽祖婆」？抑或是經常以「不是我的我」來「否定自己」的李登輝？

因爲台灣政府的無能，小桃阿嬤到死都等不到日本政府的一句道歉。現在蔡英文已經當選了中華民國總統，請問：蔡英文能爲她爭取到一個道歉嗎？台灣的歷史教科書能給她一個道歉嗎？

武則天坐天

二〇一四年十二月，蔡英文身穿清代官服，參加台南南鯤鯓代天府的作醮活動，兩個多月後，廟方在農曆初一照例抽出羊年的國運籤，就抽中了第十九首的卦名「武則天坐天」，籤文是「病中若得苦心勞，到底完全總未遭，去後不須回頭看，心中事務盡消磨」；籤文下的解籤說，這籤代表「求財無利、功名無望、官事破財」，應該是充滿了低調保守的警示。

但是因爲卦名是「武則天坐天」，大家眼睛爲之一亮。當時就有人說民進黨的蔡英文會勝選，廟方後來出面說明，一再表示這是國運籤，與個人政治前途無關，而且這是下下籤，即使如此，各流派命理專家也在網路上紛紛作出解讀。

「禍福無門，唯人自召」，從本書的論述脈絡來看，「武則天坐天」可以有上、中、下三種不同的解讀：如果在五二〇就職演說中蔡英文能夠堅持「一中兩憲」的立場，並在任內和對岸當局簽訂和平協議，則中華民國跟廿二個邦交國之間，能夠保存主權國家的地位，兩岸之間能夠保持和平良好的互動關係，台灣人民可以在包括大陸在內的世界各地，盡其所能發揮台灣精神；依照劉國深的「國家球體理論」，蔡英文可以向坦尚尼亞和尚吉巴之間的關係那樣，以「中華民國總統」的身分，舉行「蔡習會」，甚至在國際上爭取到跟習進平起平坐的機會。則從此之後，兩岸關係將進入良性的制度之爭，這是她的「上籤」。

總統？總督！？

如果她在五二〇演說中，既不顧兩岸的歷史事實，又不管國際關係的現勢，而只想用「中華民國憲法」當擋箭牌，走「華獨」的道路，則兩岸關係將進入「冷和平」時期。如果台灣的邦交國喪失殆盡，則「中華民國」將喪失主權國家的地位，在王毅抛出「憲法說」之後，依北京人民大學王英津教授提出大陸對「中華民國」整體戰略思維，屆時台灣要想跟大陸展開談判，最多也只能成爲「中華人民共和國」轄下一個類似有「聯邦州憲」那樣的「自治區」而已。這是「中籤」。

蔡英文的「下下籤」，則是她遵照李登輝《餘生》一書中的指示，「掛中華民國的羊頭，賣心理台獨的狗肉」，不敢對李登輝當年錯誤的「四一九教改路線」作任何反省，放任教育界以雙重「自我殖民」的論述，繼續荼毒下一代；甚至動用一批喪盡天良

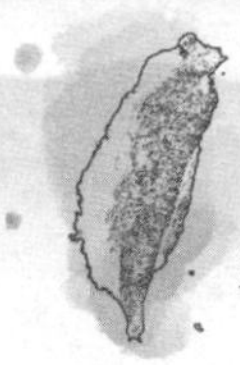

的御用學者，致力於修改教科書，把台灣下一代的精神意識改造成日本殖民地的「次等國民」，沒有良心，不辨善惡。在這種情況下，即使她能夠繼續高坐在「中華民國總統府」內辦公，其格局終究祇是「日本殖民地政府」的一個「總督」而已。在這個歷史的關鍵時刻，蔡英文，請問妳的抉擇是什麼？

國家圖書館出版品預行編目（CIP）資料

總統?總督?!臺灣精神與文化中國 / 黃光國著.
-- 初版. -- 新北市 : 生智, 2016.04
面； 公分

ISBN 978-986-5960-11-7(平裝)

1.兩岸關係 2.臺灣政治

573.09 105006797

總統？總督？！台灣精神與文化中國

作　　者／黃光國
出 版 者／生智文化事業有限公司
發 行 人／葉忠賢
總 編 輯／閻富萍
地　　址／新北市深坑區北深路三段 258 號 8 樓
電　　話／(02)26647780
傳　　真／(02)26647633
E - mail ／service@ycrc.com.tw
網　　址／www.ycrc.com.tw
ISBN ／978-986-5960-11-7
初版一刷／2016 年 4 月
定　　價／新台幣 350 元

總 經 銷／揚智文化事業股份有限公司
地　　址／新北市深坑區北深路三段 260 號 8 樓
電　　話／(02)86626826
傳　　真／(02)26647633

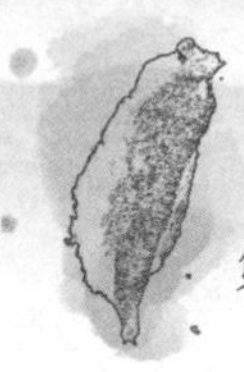

的御用學者，致力於修改教科書，把台灣下一代的精神意識改造成日本殖民地的「次等國民」，沒有良心，不辨善惡。在這種情況下，即使她能夠繼續高坐在「中華民國總統府」內辦公，其格局終究衹是「日本殖民地政府」的一個「總督」而已。在這個歷史的關鍵時刻，蔡英文，請問妳的抉擇是什麼？

國家圖書館出版品預行編目（CIP）資料

總統?總督?!臺灣精神與文化中國 / 黃光國著.
-- 初版. -- 新北市 : 生智, 2016.04
面； 公分

ISBN 978-986-5960-11-7(平裝)

1.兩岸關係 2.臺灣政治

573.09 105006797

總統？總督？！台灣精神與文化中國

作　　者／黃光國
出 版 者／生智文化事業有限公司
發 行 人／葉忠賢
總 編 輯／閻富萍
地　　址／新北市深坑區北深路三段 258 號 8 樓
電　　話／(02)26647780
傳　　真／(02)26647633
E - mail／service@ycrc.com.tw
網　　址／www.ycrc.com.tw
ISBN／978-986-5960-11-7
初版一刷／2016 年 4 月
定　　價／新台幣 350 元

總 經 銷／揚智文化事業股份有限公司
地　　址／新北市深坑區北深路三段 260 號 8 樓
電　　話／(02)86626826
傳　　真／(02)26647633

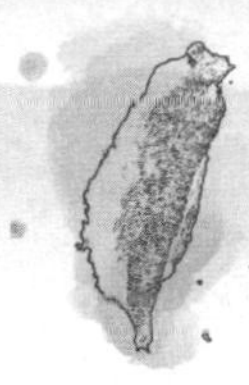

的御用學者，致力於修改教科書，把台灣下一代的精神意識改造成日本殖民地的「次等國民」，沒有良心，不辨善惡。在這種情況下，即使她能夠繼續高坐在「中華民國總統府」內辦公，其格局終究祇是「日本殖民地政府」的一個「總督」而已。在這個歷史的關鍵時刻，蔡英文，請問妳的抉擇是什麼？

國家圖書館出版品預行編目（CIP）資料

總統?總督?!臺灣精神與文化中國 / 黃光國著.
-- 初版. -- 新北市 : 生智, 2016.04
面； 公分

ISBN 978-986-5960-11-7(平裝)

1.兩岸關係 2.臺灣政治

573.09 105006797

總統？總督？！台灣精神與文化中國

作 者／黃光國
出 版 者／生智文化事業有限公司
發 行 人／葉忠賢
總 編 輯／閻富萍
地 址／新北市深坑區北深路三段258號8樓
電 話／(02)26647780
傳 真／(02)26647633
E - mail ／service@ycrc.com.tw
網 址／www.ycrc.com.tw
ISBN ／978-986-5960-11-7
初版一刷／2016年4月
定 價／新台幣350元

總 經 銷／揚智文化事業股份有限公司
地 址／新北市深坑區北深路三段260號8樓
電 話／(02)86626826
傳 真／(02)26647633